한국 중세 유교정치사상과 농업

지은이 **한정수(韓政洙)** | 1967년 충북 충주시 수안보에서 태어나 건국대 사학과에서 학부를 마치고, 석사, 박사학위를 받았다. 고려시대의 농업과 유교정치사상, 의례, 중세의 시간과 공간 등에 관심을 두고 연구 중이다. 세종대왕기념사업회, 연세대 post-doc 과정을 거쳐 대진대학교 연구교수로 재직 중이다. 현재 건국대, 광운대, 동덕여대에 출강하고 있다.

대표적인 글 | 「高麗時代 籍田儀禮의 도입과 운영」(2002), 「高麗時代『禮記』月令思想의 도입」(2002), 「高麗前期 天變災異와 儒敎政治思想」(2003), 「高麗時代 祈穀儀禮의 도입과 운영」(2004), 「고대사회의 '농시(農時)' 이해」(2005), 「고려시대 개경의 사전(祀典) 정비와 제사 공간」(2006), 「고려 후기 天災地變과 王權」(2006) 등의 논문과『모반의 역사』(2001, 공저),『京畿道 書院 總攬』(2006, 공저) 등 다수가 있다.

한국 중세 유교정치사상과 농업
한 정 수

2007년 7월 19일 초판 1쇄 발행

펴낸이 · 오일주
펴낸곳 · 도서출판 혜안
등록번호 · 제22-471호
등록일자 · 1993년 7월 30일
⊕ 121-836 서울시 마포구 서교동 326-26번지 102호
전화 · 3141-3711~2 / 팩시밀리 · 3141-3710
E-Mail hyeanpub@hanmail.net

ISBN 978-89-8494-311-7 93910
값 24,000 원

한국 중세 유교정치사상과 농업

한정수

혜안

머리말

　이 책은 박사학위논문인 『高麗前期 重農理念과 農耕儀禮』(2004)를 일부 수정하고 주제의식을 좀 더 확대하여 펴낸 것이다. 아직도 설익은 연구 성과를 감히 책으로 낼 생각을 갖기도 어려운데 거기다가 주제도 확대한 것은 전적으로 한걸음을 더 내딛어보려는 의지의 소산이다. 이는 꼼꼼하게 자기 성찰을 하면서 할 일을 조목조목 챙기는 스타일이 아니라 일단 저지르고 수습하는 성향 때문이기도 하다.

　선학들의 연구 성과를 볼 때면 언제나 완벽해 보이기만 하였다. 그만큼의 고민과 노력이 담겨있기 때문이었을 것이다. 그런 성과들과 비교하기 어렵지만 나름대로의 욕심이 작용하였다. 필자의 연구 성과가 이념과 정책, 그리고 의례라는 것이 결합된 중세사회의 모습을 그리고자 한 시도였다고 스스로 생각하기 때문이었다.

　모든 생물은 먹고사는 문제로 고민한다. 만고불변의 이치이다. 먹는 것을 생산하는 자는 농민이다. 농민들은 역사 속에서 끊임없이 생산력을 증대해왔고 역사는 발전한 것 같았다. 적어도 기왕의 연구 성과를 보면 그런 것 같았다. 그런데 왜 역사는 매번 혼란을 맞으며 그 속에서 민은 착취의 대상이 되고 유리걸식에 자식까지 팔아야만 했을까? 또 그들은 왜 송곳 꽂을 땅도 없을 정도로 무소유의 존재로 전락해야만 했을까? 매우 현실적인 의문이었다.

　인간은 이 문제에 대하여 더 많은 고민을 하였고, 수많은 해결책을 내놓았다. 그 정점이 국가의 구성과 국가의 역할 기능에 대한 기대였다. 개개인의 끊임없는 노력도 중요하지만 더불어 국가권력의 역할이 그 성패를 좌우하기 때문이다. 중세단계에 들어왔을 때 이러한 고민들은 어떻게 나타났고 그 해결책은 어떠했을까? 그것이 필자의 매우 기본적인 문제의식이었다. 현재도 이에 대한 고민은 늘 뇌리 속에 있고 그 바탕 위에서 문제에 접근하려 하고 있다.

필자는 학부 졸업논문으로 '조선전기 농업기술'이라는 주제를 설정하고 처음으로 이에 대한 시도를 해보았으나 학부생의 눈에 보이는 것은 결국 선학들의 연구 성과밖에 없었다. 대학원에 진학하여 고려시대사를 전공하면서 더 세밀하게 파고들었다. 농업사라는 분야는 의도한 바대로의 결론을 갖게 해주지 않았다. 특히 고려시대의 사료는 고려시대 농업과 농민의 전체상을 구상할 만큼의 것이 되지 않았고 언제나 재해석의 여지가 있었고 볼 때마다 또 다른 느낌을 주는, 마치 장님이 지팡이로 코끼리를 더듬는 격이었다. 뭔가의 돌파구를 찾아야 했다.

고려왕조의 권농정책을 살펴보던 중 그 실마리를 찾았다. 생각했던 것보다 그것은 아주 가까이에 있었다. 바로 '時'였다.『논어』학이편에 보면 나라를 다스리는 도에 대해 "만사를 삼가고 믿음이 있게 하라. 쓰는 것을 아끼고 인민을 사랑하라. 백성을 부리는 데에는 때에 맞게 하라(敬事而信 節用而愛人 使民而時)"라는 다섯 가지 일에 대한 구절이 나온다. 도대체 여기서의 때는 무엇을 의미하는 것일까? 그것은 말 그대로 적당한 때였지만 구체적으로는 농사의 때였다. 고려 태조는 유훈으로 남긴「훈요십조」에 그 정신을 그대로 실어 후대의 임금들에게 치도의 요체로 삼도록 하였다.

그런데 이 '以時'라는 것이 생각만큼 쉽게 들어오지 않았다. 과연 그것이 농사의 때를 살피는 것만을 말하는 것일까 하는 의문이 들었다. 다시『고려사』를 읽고 연구 성과들을 정리하는 과정에서 찾은 것은 ‘天時’와 ‘順時’, ‘時令’, ‘月令’, ‘王道’라는 단어였다. 이 단어들은 정치적 의미를 함축하고 있었다. 임금이 하늘의 뜻을 헤아리고 때에 순응하여 정령을 펴게 되면 음양이 조화되어 만사가 순조로워지고 왕도정치가 행해질 것이라는 의미가 있었던 것이다. 하지만 ‘天時’와 ‘天意’를 거스르면 이른바 재이 발생 등의 ‘天譴’이 있게 된다는 것이기도 하였다.

그래서 먼저 ‘月令’이 대체 무엇이고 농업정책과 농업에 어떤 영향을 미쳤는가에 대해 살펴보았다. 여기에 착점한 뒤에는 『예기』 월령의 조목을 살펴보면서 이것이 고려왕조에서 어떻게 수용되었는가에 대한 자연스런 이해가 생겼다. 동시에 재이현상의 발생과 고려왕조의 대응 논리로서 나타나는 ‘天人感應論’을 다시 해석해보았다. 그 후에는 재이를 없애거나 멈추게 하기 위한 혹은 재변을 오히려 복으로 바꾸려는 고려왕조의 노력과 대책을 검토할 수 있었다. 도식적이라 할 수 있지만 이는 다음과 같은 논리로 구성되었다.

하늘의 뜻에 의한 흐름 즉 天時가 있어 그 흐름이 온 세상에 이어지고 만물을 조화롭게 한다. 군주와 지배층은 ‘나라는 백성을 근본으로 하고 백성은 食을 하늘로 여긴다’라는 대전제 위에서 하늘의 뜻을 받들고 그 때에 맞는 정령을 낸다. 그렇지 않으면 가뭄과 홍수 등의 재이를 일으켜 경고를 하며 그래도 하늘의 뜻에 맞지 않는 정치를 할 경우 천명을 거두어 옮긴다. 하지만 천견이라 할 재이의 경우도 군주와 지배층이 스스로의 마음과 행실을 반성하고 덕을 닦아 정치를 한다면 오히려 화가 복이 될 수도 있다. 바로 이것이 중세 왕조가 가진 음양 및 천인감응론, 그리고 왕도정치 등에 기초한 중농이념의 틀이었던 것이다.

이로써 중농이념과 권농정책에 대한 시각은 설정되었으나 뭔가 부족했다. 그동안 쓴 월령과 재이사상, 그리고 권농정책 관련 논문을 다시 읽어 보았고 필요한 것이 무엇인가를 고민했다. 그 속에서 중세 군주는 자신이 천명을 받은 존재임과 동시에 천-지-인의 유기적 조화를 꾀하는 존재임을 증명하려 했음에 주목하였다. 중세 왕조에서 그것은 의례로 설정되었다. 이러한 틀 안에서 중세 왕조는 뭔가 부족했던 것을 찾아냈다. 바로 천-지-인에 대한 제사의례 즉 길례였다. 중세 왕조는 농본-민본-국본-왕도정치로 연결되는 통치이념과 천지인의 신을 연결하는 주체가 되고자 하였다. 이를 통해 그 신성성과 절대성을 확인하려 하였던 것이다. 그렇기 때문에 기본적으로 길례는 풍년을 기원하는 기곡의례의 성격을 갖게 된다는 결론을 얻게 되었다.

사실 석사과정 및 박사과정, 그리고 수료 후의 많은 시간을 보내면서 수없이 고민에 빠졌었다. 풀리지 않는 수학방정식을 놓고 끙끙대던 어린 시절의 소박한 고통과도 같은 면이 있었다. 그러나 성인이 되어서의 고민은 학문적인 것만이 아닌 학문외적인 문제, 즉, 가족과 생계, 미래에 대한 것들이 대부분이었다. 그럼에도 불구하고 이렇게까지 오면서 고민의 끈을 놓지 않고 다른 길로 가지 않았던 데에는 주위의 많은 분들이 있었기 때문이었다.

이범직 선생님은 평생의 사부이자 아버님과도 같으신 분으로 근 15년간의 지도교수이셨다. 책상 하나를 당신의 연구실에 더 들여놓고 연구에 전념하도록 다그치시고 역사와 사회, 인간에 대한 고민을 자상하게 말씀해 주셨다. 김기흥 선생님은 역사의 해석을 어떻게 할 것인가, 그것을 어떻게 풀 것인가를 직접 보여주시고 그 생각을 넌지시 일러주시기도 하였다. 한상도 선생님은 역사를 살아있는 인간들의 생생한 삶으로 봐야 할 것이라고 가르침을 던져주셨다. 이주영 선생님은 서양사를 전공하셨음에도 역사를 보는 눈에 대한 안목을 기를 수 있도록 언제나 물음을 던져주셨다. 비록 분야는 달랐지만 최무장 선생님, 임희완 선생님, 양필승 선생님, 권형진 선생님은 역사를 보는 눈과 의미를 넓히도록 도움을 주셨다. 학위논문 심사에 참여해주셔서 필자의 고민을 귀 기울여 듣고 그것이 의미를 가질 수 있도록 도와주셨던 채웅석 선생님, 박종진 선생님, 도현철 선생님께 이 기회에 다시 감사의 마음을 전하고 싶다.

연구자의 어려움을 헤아리면서 많은 고민을 들어주고 그 아픔과 기쁨을 함께 나눌 수 있는 훌륭한 동학 선후배들과의 인연은 정말 소중한 자산이었다. 백남욱 선생님과 천경화 선생님은 어려운 연구자의 길이지만 그 소중함을 간직할 수 있도록 도와주셨다. 김기덕, 신안식, 전정해, 이도남, 최순권, 정학수, 방기철 등 학교 선후배들과 동학 후배를 끔찍이도 챙겨준 홍영의, 임천환 선배 등이 없었다면 아마도 순간순간의 마침표를 찍기가 어려웠을 것이다.

당신의 삶 속에서 놓을 수 없는 하나의 끈이 된 자식의 뒷바라지를 해주신 어머님, 어려운 경제적 문제 해결과 마음의 채찍을 가했던 형님 내외와 누이들, 그리고 작은 어머님과 장인 장모님 등이 없으셨다면 결코 이렇게 당연하다는 듯 서 있을 수 없었을 것이다. 같은 학문의 길을 걸으면서 많은 숙제를 같이 해결하고 있는 아내와 이제 막 태어나 가슴의 꽃으로 자라고 있는 딸 지윤이의 맑은 웃음은 또 다른 힘이 되고 있기도 하다.

이 책은 이런 많은 분들과의 인연과 소중한 가족들의 힘이 있었기에 가능했다. 앞으로도 끝없는 구도의 길이 있기에 부족한 부분은 이후 꼼꼼히 채워나가도록 하겠다. 끝으로 소중한 연구 성과를 책으로 출판할 수 있도록 도와주신 혜안의 오일주 사장님을 비롯한 편집진 여러분에게도 감사의 말씀을 드리고 싶다.

2007년 5월
한 정 수

목 차

표목차

서 론

1. 연구 동향과 문제 제기

본서에서는 나말려초 사회변동기를 거치면서 재편된 사회체제를 고려왕조가 어떻게 정비하고 이끌어가려 했는가를 儒教的 重農理念과 農耕儀禮를 통하여 살피려고 한다.

농업은 국가 운영의 중요한 물적 토대였다. 국가는 이를 토대로 안정적인 정국운영을 기하였고, 民生의 해결뿐만 아니라 향촌사회의 안정을 유지할 수 있었다. 이처럼 농업생산의 안정과 증대는 국가적 차원에서 관심을 가지고 해결해야 하는 과제였다.

이 문제를 해결하기 위해서는 다음과 같은 사항 등을 고려해야 한다. 먼저 농민층의 안정, 생산증대를 위한 農法의 개발, 수리시설의 확보 및 지력의 회복을 위한 施肥, 다양한 농기구의 확보 등 농업생산력의 수준에 대한 이해가 필요하다. 두 번째로는 농업을 둘러싼 가뭄 및 홍수, 서리 등 자연재해의 극복, 조세부담의 경감 및 과도한 착취의 금지, 지배층의 자연관 및 농업관 등의 요소가 국가적으로 체계화되어 있느냐이다. 세 번째로는 이러한 농업에 대해 지배층이 어떠한 이해를 가졌으며 또 농업생산 안정 및 증대를 위한 노력을 하였는가이다. 결국 이러한 고려 사항들은 신라 하대 및 후삼국기의 분열되고 혼란했던 국가지배질서를 어떻게 안정시킬 것이며, 또 고려왕조가 각 지역의 지배세력과 차별되면서 국가적 위상을 세울 것인가와 연관된다. 즉 왕권 - 신권 - 민 - 농업이라는 지배체제와 산업을 일관되게 조율할 수 있는 체계적 시스템을 살필 필요가 있다.

고려왕조는 이를 어떻게 풀고자 노력하였을까? 본서에서는 고려의 앞 시대와는 달리 고려왕조가 이를 儒敎的 重農理念의 정립과 農耕儀禮의 정비를 통하여 보다 체계적이고 합리적인 국가지배를 관철하려 했던 것으로 보았다. 본 연구의 주제를 유교적 중농이념과 농경의례로 정한 것은 이러한 이유에서이다. 따라서 농업생산력의 향상과 국가재정 기반의 확보가 여러 가지 농업의 장려 및 농민의 안정이라는 농업정책과 이의 이념적 기반인 중농이념에 있다고 본다면 이에 대한 보다 구체적인 내용 파악과 성격 규명이 반드시 필요하다. 또한 군주의 농업에 대한 관심과 시후조절능력을 대내외에 보여주고 祭儀의 주체가 됨으로써 농업기상과 자연재해의 충격을 완화하는 성격을 띤 祈穀 및 農耕儀禮의 연구는 비단 국가제사의 정비에서만이 아니라 농업생산력의 안정과 구휼의 차원에서도 정리되어야 하는 주제이다. 이는 농업생산력이 이미 상경농법에 이르렀음에도 불구하고 이를 국가적 차원에서 유지 관리하지 못한 前시기와 고려사회가 차별을 보여주는 대목이기 때문이다.

羅末麗初에서 高麗時期에 이르는 시기의 중농이념과 농경의례에 대한 연구는 그 중요성에도 불구하고 다른 연구 성과에 비해 현저하게 떨어져 있다. 따라서 본 연구는 농업사나 사상사 등 연구사의 성과를 기반으로 하면서도 연구사적 한계를 극복하기 위해 고려시기의 농업현실에 대한 이해와 유교정치사상의 수용 위에 이루어지는 중농이념과 의례, 권농정책의 운영원리 등의 문제를 종합적으로 살펴보고자 하였다.

본 연구와 직접적으로 관련되는 기존의 연구 성과와 동향을 몇 가지 부문으로 나누어 개괄하면 다음과 같다.

　① 나말려초 및 고려 전기 농법 연구에 대한 검토

　고려시기 중농이념과 농업정책이 당시의 농업생산 현실에 대한 파악에서 이루어졌다는 점을 염두에 둔다면 먼저 나말려초 및 고려 전기 농업사에 대한 이해가 필요하다. 국가의 기간산업인 농업의 생산력이 어느 정도이냐에 대해서는 정밀한 수치 자료 및 農書나 상세한 기록이 없는 상황이기 때문에 분명하게 알 수 없다. 나말려초 및 고려 전기의 농업생산력을 歲易農法에 기초하여 이루어진 사회로 볼 것이냐, 常耕農法에 따른 농업경영이 이루어진 것으로 볼 것이냐에 따라서 새로이 개창되는 고려왕조의 사회성격에 대한 이해 시각은 달라진다. 이러한 중요성에도 불구하고 그 자료의 영성함은 나말려초 및 고려 전기 사회의 농법에 대한 극명한 시각의 차이를 가져온 중요한 원인이었다.

　나말려초 및 고려의 사회성격과 관련하여 지금까지 많은 연구가 있었는데, 이 가운데 농업생산력과 관련한 연구를 검토하면 대체로 歲易農法 단계와 常耕農法 단계로 보는 시각으로 나누어 볼 수 있다.

　먼저 일부 연구자들은 통일신라기의 경지이용방식에 대해 토지 이용이 산만하고 부정기적이며 불규칙적이라 보고 이를 휴경농업 단계로 보거나[1] 농업기술, 농기구 등의 이용면을 본다면 이 시기는 이미 휴경이 극복되었으며 휴한농법이 전개되고 있었던 때로 보기도 하였다.[2] 그러나 이에 대한 반론이 미사리 밭 유구 등에 대한 연구가 이루

1) 宮嶋博史, 1984, 「朝鮮史硏究と所有論－時代區分についての一提言－」, 『人文學報』 167, 東京都立大學, 45～46쪽.
2) 李賢惠, 1998, 『韓國 古代의 생산과 교역』, 一潮閣 ; 李喜寬, 1999, 『統一新羅土地制度硏究』, 一潮閣, 235～244쪽. 李泰鎭은 고려 문종 8년 3월의 田品

어지면서 제기되기 시작하였다. 미사리 밭 유구 중 상층의 밭 유구를 분석하기 시작하면서 이것이 6세기의 것이며, 作畝하여 壟과 甽을 교대경작하고 있는 것을 볼 때 미사리 밭 유구처럼 매우 비옥한 토양에서는 상경농법이 이미 전개, 확대 추세에 있었다고 보기도 하였다.[3] 미사리 상층 밭 유구에서 나타나듯이 상경농법이 이미 통일신라기에 상당히 진전되었다고 보고 자연재해에 따른 곡물의 피해 상황에서 春播·秋播작물이 나누어지고 있는 것을 토대로 하여, 중국 화북 한지 농법의 자연환경보다 양호한 기후조건, 윤작체계 상 중요 역할을 하는 콩과 작물의 재배 활성화를 통한 麥類·豆類·穀類(粟)의 2년 3모작 체계까지 이미 세워졌을 것으로 보는 입장도 최근에 들어와 늘고 있다.[4]

나말려초기부터 고려 전기에 있어서 경지이용방식을 통한 농법을

관련 기록에서 一易이나 再易 등을 해석하면서 고려의 경우 일역이나 재역이 많고 이보다 앞서 삼국시대는 2~3년의 휴한이며 통일신라기는 그 기간이 좁혀지는 단계로 설정하기도 하였다. 또한 촌락문서상의 인정수에 비해 전답결수가 과다하다는 데 근거하여 휴한농법이 전개되었을 것이라고 보기도 하였다.(李泰鎭, 1986,「新羅 統一期의 村落支配와 孔烟」,『韓國社會史研究』, 지식산업사 ; 1989,「한국의 農業技術 발달과 문화 변천」,『朝鮮儒敎社會史論』, 지식산업사) 이밖에도 비슷한 입장으로는 魏恩淑, 1985,「나말여초 농업생산력 발전과 그 주도세력」,『釜大史學』9 ; 李仁哲, 1996,『新羅村落社會史硏究』, 一志社 등 다수의 견해가 있다. 다만 위은숙의 경우는 나말려초기에 들어서면서는 휴한농법이 극복되는 단계에 들어섰다고 보고 있다.

3) 김기흥, 1995,「미사리 삼국시기 밭유구의 농업」,『歷史學報』146 ; 全德在, 1999,「백제 농업기술 연구」,『한국고대사연구』15. 한편 이인재는 비옥한 耕地가 많이 확보되어 있어 이들 토지가 水陸兼種이나 해마다 작물을 교대하거나 파종처를 바꾸는 代田의 歲易常耕이 이미 전개되고 있었다고 본 바 있다.(李仁在, 1995,『新羅統一期 土地制度 研究』, 연세대학교 박사학위논문)

4) 李平來, 1989,「高麗前期의 耕地利用에 관한 再檢討」,『史學志』22 ; 金琪燮, 1992,「新羅 統一期 田莊의 經營과 農業技術」,『新羅文化祭學術發表大會論文集』13.

둘러싸고 더욱 많은 논란이 있었다.5) 이들 논쟁은 크게 두 가지로 나
뉘었다. 먼저 고려 전기만이 아니라 고려 후기에 이르기까지 농업기술
의 발전이 세역 휴한 단계에서 정체되었다고 보는 입장이 있었다. 즉,
지력회복을 위한 시비와 작물재배를 위한 제초 등의 문제가 해결되지
못하였으며, 이에 따라 지력회복 및 경지의 관리를 위해 山田뿐만 아
니라 平田의 水田・旱田에 있어서도 休閑農法(歲易農法)이 보편적이
었다고 하였다. 세역농법은 중국의 선진적 강남농법이 도입되면서 극
복되기 시작하여 여말선초에 이르러『농사직설』로 정리되는 농법 단
계에 이르기까지 지속되었다고 보았다.6)

---

5) 고려시대를 중심으로 한 농업사에 대한 전반적인 연구 경향에 대한 소개로
   는 다음의 논문이 참고된다. 李炳熙, 1988,「高麗時期經濟制度 研究動向과
   『국사』教科書의 敍述」,『歷史教育』44 ; 李平來, 1989,「高麗前期의 耕地利
   用에 관한 再檢討」,『史學志』22 ; 李昇漢, 1990,「高麗時代 農業史 研究現
   況-休閑法問題를 中心으로-」,『全南史學』4 ; 안병우, 1995,「농업생산력
   의 발전과 상공업」,『한국역사입문-중세편』, 풀빛 ; 權寧國, 1999,「고려시
   대 농업생산력 연구사 검토」,『史學研究』58・59합집, 韓國史學會.

6) 이 같은 견해로는 이태진과 宮嶋博史의 연구가 대표적이다.(李泰鎭, 1978,
   「畦田考」,『韓國學報』10/ 1986,『韓國社會史研究』, 지식산업사 재수록 ; 宮
   嶋博史, 1980,「朝鮮農業史上における十五世紀」,『朝鮮史叢』3 ; 1984,「朝
   鮮史研究と所有論」,『人文學報』167, 東京都立大學(日本：東京)) 이외에도
   조선시대 농업사를 전공한 이호철은 토지파악방식으로서의 결부제를 논하
   는 가운데 신라~고려 후기의 농법에 대해 촌락문서를 주로 언급하면서 농
   법이 극히 조방적이었으며 토지가 모두 상경전이 아니라 휴경을 행하는 세
   역전이었을 것으로 보아 이때는 넓은 1결의 면적과 더불어 노동생산성 위주
   의 극히 조방적 농경이 행해졌다고 하였다.(李鎬澈, 1986,『朝鮮前期農業經
   濟史』, 한길사, 225~243쪽) 이승한은 전시과로서의 柴地分給에 따른 柴地
   의 개간과 陳田의 발생 및 이의 治田 등에 초점을 맞추어 접근하면서 진전
   이 경지를 개척하는 과정에서 등장한 과도기적 경지이며, 그 경지이용방식
   은 休閑輪耕하는 易田 방식으로서 연작 상경단계에는 이르지 못한 것으로
   보기도 하였다.(李昇漢, 1994,「高麗前期 耕地開墾과 陳田의 발생」,『國史館
   論叢』52) 분명한 견해를 보이지 않았지만 안병우의 경우도 고려 전기의 일

　　고려의 농업기술이 과연 같은 시기 2년 3모작 등의 작부체계를 갖추었던 宋이나 元보다도 훨씬 떨어지는 수준에 있었는가를 생각한다면 이는 고려의 농업기술을 낮게 평가한 것이라 할 수 있다. 이러한 이해를 토대로 하는 다른 파악방식이 고려시대의 농업사 관련 자료를 검토하면서 제시되었다. 施肥나 농기구, 穀種, 수리시설의 정비와 水田의 확대, 陳田 및 新田의 개간 등에 주목하여 고려의 농업생산력은 평전의 경우 이미 상경농법이 적용되었으며, 다만 山田의 경우 개발 단계에 있었기 때문에 불역상경이 어려웠다고 하였다. 즉, 나말려초기를 중세 농업사에 있어 중요한 시기로 보고 농업생산력이 향상되면서 평전의 경우 常耕이 적용되었고, 산전의 경우 개발이 확대되는 추세였기 때문에 歲易農法이 적용되고 있던 것으로 보았다.(平田＝常耕, 山田＝歲易)[7]

　　부만을 제외하고 수전이나 한전에서 세역 휴한이 일반적이었던 것으로 보았으며, 고려 후기에 이르러서야 수전의 경우 상경화가 진전되었다고 하였다. (안병우, 1994, 「고려 후기 농업생산력의 발달과 농장」, 『14세기 고려의 정치와 사회』, 민음사)

7) 이러한 견해로는 김용섭, 위은숙, 이경식 등의 연구가 대표적이다.(金容燮, 1975, 「高麗時期의 量田制」, 『東方學志』 16/ 2000, 『韓國中世農業史研究』, 지식산업사 재수록 ; 魏恩淑, 1985, 「나말여초 농업생산력 발전과 그 주도세력」, 『釜大史學』 9 ; 1988, 「12세기 농업기술의 발전」, 『釜大史學』 12 ; 1990, 「高麗時代 農業技術과 生産力 研究」, 『國史館論叢』 17 ; 李景植, 1986, 「高麗前期의 山田과 平田」, 『李元淳教授華甲紀念史學論叢』) 金琪燮은 8세기를 전후한 촌락문서 단계는 陳田化하기 쉬운 불안정한 休閑 단계로, 나말려초인 9~11세기는 陳田의 개간과 세역의 안정화 단계로, 12세기 이후는 상경화가 이루어지는 단계로 설정할 것을 주장한 바 있었으나(金琪燮, 1987, 「高麗前期 農民의 土地所有와 田柴科의 性格」, 『韓國史論』 17) 최근의 연구에서는 통일신라기 수전의 경우는 歲易直播이지만 한전의 경우는 1년 1작을 원칙으로 하면서 2년 3모작의 윤작체계도 가능해졌다고 보고 있다.(金琪燮, 1992, 「新羅 統一期 田莊의 經營과 農業技術」, 『新羅文化祭學術發表大會論文集』 13 ; 1993, 『高麗前期 田丁制 研究』, 부산대학교 박사학위논문)

② 고려시기 권농정책과 그 성격

고려시대의 권농정책과 관련해서는 국가재정 기반의 확보라는 점
과 이의 재생산을 보장하기 위한 국가적 노력이라는 측면, 농민층의
안정 및 자영농의 육성 등과 관련하여 많은 논의가 그동안 있어왔다.

권농정책은 농민층의 농업경영을 통해 생산되는 농산물에 대해 국
가가 조세와 지대를 수취하는데 있어 이를 더욱 안정적으로 재생산하
기 위해 실시되었다. 이를 위해 토지개간이나 수리사업 등의 조처와
농민층의 안정을 위한 정책이 마련되었다. 고려 전기 실시되는 권농정
책의 내용은 대체로 진전 및 신전의 개간노력, 지방관을 통한 권농,
관개시설의 정비, 지나친 수취의 방지, 진휼정책의 실시 등으로 구성
되고 있었다.[8]

고려초 2년 3모작이 이미 시작되고 있었다고 보는 견해로는 이춘녕과 이평
래의 연구도 있다.(李平來, 1989, 앞의 논문 ; 李春寧, 1964,『李朝農業技術
史』, 韓國硏究院) 浜中昇 역시 산전은 휴한, 평전은 상경농법이 시행되고 있
었다고 하면서 그 근거로서 문종 8년의 전품규정에 나타나는 평전은 수전만
이 아닌 한전을 포함하는 것이며, 이때의 산전과 평전의 환산규정은 수조와
관련한 것이 아닌 토지지급과 관련된 규정으로 보았다. 다만 고려 전기에는
陳田이 항상적으로 발생할 수 있는 불안정한 단계였다고 하였다.(浜中昇,
1982,「高麗前期の小作制とその條件」,『歷史學硏究』507/ 1986,『朝鮮古代
の經濟と社會』, 法政大學出版局 재수록) 그는 최근의 연구에서 이를 좀더
보완하였는데, 개간 당초의 산전은 생산성이 낮아 상경이 곤란한 토지가 매
우 많았을 것이나 평전의 경우 상경되는 토지가 대부분이었을 것으로 보았
다.(浜中昇, 2000,「高麗前期の土地利用方式について」,『朝鮮學報』 176 ·
177)

8) 白南雲, 1937,『朝鮮封建社會經濟史』上, 改造社 ; 李丙燾, 1961,「勸農 및
기타의 社會政策」,『韓國史』中世篇, 乙酉文化社 ; 李春寧, 1964, 앞의 책 ;
金琪燮, 1987, 앞의 논문 ; 金南奎, 1989,「勸農使와 그 機能」,『高麗兩界地
方史硏究』, 새문社 ; 洪承基, 1990,「高麗時代의 農民과 國家」,『韓國史市民
講座』6, 一潮閣 ; 閔丙河, 1991,「高麗時代의 農業政策考」,『韓國의 農耕文
化』3, 경기대학교 박물관 ; 李正浩, 1993,「高麗前期 勸農策에 관한 一考

    통일신라기 이래 토지이용방식의 변화에 기초한 생산력 발전으로
성장한 소농민에 대해 국가는 이들을 보호 육성하는데 권농기능을 강
화하였으며, 그에 따라 조세수취가 원활해져 국가재정의 안정적 확보
가 가능해졌다. 이러한 측면에서 종합적 검토가 이루어졌는데, 광종
11년 기사에 보이는 評農書史의 직책에서 답험의 기능 및 농서 연구
와 농법 전수의 기능을 언급하기도 하였으며, 불필요한 요역의 금지,
종자지급, 農器의 賜給, 官牛의 대여 등을 통한 소농민의 경영안정을
도모하였다고 보았다.9)

    이러한 종합적 분석과 함께 태조, 성종, 현종, 정종, 문종, 인종, 충
렬왕, 충선왕, 공민왕 등 역대 군주의 권농정책이 검토되었다. 대체로
지방관의 農桑 장려와 水旱災로 인한 賑貸政策, 농업기술의 지도, 勸
農使나 農務都監의 운영을 통해 권농이 이루어진 것으로 보았으며,
이와 함께 국가적 祈雨祭 및 祈農祭의 실시를 전반적으로 언급하기
도 하였다.10)

    이상의 연구는 권농정책과 관련하여서 정책의 실시라는 면에 주목
하고 검토한 것으로 그 대상층을 소농민으로 설정하거나 권농의 주체

察」, 『史學研究』46 ; 李正浩, 2002, 『高麗時代 勸農政策 研究』, 고려대학교
박사학위논문 ; 韓政洙, 2000, 「高麗前期 儒教的 重農理念과 月令」, 『歷史
教育』74.
  이 밖에 고려 후기의 권농책에 대한 연구로는 다음과 같은 연구 성과가 있
다. 李宗峯, 1992, 「高麗後期 勸農政策과 土地開墾」, 『釜大史學』15 · 16 ;
魏恩淑, 1998, 「소농민경영의 존재형태」, 『高麗後期 農業經濟研究』, 혜안.
고려시대의 진휼정책과 관련한 연구로는 다음이 참조된다. 朴文然, 1984,
「高麗時代 賑恤政策Ⅰ, Ⅱ」, 『湖西史學』12, 13 ; 朴鍾進, 1986, 「高麗前期
義倉制度의 構造와 性格」, 『高麗史의 諸問題』, 삼영사 ; 李碩圭, 1999, 「高
麗時代 民本思想의 性格-賑恤政策과 관련하여-」, 『國史館論叢』87.
 9) 金琪燮, 1987, 앞의 논문.
10) 洪承基, 1990, 앞의 논문 ; 閔丙河, 1991, 앞의 논문 ; 이정호, 1994, 앞의 논문.

를 고려정부 및 지방관으로 보고 권농정책의 시행을 연구한 것이었다. 하지만 고려 전기의 권농정책이 갖고 있는 이념적 기반에 대해 유교 정치사상으로 일반화시킴으로서 권농정책의 성격이 분명하게 드러나지 못하였다. 따라서 권농정책의 이념적 기반에 대한 분석이 필요하였다. 중농이념에 대한 연구는 이를 말해준다. 즉, 군주 및 지배층의 중농이념이 유교정치사상과 관련되어 있으며, 이를 토대로 農本을 골자로 하는 務本力農의 체계가 갖추어졌다고 보고 農時에 대한 국가적 보장을 위해 月令이 주목되어 중앙 및 지방 단위에서 행해졌다고 하였다. 특히 자연재해 등의 천변재이에 대해 군주의 責己 행사와 함께 修德으로서 군주의 經學 수용 노력에 관심을 보이기도 하였다.[11] 또한 고려 성종대 마련되는 親耕儀禮의 실시와 그 의미에 대해서도 검토가 이루어져 農桑－衣食－民本－國本으로 연결되는 중농이념의 통치논리를 의례의 차원에서 구상하여 국가의 農桑獎勵의 모범으로 정리하기도 하였다.[12]

③ 고려시기 災異와 유교정치사상

나말려초기에는 다양한 유교적 지식인층의 역할을 통하여 經學의 기반이 성립될 수 있었다.[13] 나말려초기 骨品制의 해체 혹은 새로운 儒教政治理念의 제공, 새로운 사회의 건설을 위한 지식기반을 제공한 이들을 '中世知性' 혹은 '나말려초의 文人階層'으로 부르고, 이들을 신라의 國學출신, 渡唐留學生, 새로 성장한 地方豪族勢力 등으로 설정

---

11) 李正浩, 1993, 앞의 논문 ; 韓政洙, 2000, 앞의 논문 ; 2002, 「高麗時代『禮記』月令思想의 도입」,『史學研究』66 ; 2003, 「高麗前期 天變災異와 儒教政治思想」,『韓國思想史學』21.

12) 한정수, 2002, 「高麗時代 籍田儀禮의 도입과 운영」,『歷史教育』83.

13) 고려시기 經學의 이해와 관련한 전반적인 검토로는 李範稷의 연구가 참고된다. 李範稷, 1991, 「高麗時期의 經學」,『韓國中世禮思想研究』, 一潮閣.

24

하였다.14) 통일신라기 이후 본격적으로 唐으로부터 수용되기 시작한
유교정치사상의 영향을 받으면서 六頭品 세력은 점차 정치 운영의 중
심이 되어 중앙집권적인 귀족정치의 실현을 지향하였으며, 이들은 道
德至上主義的 성격을 갖고 있었다.15)

고려는 왕조의 성립과 함께 본격적으로 정치 현실에 적용되기 시작
한 유교정치사상 가운데 왕도정치론을 수용하였다. 즉, 유교정치사상
의 수용과 그 시행의 기반 위에서 고려 태조는 유교적 도덕정치, 즉
德治를 기반으로 하는 王道政治를 이해하였다. 이에 따라 유교정치사
상 가운데서 災異의 발생과 그 해석 및 대응과 관련한 정치권의 노력
에 대해 유교정치사상의 이상인 王道政治 구현이라는 측면에 주목하
고 천인감응론의 이해와 적용이라는 데에 관심을 기울인 바 있다.16)

천재지변과 관련한 기록에 대한 연대기적 정리와 분석이 이와 함께
이루어졌다. 『三國史記』의 재이 관련 기사나 『高麗史』의 세가 및 天

14) 金哲埈, 1968,「羅末麗初의 社會轉換과 中世知性」,『創作과 批評』겨울호/
1976,『韓國文化史論』, 知識産業社 재수록 ; 1981,「文人階層과 地方豪族」,
『한국사』3, 국사편찬위원회. 또한 연구가 진척되면서 지방사회 지식인층의
존재와 이들의 활동가능성이 제시되기 시작하였다. 이에 대한 연구로는 다
음이 참고된다. 金光洙, 1972,「羅末麗初의 地方學校問題」,『韓國史研究』7
; 李基白, 1978,「强首와 그의 思想」,『新羅時代의 國家佛敎와 儒敎』, 韓國
研究院 ; 金周成, 1990,「신라말·고려초의 지방지식인」,『湖南文化研究』
19, 全南大學校 湖南文化研究所 ; 張日圭, 1992,「新羅末 慶州崔氏 儒學者
와 그 活動」,『史學研究』45, 韓國史學會 ; 全基雄, 1996,『羅末麗初의 政治
社會와 文人知識層』, 혜안.
15) 李基白, 1978,「新羅 骨品體制下의 儒敎的 政治理念」,『新羅時代의 國家佛
敎와 儒敎』, 韓國研究院 ; 1995,「統一新羅期 儒敎思想의 性格」,『增補版韓
國古代史論』, 一潮閣.
16) 李熙德, 1984,『高麗儒敎政治思想의 研究』, 一潮閣 ; 1999,『韓國古代 自然
觀과 王道政治』, 혜안 ; 2000,『高麗時代 天文思想과 五行說 研究』, 一潮閣
; 1994,「Ⅱ. 유학」,『한국사-고려 전기의 종교와 사상-』16, 국사편찬위원
회.

文・五行志에 기록되고 있는 재이와 그 消災 방안 등에 대한 검토는 재이에 대한 천인감응론적 해석과 군주의 修德 등의 역할을 중심으로 하는 왕도정치를 이해하는 토대를 제공하였다.[17)]

天災地變을 天譴으로 이해하는 한편 이를 消災 및 방비하기 위한 德治가 요구되었으며, 그것은 天人合一思想으로 구현되었다. 즉 재이관 속에서 군주의 責己修德에 대한 요구와 도덕적 정치로서 德治를 행해야 한다는 王道論의 제시가 고려시대에 정착되었음을 밝힌 것이라 하겠다.[18)] 이러한 연구는 군주권의 정당성과 신성성 등을 왕도정치로 수식하고자 한 것이었다. 하지만 이와 달리 천인감응론을 이해하고자 하는 입장에서는 天命思想을 통해 天과 君主와의 상관관계 속에서 災異・祥瑞가 발생하며 이에 대한 정치적 해석이라 할 수 있는 天人相關說이나 天譴論이 수용되어 천재지변에 대한 消災가 군주를 중심으로 다양하게 시도되었다고 보았다. 유교적 消災방법이 현실적이고 합리적으로 제시되지 못하고, 오히려 불교와 도교, 토속신앙 등 의식이 더욱 많이 채택되고 있는 점은 유교정치사상 속에서의 천인감응

---

17) 이와 함께 군주의 역할을 중심으로 災異를 해석하고자 했던 연구로는, 秦榮一, 1986,「高麗前期의 災異思想에 관한 一考」,『高麗史의 諸問題』, 三英社가 있으며, 天災地變의 기록을 정리한 것으로는 朴星來, 1979,「國史上에 나타난 天災地變의 記錄」,『韓國科學史學會志』1-1이 있다. 또한 최근 李泰鎭에 의한 연구(1997,「고려~조선 중기 天災地變과 天觀의 변천」,『韓國思想史 方法論』, 小花)가 있어 재이에 대한 기록과 그 대응책, 이를 통한 天觀에 대하여 분석하기도 하였다. 한편 재이현상을 분석하면서 時・場・類・分이라고 하는 본래의 지위가 어그러짐으로 보고 본래의 지위가 지켜지는 유기체적 우주론이라는 개념을 설정하여 儒家秩序概念으로서 분석한 논고로 秦榮一의 연구(1989,「『高麗史』五行・天文志를 통해 본 儒家秩序概念의 分析」,『國史館論叢』6)가 있다. 이밖에 金永炫, 1987,「高麗時代의 五行思想에 관한 一考察」,『忠南史學』2와 金海榮, 1986,「『高麗史』天文志의 檢討」,『慶尙史學』2 등도 참고된다.

18) 李熙德, 1984, 앞의 책 ; 2000, 앞의 책.

론을 고려에서 불교·도교 및 전통신앙 등의 차원에서 접근한 결과였다고 하였다. 재이 기록이 11세기부터 많아지기 시작하는 것은 유교적 정치이념의 보급을 통해 심성학적 유교를 강조하고 천재지변에 대한 군주의 실정과 부덕을 연결시켜 군주권을 약화시키려는 데 그 배경이 있다고 하였다.[19]

천인감응론적 왕도정치사상이 고려시기 유교적 정치이념의 토대가 되었다고 하는 입장은 고려왕조가 앞 시기와 달리 어떻게 국가적 지배체제를 정비하였는가를 이해하는 데 큰 도움이 되었다. 그러나 이는 災異와 관련한 이해 위에서 나온 것으로 사회경제적 토대에 기초한 유교적 정치이념이라는 관점에 입각하지 못하였다. 따라서 사회경제적 토대의 변화와 지배질서의 정비라는 측면을 고려하면서 그 체계적인 틀에 대한 인식이 필요하게 되었다. 그것이 고대와 다른 중세적 정치규범이었다. 이런 맥락에서 합리적이고 보편적으로 재이의 발생 원인을 인식하면서 그 소재 노력에 대한 재검토가 요구되었다.

災異라는 天譴은 군주의 失政과 失德을 경고하는 것임과 동시에 농민의 생계와도 직접 관련되는 것이었다. 때문에 일시적 조치가 아닌 보다 항구적이면서 체계적 노력이 필요하였는데, 그 기초는 經學에 대한 이해를 통해 마련되었다. 時令으로서의 月令에 대한 이해와 『書經』등 경전에 대한 검토를 바탕으로 체계적인 국가지배질서의 원리로서 월령적 지배원리가 수용되었다고 보는 견해는 고려 전기 사회의 중세적 정치규범에 대한 새로운 접근 방식이었다.[20]

---

19) 都賢喆, 1994,「고려시대 유교의 전개와 성격」,『한국사』6, 한길사, 265~278 쪽.
20) 한정수, 2002,「高麗時代『禮記』月令思想의 도입」,『史學硏究』66 ; 2003, 「高麗前期 天變災異와 儒教政治思想」,『韓國思想史學』21. 이와 함께 최승로와 성종대를 중심으로 유교정치사상의 내용과 성격을 검토하고 월령의 도입을 통해 불교 및 민간신앙을 유교사상으로 바꾸려 노력하였다는 측면을

經學의 심화와 함께 국가체제의 정비 과정의 하나로서 주목되는 것은 국가적 의례의 정비였다. 의례는 왕권의 정당성과 권위의 과시, 天命의 확인, 군주와 臣民의 일체감 확인 등의 목적이 있었으며, 더 나아가 길례의 경우는 祈穀 및 祈禳, 祈福의 의미가 들어 있었다. 고려에서는 성종대부터 이들 유교적 사전체계를 정비하기 시작하였고, 이것을 연차적으로 구비하면서 『고금상정례』 등으로 정리하였다. 물론 여기에는 『禮記』·『周禮』 등의 경전, 『漢書』·『隋書』·『唐書』·『宋史』 등의 史書, 『開元禮』 등과 같은 禮書 등이 참조되었다. 이는 『高麗史』 찬자들이 정리하고 있듯이 吉·凶·軍·嘉·賓의 오례로 구성되었으며, 吉禮에서는 왕권의 권위와 정당성을 天·地·人의 신격으로부터 확인받고 그에 대한 제의를 올리는 사전체계를 갖추고 있었다.21)

분석한 것으로는 다음이 참조된다. 吳瑛燮, 1993,「崔承老 上書文의 思想的 基盤과 歷史的 意義」,『泰東古典研究』10.

21) 이에 대한 종합적 검토로는 이범직의 연구가 대표적이다.(李範稷, 1991,『韓國中世禮思想研究』, 一潮閣) 고려시대 길례의 사전체계에 대한 분석으로는 김해영의 연구가 있다.(金海榮, 1994,「詳定古今禮와 高麗朝의 祀典」,『國史館論叢』55) 이외 조선 초기의 연구이기는 하지만 고려시대의 사전체계에 대한 언급이 있는 것으로는 다음이 있다. 金泰永, 1973,「朝鮮初期 祀典의 성립에 대하여」,『歷史學報』58 ; 韓㳓劤, 1976,「朝鮮王朝初期에 있어서의 儒教理念의 實踐과 信仰·宗教」,『韓國史論』3 ; 金海榮, 1993,『朝鮮初期 祀典에 관한 研究』, 한국정신문화연구원 박사학위논문 ; 韓亨周, 2002,『朝鮮初期 國家祭禮 研究』, 一潮閣. 길례에 해당하는 사전체계는 국가적 차원에서 관리되면서 다양한 목적으로 이용되기도 하였다. 祈雨와 消災를 위한 祈禳, 풍년을 기도하고 수확에 감사하는 祈穀 등이 그것이다. 먼저 기우제와 관련하여서는 다음을 참조할 수 있다. 李熙德, 1984,「祈雨行事와 五行說」, 앞의 책 ; 임장혁, 1999,『기우제와 지역사회』, 민속원. 祈禳과 관련해서는 消災와 관련하여 일찍부터 주목되었다. 특히 길례의 제의를 이용하여 분석하기 보다는 전체 행사를 분류하여 그 성격을 찾았는데, 이에 대한 연구로는 다음이 참고된다. 이희덕, 1984, 앞의 책 ; 2000, 앞의 책 ; 이태진, 1997, 앞의

본 연구와 관련하여 이상의 연구 성과를 검토하면서 전반적인 연구 경향이나 방법론에서 지적될 수 있는 문제점을 제기하면 다음과 같다.

첫째, 연구 내용이 특정 사료의 해석에 치중하고 있다는 점이다. 현존하는 사료가 극히 적기 때문에 피할 수 없다는 점은 어쩔 수 없을 것이다. 다시 말하면, 이 시기의 농업사에 있어서 가장 큰 문제는 역시 사료의 부족에 기인하고 있으며, 이로 인하여 특정 사료의 해석에 치중하면서도 연구자의 입론에 따라 후대의 사료 및 농법 이해 등을 인용하는 데 있어서도 극명한 차이를 보여주고 있다는 점이다. 이러한 차이를 가져온 것은 고려 전기 사회 혹은 고려사회를 어떠한 성격을 갖는 사회로 볼 것인가 하는 관점의 차이에서도 기인한다. 부연하자면, 생산력의 수준과 발전을 보여주는 경지이용방식 등의 농업현실에 대한 이해가 連作常耕과 休閑歲易 등으로 나뉘어져 이를 뒷받침하는 선상에서의 農法의 전개를 다루고 있다는 것이다.

고려왕조의 성립과 전개에 있어서 농업생산 및 농민생활의 안정이라는 점은 무엇보다 중요하며, 이 점에 있어 구체적으로 田品, 경지이용방식, 농지 개간, 施肥, 관개시설, 농기구, 種子개발, 농민의 존재형태 등을 담고 있는 農法의 내용에 대한 고려가 있어야 한다는 것은 분명하다. 하지만 현재의 연구 상황에 비추어볼 때 특정 자료의 해석에 주의를 기울이는 것은 계속해서 다른 해석과 평가를 불러오기 쉽다. 그 동안 적지 않은 연구자들이 적은 사료에 대한 이해를 극복하기 위하여 고려 전기 농업에 대한 새로운 접근방식이 필요하다는 견해를

논문 ; 李煜, 2000, 『儒敎 祈禳儀禮에 관한 硏究』, 서울대학교 박사학위논문 ; 金澈雄, 2001, 『高麗時代 雜祀 硏究-醮祀, 山川·城隍祭祀를 중심으로-』, 고려대학교 박사학위논문. 祈穀儀에 대한 본격적인 분석은 이루어지지 않았지만 이에 대한 언급이 있었던 것으로는 민병하, 1991, 앞의 논문 ; 홍승기, 1990, 앞의 논문 ; 한정수, 2002, 「高麗時代 籍田儀禮의 도입과 운영」, 『歷史敎育』 83 등이 참조된다.

내놓았던 것은 이러한 문제인식에서였다. 자연환경 및 자연재해나 인구문제 등에 대한 고려와 중국의 농법 및 농서의 이용, 고고학적 발굴 등에 더욱 관심을 기울여야 한다는 지적은 이를 말해준다.

고려시기의 농업생산력을 올바로 조망하기 위해서는 특정 사료를 떼어내어 해석하기보다는 그러한 사료가 제시되고 시행될 수 있었던 당시의 시대상에 대한 이해가 필요하다. 대부분의 사료가 군주 및 지배층의 이해관계에서 서술되었다는 점을 고려한다면 농업생산에 대한 지배층의 구체적인 인식 내용을 살펴보아야 할 것이다. 즉 농업사와 관련된 대부분의 사료가 농민에 의해 직접 기록된 것이 아니기 때문에 결국 지배층의 농업 및 농민에 대한 인식이 투영되어 기록된 것으로 볼 수밖에 없기 때문이다.

둘째, 상당수의 연구자들이 경지이용방식, 개간, 농법 등을 서술하면서 국가재정의 확보와 대농민 안정을 위하여 勸農政策을 실시하였다는 점을 지적하였다. 그러나 역으로 권농정책의 실시에 있어서 당시의 농업현실에 대한 충분한 고려가 이루어졌으며, 또 여기에는 군주 및 지배층의 유교정치사상이 중요한 역할을 하였다는 점에 대해서는 아직 연구가 미흡한 실정이다.

국가운영의 정책을 구상함에 있어서는 당시 정치사상의 영향이 지대하다. 이러한 면에서 나말려초의 유교정치사상이 농업정책에 지대한 영향을 주었을 것으로 생각된다. 현재의 권농정책에 대한 연구를 볼 때 실제 勸農의 내용파악은 구체적으로 이루어진 반면, 그러한 권농을 가능하게 했던 지배층의 이해에 대해서는 충실하지 못하였다. 때문에 지금까지 권농정책에 대한 연구는 기존 농업사 연구에서 벗어날 수 없었다고 여겨진다.

나말려초 및 고려 전기 사회에서 보다 심화되고 있던 經學에 대한 이해와 유교정치사상의 수용이라는 사상사적 분석 위에서, 이것이 王

道政治의 구현과 연결되면서 '國本'이라 할 수 있는 중농정책으로 직결되는 이념적 기반과 실질적인 노력이 이루어졌다는 점이 좀더 부각되어야 할 것이다. 즉, 당시의 농업현실을 감안하여 보다 실효성을 거둘 수 있는 권농정책을 구상하였으며, 이를 위해 고려의 현실에 맞는 유교정치사상을 수용하였다는 종합적 이해가 있어야 한다.

셋째, 天變災異의 내용과 그 해석, 천인감응론과 왕도정치와의 상관관계 등에 대한 분석은 적지 않게 이루어졌다. 이들을 자연재해 혹은 기상재해에 대한 이해라는 면으로 볼 때 이것이 당시의 농업에 상당한 영향을 미쳤으리라는 것은 쉽게 추론할 수 있다. 天文·五行·食貨農桑의 재이 기사, 세가의 관련기록, 열전 등에서의 災異論에 대한 이해가 이미 정리되어 있는 만큼 이를 보다 적극적으로 농업현실 및 농업정책과 연관하여 해석할 필요가 있다. 그러나 아직까지 이러한 접근은 미흡한 감이 있다.

넷째, 고려시대에는 유교적 국가제의와 도교적 초제, 불교의 각종 도량, 성황·신사 등과 같은 민간신앙 등이 다양하게 존재하였다. 고려시대의 경우 이들 내용은 국가적 사전체계로 정비되고 있었다. 이에 대해서는 의례적 차원의 접근과 消災로서의 祈雨 등과 같은 祈禳의 성격을 갖는 제사로 보는 면이 많았다. 그러나 고려시대에 정비되는 사전체계를 볼 때 祈禳·祈福의 성격과 함께 더욱 주목할 것은 농업 생산의 안정과 풍요를 기원하는 祈穀적 성격이 짙다는 점이다. 따라서 새롭게 정비되는 고려의 사전체계를 통하여 기곡적 농경의례의 성격을 검토할 필요가 있다.

다섯째, 자료 이용의 폭과 방법상의 문제이다. 고려시대 전반에 대한 연구의 가장 큰 어려움은 역시 자료의 한계가 크다는 점에 있다. 고려 전기 농업정책 및 농업사와 관련해서는 자료적 한계가 더욱 크다. 대체로 年代記 자료에 의존하면서 그 가운데 특정 사료에 대한 해

석에 집중되었고, 금석문과 후대의 農書 및 문집 등을 이용하거나 혹
은 중국의 농업기술사에 대한 이해에 의존하였다. 특정 자료에 대한
의존도가 높은 반면, 天文·五行志의 기록이나 재해관련 기사 등은
당시의 기상재해의 실상과 피해 정도를 전해준다는 점에서 중요한 전
거의 하나가 될 수 있지만 그 이용정도는 적다.

또한 고려의 중농이념 및 농업정책과 관련하여 활용할 수 있는 것
으로, 年代記에서 거론되고 있는 經典 및 史書 등에 대한 이해도 필
요하다. 현재는 이에 대한 검토가 부족하며 평면적 활용에 그치고 있
는 실정이다. 당시 지배층에서 관심을 가졌고, 교정과 주석, 해석을 하
는 데까지 이르렀던 서적이 갖는 자료적 가치에도 주목할 필요가 있
다.

2. 연구의 방향과 구성

본서에서는 고려시기 유교정치사상의 수용이 심화되면서 고려왕조
의 지배층이 이를 학문 연구뿐만이 아니라 국가운영론으로까지 확대
시킨 것으로 이해하였으며, 이를 현실 정치에 어떻게 실천하고자 했는
가를 重農理念과 農耕儀禮를 중심으로 분석하고자 하였다. 이를 위
하여 고려시기 중농이념 및 농경의례의 성립 및 전개 과정을 분석대
상으로 삼고자 한다.

고려시기는 종래와는 달리 경학을 통한 유교정치사상을 공부한 광
범한 유자층의 존재와 합리적인 국가운영을 도모하려는 왕권 등이 보
다 구체적이고 안정적인 국가운영의 틀을 모색한 시기였다. 이를 위해
지배층은 신라나 泰封 등에서 경험한 전통적인 사회운영의 틀과 『禮
記』, 『周禮』, 『尙書』, 『貞觀政要』 등을 주목하면서 국가운영 방향을

王道政治에 두고자 하였다. 태조의 訓要10條나 최승로의 時務28條, 李陽의 上書文 등은 이러한 인식의 토대에서 비롯된 것으로 판단된다.

다음으로 연구대상과 범위에 관한 용어를 정리할 필요가 있다. 重農이라는 용어는 문구상으로만 본다면 농업을 중시한다는 의미를 담고 있다. 여기에는 위정자의 의지가 담겨 있는 인식으로 보아 重農은 대체로 이념적인 경우에 한하여 권농정책이나 농업정책과 구별하고자 한다. 農耕儀禮는 말 그대로 농업과 관련한 제반 의식과 제사 등의 범주를 말한다. 본서에서는 그 대상에 대해 국가적 차원으로 정비하면서 祭場과 祭壇, 神格 및 의례절차 등을 갖추었는가를 중심으로 하였으며, 특히 祈穀的 성격이 있는가를 중요한 기준으로 삼았다.

이와 함께 본서에서는 유교정치사상의 수용과 심화라는 점에 관심을 두었다. 현재까지의 연구에서 지적되었듯이 고려시기 유교정치사상에서 중요한 주제는 왕도정치와 천인감응론, 재이 등이었다. 王道政治思想 및 天人感應論 등은 농업정책 및 重農理念의 정립에 있어 중요한 영향을 미치고 있기 때문에 그 개념을 정리할 필요가 있다. 이들 용어를 여기에서는 다음과 같이 보고자 한다.

우선 고려 전기의 『尙書』·『禮記』 등 경전에 대한 이해에 따라 왕도정치사상이 수용되었다는 연구를 수용하였다. 이에 따라 군주는 修德을 통해 聖君으로서의 자질을 갖추고, 신료 및 인재들을 능력에 맞추어 등용하며, 인민을 위해 仁政을 펴는 존재로 인식되었다. 이런 이상적 정치를 王道政治라 할 수 있겠다. 이를 참고하여 본서에서는 군주의 修德과 관련한 여러 가지 정치적 儀式 및 노력을 중심으로 왕도정치에 대해 접근하고자 하였다.

왕도정치와 관련해서 그간의 연구에서 주목되었던 것은 災異에 대한 이해였다. 연대기 및 천문·오행지 등에서 기록되고 있는 천문과

기상, 자연환경의 변화 등은 당시에 있어서 자연현상으로만 받아들여
진 것이 아니었다. 재이란 일상적 순환의 범주를 벗어나 자연환경 및
인간사회에 변화를 일으키는 것을 일컫는다. 중국의 漢代를 전후하여
陰陽五行思想 및 天文曆法을 이용하고, 이를 현실의 정치와 관련하
여 해석하고자 하는 경향이 있어 왔다. 대개『春秋』및『尙書』의 내용
을 재해석하면서 이를 구체화하였는데, 소위 '天人感應論'이 이것이
다. 천인감응론은 천문·기후·자연환경 등이 위정자의 정치적 공과
에 따라 천변재이의 咎徵 혹은 그에 따른 譴責이 있으므로 위정자는
修德과 仁政을 폄으로써 '天'의 도리를 따라야 한다는 의미를 담고 있
다.

또한 본서에서는 고려 지배층의 유교정치사상에 대한 이해와 그 실
현 노력을 이해하고, 국가의 근본이 되는 주요산업인 농업에 어떻게
관심을 기울였는가를 분석하고자 하였다.

이러한 연구를 수행하기 위해서는 나말려초의 농업현실, 유교사상
과 경학에 대한 이해, 이에 기초한 천문 및 자연관에 대한 이해, 왕도
정치의 실현을 위한 天人合一論적인 정치사상의 수용 등에 대한 이
해가 필요하다. 또한 고려왕조가 이해하고 실현하고자 했던 중농이념
이 구체적으로 어떻게 형성되었고, 어떠한 권농정책을 구상했는가에
대한 분석도 함께 이루어져야 한다. 말하자면 당시의 사회경제적 발전
이 농업생산력의 향상 여부에 기초한다고 했을 때 정치사상 역시 이
러한 현실을 반영하여야 국가운영의 이론적 토대가 될 수 있기 때문
이다. 이를 바탕으로 天-君-臣-民을 유기적으로 잇는 王道政治論
이 완성될 수 있다는 것이다.

이처럼 본서에서는 고려시기 중농이념과 농경의례에 대하여 정치
사상·제도·농업사적 접근을 하는 데 있어 다음과 같은 방법론에 입
각하여 진행할 것이다.

먼저, 신라 하대 및 나말려초기의 사회경제적 변동과 당시의 농업 생산력이 어떠한 관계에 놓여져 있는가이다. 더불어 국가정책의 기초 가 되는 정치사상의 문제를 다룰 필요가 있다. 經學과 지식인층의 성 장이라는 면이 이를 푸는 열쇠가 될 것이며, 나아가 이들이 천인감응 론적 왕도정치사상을 수용하면서 신라 하대 정치 및 사회경제 체제가 농업생산력과 모순되고 있다는 점을 어떻게 이해하였는가를 검토할 필요가 있다.

둘째, 농업정책과 관련된 제반 분야 가운데 농업사 및 정치사상의 영향은 매우 크다. 어떠한 정치사상이 수용되어 지배적 사상이 되었는 가와 그 개혁성을 배경으로 정책을 펴나가고자 했는가는 매우 중요한 의미를 갖는다. 그러나 한편으로 개혁정책은 현실세계를 떠나서는 성 립할 수 없으며, 이에 기초하여 보다 안정적이고 나은 사회를 만드는 데 주안점을 두기 마련이다.

당시의 사회경제적 조건에 따라 일정한 필요에 의해 정책이 구상되 고 수용되지만 당시의 정치·사회·경제적 조건에 의해 변용이 이루 어지기도 한다. 특정 시기에 수용되는 정치사상은 그만큼 현실적 의미 를 담고 있어야 가능하며, 또한 지배층의 위상 및 지배의 당위성, 합 리적 지배의 내용을 제시할 수 있어야 했다. 이러한 점에서 고려시기 의 유교정치사상은 民本·農本에 기초하는 仁政 즉 王道政治를 목표 로 하고 있으며, 天人感應論을 적절히 수용하였다고 생각된다. 따라 서 重農理念과 관련한 검토를 하는데 있어 당시의 정치사상적 배경과 농업 조건의 내용 및 사회경제적 변화를 관련시켜 가면서 살펴보아야 할 것이다.

셋째, 농업정책의 구상과 구현에 있어 당시의 자연관과 그 대응노 력을 좀더 적극적으로 관련시켜 이해할 필요가 있다. 기상재해는 사회 운영에 필요한 식량자원의 생산에 중대한 피해를 가져온다. 이 점에서

災異에 대한 특별한 해석의 의미를 담고 있는 天人感應論을 군주체제를 정당화하는 방법으로만 볼 것이 아니라 사회안정책 혹은 농업정책과도 연관시켜 보아야 할 것이다. 經學 및 중국의 역사적 경험은 이 점에서 고려시기 사회에 상당한 시사점을 주었다. 그것은 天時에 대한 해석과 時令과 연관되고 있었다. 그렇다면 이러한 내용을 고려사회가 어떻게 수용했는지를 검토할 필요가 있다.

넷째, 농경사회에서는 기본적으로 농업의 안정과 풍요를 기원하기 위한 다양한 의례를 구상하고 여기에 절대성과 신성함을 불어넣는다. 이는 작게는 개인의 차원으로부터 국가적 차원에까지 확대되는데, 결국 이것이 국가적 농경의례로 정비된다. 따라서 고려왕조에서 이를 어떻게 이해하면서 정비했는지에 대해 살펴볼 필요가 있다.

다섯째, 자료의 이용과 관련한 방법론으로 본서에서는 각종 문헌자료와 연구 성과 등을 분석하는 방법을 취하였다. 먼저 자료로는 유교 경전과 『漢書』·『唐書』·『貞觀政要』·『宋史』 및 『開元禮』·『通典』·『文獻通考』·『中國歷代食貨典』·『春秋繁露』 등의 중국측 자료와, 『三國史記』·『三國遺事』·『高麗史』·『高麗史節要』 및 고려시대의 각종 문집, 『朝鮮王朝實錄』·『國朝五禮儀』·『親耕親蠶儀軌』 등을 검토하고자 한다. 이러한 자료의 분석을 통해 고려왕조가 수용한 유교 정치사상의 특징과 중농사상 및 의례, 농업정책 등의 내용과 성격이 무엇인가를 살펴볼 수 있으리라 생각된다.

본서는 이상의 방법론에 기반하여 다음과 같은 체제로 구성하려 한다. 각 장에서 분석하고자 하는 내용은 다음과 같다.

제1장 「유교적 중농이념의 형성 배경」에서는 고려의 농업정책의 기초로서의 중농이념이 마련되는 역사적 배경에 대해 분석할 것이다. 이를 위해 1절에서는 신라 하대 지배질서의 붕괴와 사회경제의 변화를 검토하는데, 신라 하대의 사회경제 변동 및 정치체제의 혼란으로 인하

여 당시의 농업생산력의 발전이 제대로 수용되지 못하였음을 검토할
것이다. 즉, 평전을 중심으로 이미 상경농업이 전개되어 농업생산력이
향상되었는데, 신라 왕실이 이를 더욱 장려하거나 보호하지 못하였던
원인이 어디에 있었는가를 왕권을 중심으로 하는 지배질서의 붕괴와
식읍·녹읍제적 수탈 및 지방세력의 성장에 있음을 파악하고자 한다.
2절 '나말려초 유교적 중농인식의 대두'에서는 먼저 신라 하대 자연재
해의 발생을 분석하고 권농정책이 가지고 있는 한계점을 검토하고자
하였다. 이러한 파악 위에서 당시 지식인층의 성장과 이들이 수용한
유교정치사상의 내용을 토대로 유교적 중농이념의 방향이 구상되었음
을 살펴보려고 한다. 이를 토대로 하면서 고려는 지배질서의 확립과
농민층의 안정을 도모하기 위하여 월령적 지배와 유교적 중농이념 및
권농정책에 관심을 기울이기 시작했음을 검토할 것이다.
　　제2장 「유교적 중농이념의 확립」에서는 고려왕조에서 이해한 중농
이념의 내용과 그 특징, 그리고 어떻게 실현되었는가를 살펴보고자 하
였다. 1절 '天人感應的 농업인식의 수용'에서는 고려의 농업정책의
이념적 기반이라 할 수 있는 중농이념의 실체가 무엇인가와 그 가장
큰 성격이 天時로서의 農時를 주목하는 敬授人時에 있음을 살펴보고
자 한다. 2절 '月令의 활용'에서는 月令이 형성되는 과정과 성격을 살
펴보고 이것이 중농이념과 실현에 어떠한 영향을 주었는가를 검토하
려고 한다. 3절 '勸農政策과 農書의 이용'에서는 農時에 대한 이해가
권농정책에 어떻게 반영되었는가와 경지 이용 및 農書의 이용 노력을
살펴보고자 한다.
　　제3장 「국가적 농경의례의 운영」에서는 중농이념의 수용과 함께 정
비되는 국가적 농경의례의 문제를 다루고자 하였다. 1절 '祈穀的 農
耕祭儀의 운영과 그 실태'에서는 농업국가인 고려왕조에서 국가적 차
원의 祈穀的 農耕祭儀를 정비한 배경과 그 내용에 대해 살펴볼 것이

다. 2절 '籍田儀禮의 도입과 운영'에서는 유교를 기반으로 하는 농업
국가에서 행해지는 군주의 親耕儀禮가 어떻게 도입되었으며, 그 제도
와 운영 등에서 나타난 성격 등을 규명하고자 한다.

제1장 유교적 중농이념의 형성 배경

1. 신라 하대 지배질서의 붕괴와 사회경제의 변화

1) 신라 하대 지배체제의 혼란

혜공왕 이후 선덕왕대부터 신라 하대가 시작되었다.[1] 이 시기에는 잦은 왕위 교체와 함께 자연재해가 빈발하였다. 왕위교체가 잦았다는 것은 군주를 중심으로 하는 정치지배체제가 약화되어 있었다는 것을 뜻한다. 이러한 정치체제의 혼란 혹은 와해는 신라 하대 사회의 여러 가지 사회경제적 변동에 능동적으로 대처하지 못하는 결과를 가져왔다. 지방지배체제의 이완과 농민층의 몰락, 유망의 현상 역시 중앙 정치질서의 혼란으로 인해 더욱 가속화되는 구조적 모순 속에서 나타났다. 반대로 지방세력은 중앙과 차별화를 꾀하면서 지역적 기반을 토대로 자립적 성격을 강화해 나가기 시작하였다. 신라 하대의 사회적 혼란상은 이러한 문제들이 중첩되면서 그 모순이 심화된 것이었다.

신라 하대 사회는 經學과 지식인층을 토대로 유교정치사상이 갖고 있는 도덕적 합리적 정치를 실행할 수 있는 기반을 갖추고 있었다. 그러므로 자연재해 등으로 인한 사회 불안정을 해소할 수 있는 구조적 체계 즉 농업의 중시를 토대로 하는 국가적 인식기반이 형성될 수 있

---

1) 『三國史記』 卷12, 新羅本紀12 敬順王 9年.

40

었다. 선덕왕 6년(785) 왕이 죽기 직전에 내린 조서의 내용을 보면 이 같은 이해를 도모하고 있음을 알게 된다. 다음을 보자.

> 과인은 본래 재주와 덕이 없어 왕위에 마음이 없었으나 추대함을 피 하기 어려워 왕위에 오르게 되었다. 왕위에 있는 동안 농사가 잘 되지 않고 백성들의 살림이 곤궁하여졌으니, 이는 모두 나의 덕이 백성들의 소망에 맞지 아니하고 정치가 하늘의 뜻에 합치되지 못하였기 때문이 다.[2]

비록 내용은 선덕왕 자신의 德이 백성들이 바라는 바에 맞지 아니 하고 정치가 天心에 맞지 않아 해마다 농사가 이루어지지 않고 또 백 성들의 살림이 곤궁해졌다고 하는 반성의 표현이기는 하다. 그러나 이 는 다시 말하면 君主의 修德이 있어야 하며 天心을 따라 농업 장려를 행하여야 한다는 이해였다. 그러나 신라 하대 사회에서는 군주의 수덕 과 농업장려에 대한 이해가 적극적으로 반영되지 못하였다.

신라 하대 사회에서 이러한 국가적 농업 인식이 더 이상 진전되지 못하였던 원인을 규명하기 위해서는 당시의 지배체제에 대한 진단과 사회경제적 변동이 어떠한 이유로 어떻게 이루어지고 있었는가를 살 펴보아야 한다.

그 원인은 일차적으로 국가지배질서의 와해에서 찾을 수 있을 것이 다. 신라 말기에 이르러 신라사회를 지탱해 온 지배질서의 축인 골품 제는 약화되었다. 잦은 왕위의 교체로 인한 왕권의 약화가 표면상의 이유였다. 그것은 결국 眞骨의 분화를 야기하였고, 8세기 후반에서 9 세기에 이르면서는 신라 하대 사회의 지배구조의 한 축을 이루었던 4·5두품 세력에 해당하는 촌주층도 신분적 특권을 잃었다. 왕위계승

---

2) 『三國史記』 卷9, 新羅本紀9 宣德王 6年 正月.

에서 밀려난 일부 진골 귀족들은 지방으로 이주하여 지방지배세력 즉 유력한 호족의 일원이 되었다. 4·5두품으로 대표되는 촌주층은 더 이상 신라의 지배체제에 협조하기 어려워졌고, 결국 국가체제의 혼란이 가중되면서 이들은 호족층으로 자리 잡기도 하였다.[3]

신라 하대 사회에서 왕위 계승을 놓고 갈등이 이루어진 경우를 검토하면 일단 지배체제의 가장 상부구조라 할 수 있는 왕권이 붕괴되고 있음을 알 수 있다. 宣德王대부터 敬順王에 이르기까지 왕위계승 과정과 왕의 出系를 살펴보면 이를 더욱 분명히 알 수 있다.[4]

아래 <표 1>을 보면, 53대에서 55대의 경우를 제외하고는 奈勿系인 元聖王의 후손이 왕위를 잇고 있는 것을 확인할 수 있다. <표 1>을 통하여 왕위 계승의 유형을 보면 ① 태자로 계승하는 경우(39·40·46·49·52·54), ② 추대로 왕위를 잇는 경우(37·38·43·45·53), ③ 顧命에 의해 잇는 경우(47·48·51), ④ 왕이 後嗣나 顧命이 없이 죽었을 때 동생이 즉위하는 경우(42·50·55), ⑤ 군사를 일으켜 스스로 왕이 되는 경우(41·44) 등이 있으며 ⑥ 기타 추천으로 왕이 되는 경우(56)가 있다. 37대 선덕왕의 즉위와 41대 헌덕왕, 44대 민애왕, 45대 신무왕의 경우 정상적으로 왕위를 이은 것이 아닌 군사행위에 의해 왕위에 오르고 있다. 이 과정에서 지배층 내부에서 치열한 갈등이 노출되었던 것으로 볼 수 있다.

그 가운데 대표적인 것이 헌덕왕 14년(822) 무열왕계인 金憲昌이 웅천주를 중심으로 일으킨 난[5]과 그 아들인 金梵文이 헌덕왕 17년

---

3) 金基興, 2003, 「한국 고대의 신분제」, 『강좌 한국고대사』 3.

4) 신라 하대의 왕위 계승에 대해서는 이기동의 연구가 대표적이다.(李基東, 1980, 「新羅 下代의 王位繼承과 政治過程」, 『歷史學報』 85/ 1984, 『新羅骨品制社會와 花郞徒』, 一潮閣 재수록 ; 1996, 「신라 하대의 사회변화」, 『한국사』 11, 국사편찬위원회)

5) 『三國史記』 卷10, 新羅本紀10 憲德王 14年.

(825)에 高達山의 산적들과 일으킨 반란6)이었다. 또한 신무왕의 즉위
과정에서 일어났던 민애왕 세력과 金陽·弓福(장보고)을 중심으로 한
신무왕 세력과의 충돌7) 등도 그 예라고 할 수 있다. 희강왕 이후 왕위
계승을 둘러싼 갈등은 더욱 극심해졌는데, 신라 하대의 종점이자 후삼
국기의 시작이라 할 수 있는 진성왕대 이전까지의 모반을 보면 伊飡
과 一吉飡 등 진골 귀족들이 중심이 되고 있다. 가령 문성왕대에는 4
차례(3, 8, 9, 11년), 경문왕대 3차례(6, 8, 14년), 헌강왕대 1차례(5년),
정강왕대 1차례(2년) 등의 모반이 있었다.

<표 1> 신라 하대 왕위계승과 出系

順位	王名	在位年	即位過程	出系	卒記
37	宣德王	780-785	金志貞의 난 진압 後 推戴	孝芳(奈勿9代) 四炤夫人 金氏(聖德女)	薨
38	元聖王	785-798	上大等으로서 대신의 推戴	孝讓(奈勿11代) 繼烏夫人 朴氏	薨
39	昭聖王	798-800	太子로 繼承	仁謙(元聖 子) 聖穆太后 金氏	薨
40	哀莊王	800-809	太子로 13살에 繼承	昭聖王 太子 桂花夫人 金氏	弑
41	憲德王	809-826	上大等으로 作亂弑王 後 즉위(昭聖王同母弟)	仁謙(元聖 子) 聖穆太后 金氏	薨
42	興德王	826-836	憲德王同母弟로 즉위	仁謙(元聖子) 聖穆太后 金氏	薨
43	僖康王	836-838	侍中金明·阿飡利弘·裴萱伯等에 의해 추대	憲貞(元聖 孫) 包道夫人 朴氏	縊於宮中
44	閔哀王	838-839	上大等으로서 侍中利弘等과 興兵作亂하여 즉위	忠恭(元聖 子) 貴寶夫人 朴氏	弑害
45	神武王	839	金陽·弓福의 도움으로 추대	均貞(元聖 孫) 眞矯夫人 朴氏	薨

---

6) 『三國史記』卷10, 新羅本紀10 憲德王 17年.
7) 『三國史記』卷10, 新羅本紀10 閔哀王 2年.

46	文聖王	839-857	太子로 계승	神武王 貞繼夫人	薨
47	憲安王	857-861	神武王의 異母弟로 문성왕의 顧命에 의해 즉위	均貞(元聖 孫) 照明夫人 金氏	薨
48	景文王	861-875	憲安王의 사위로 顧命에 의해 즉위	啓明(僖康 子) 光和夫人 金氏(神武女)	薨
49	憲康王	875-886	太子로 계승	景文王 文懿王后 金氏	薨
50	定康王	886-887	景文王의 둘째 아들로 계승	景文王 文懿王后 金氏	薨
51	眞聖王	887-897	憲康王·定康王의 女弟로 정강왕의 顧命에 의해 즉위	景文王 文懿王后 金氏	薨
52	孝恭王	897-912	眞聖王의 조카로 태자에 책봉 후 선양을 받아 즉위	憲康王 庶子 金氏	薨
53	神德王	912-917	孝恭王이 無子이므로 國人이 推戴하여 즉위	父兼 朴氏 貞和夫人(角干 順弘女)	薨
54	景明王	917-924	太子로 계승	神德王 太子 義成王后	薨
55	景哀王	924-927	景明王同母弟로 즉위	神德王 太子 義成王后	自盡
56	敬順王	927-935	甄萱의 所擧로 즉위	孝宗(文聖王의 후손) 桂娥太后 金氏(憲康女)	978년 薨

* 이 표는 『三國史記』 卷9 宣德王에서 卷12 敬順王까지의 즉위 및 졸기 기사를 토대로 작성한 것이다.

이처럼 진성여왕대 이전에도 이미 모반사건이 지속되고 있어 신라 왕실이 해체 일로에 있음을 알 수 있다. 더 나아가서는 김헌창의 난 이후 지방세력과 모반세력이 결탁되고 있는 것을 보게 되는데, 김범문의 경우나 청해진의 궁복 등에서 이러한 현상이 나타난다.

혼란의 원인은 진골 귀족층 내부에도 있었지만 정치 기강의 문란도 포함된다. 가령 "신라 말기에 정치가 어지럽고 백성들이 흩어지며 王畿 밖의 주현 가운데 叛·附가 서로 반반씩 되었다."[8]는 기록이나 진

8) 『三國史記』 卷50, 弓裔傳.

성왕 6년 "아첨하는 소인들이 왕의 곁에 있으면서 정권을 농간하매 기강이 문란하여 해이해지고 게다가 기근까지 겹쳐서 백성들이 흩어지고 도적떼들이 벌떼처럼 일어났다."[9]라고 한 기록들을 보면 간신배의 득세와 정치의 혼란으로 인한 국가지배질서의 와해가 신라 하대 지배체제가 무너지는 원인으로 파악되고 있음을 알 수 있다.

이러한 변동은 결국 지방사회로 파급되었다.[10] 그 같은 변동의 중심은 호부층의 형성과 역할에 있었다. 이들은 豪勢富民적 존재임에서 드러나듯 경제력과 자위적 군사력을 갖추고 있었다. 또한 사유지를 토대로 노비의 사역과 傭作의 이용 등을 통하여 농지경영에 관심을 기울이면서 부를 축적해 나갔다. 大成이 傭作하자 그에게 數畝의 밭을 나누어준 福安家[11]와 효녀 지은의 설화에서 나오는 富家,[12] 견훤의 아버지로 尙州 加恩縣에서 농사를 지어 생활하다 가문을 일으키어 장군이 된 阿慈介[13] 등의 존재는 이들이 私田을 운영한 부호층으로서 지주적 농업경영을 하였다고 보여지는데, 이러한 유형의 부호층은 상당수 존재하고 있었다. 예컨대 『고려사』 고려세계에서 扶蘇郡 지역의 호부인 康忠은 수천금의 재산가로 묘사되고 있고,[14] 광종대의 기사이기는 하지만 陳田墾耕人과 관련하여 나오는 田主層[15]은 이들과

9) 『三國史記』 卷50, 甄萱傳.
10) 신라 하대 지방사회의 변동과 관련하여 다음의 연구가 참고된다. 蔡雄錫, 2000, 『高麗時代의 國家와 地方社會』, 서울대학교 출판부 ; 金甲童, 1990, 『羅末麗初의 豪族과 社會變動 硏究』, 高麗大學校 民族文化硏究所 ; 李純根, 1992, 『新羅末 地方勢力의 構成에 대한 硏究』, 서울대 박사학위논문 ; 金哲埈, 1973, 「文人階級과 地方豪族」, 『한국사』 3 ; 金光洙, 1979, 「羅末麗初의 豪族과 官班」, 『韓國史硏究』 23.
11) 『三國遺事』 卷5, 孝善9 大成孝二世父母 神文王代.
12) 『三國史記』 卷48, 列傳8 孝女知恩.
13) 『三國史記』 卷50, 列傳10 甄萱.
14) 『高麗史』 高麗世系.

연결되는 존재였다.

　이들 호부층은 중앙으로부터의 수취의 강제 및 통제 강화에 대비하면서 당시 빈발하고 있었던 草賊 및 중앙에 반기를 든 群盜 등을 방어하는데 자위적 군사력을 갖추었다. 동시에 지방민과의 유화를 위하여 청주의 지방학교 운영 사례에서 보듯이 지방의 교육활동에 적극 참여하거나[16] 지방사회의 신앙을 주도하고 있던 禪宗 사원 및 선승을 후원하였다. 불교신앙활동을 위해 구성된 香徒는 신앙결사의 성격을 띠고 있으면서 지역내의 공동체적 결속에도 영향을 미쳤다. 시납 기부 등이 이루어지고 있었던 당시 사회에서 막대한 경제적 후원을 행한 호부층은 향도를 주도하고 있었던 것이다.[17] 이처럼 지방사회의 중심 세력으로 성장한 호부층들은 수리관개시설의 수리와 관리, 借貸를 통한 구휼 및 種穀 대여 등을 통하여 재지사회의 주도층이 될 수 있었다. 예컨대 태조의 神惠王后 柳氏는 貞州人 三重大匡 天弓의 딸인데, 크게 부유했던 天弓에 대해 邑人들은 그를 長者라고 불렀다.[18] 효공왕대 활동한 인물 중 하나인 異才는 壽昌郡으로 還鄕하여 護國義營 都將 重閼粲으로서 義堡를 구축하고 농사에 종사하면서 지방의 주민을 편하게 돌보았으며, 부처에 귀의하여 후원하고 있었다.[19]

　또한 이들은 그들의 이해관계에 따라 독자적 세력을 구축하면서도 후백제나 태봉, 고려에 복속하거나 전쟁을 치루기도 하였다.

　내면적으로 지배층에 의한 경제적 수탈과 계급 분화, 전쟁 등으로 인한 혼란, 역질 및 자연재해 등으로 인한 농민의 유망 등은 국가의 통제력과 사회적 질서체계가 붕괴되면서 신라사회 전체의 변동으로

15)『高麗史』卷78, 志32 食貨 田制 租稅, 光宗 24年 12月.
16) 金光洙, 1972,「羅末麗初의 地方學校問題」,『韓國史研究』7.
17) 蔡雄錫, 2000, 앞의 책, 43~58쪽 참조.
18)『高麗史』卷88, 烈傳1 后妃 太祖神惠王后柳氏.
19)『東文選』卷64, 新羅壽昌郡護國城八角燈樓記.

확대되었다.[20]

진성왕 2년의 기사로부터 시작되는 국정의 혼란과 지방통제의 약화 등은 결국 각지의 초적 등의 봉기로 이어졌으며, 나아가 이들이 무리를 이루면서는 각 지역에 할거하는 형태를 띠었다. 이들이 양길이나 궁예, 견훤 등의 세력으로 뭉치면서는 전쟁의 규모는 전국적이 되었다. 진성왕 3년의 다음과 같은 기사는 이를 극명하게 보여준다.

> 國內의 여러 州郡에서 貢賦를 보내오지 않아, 나라의 창고가 텅 비어 나라의 쓸쓸이가 궁핍하게 되었으므로 왕이 사자를 보내 독촉하였다. 이로 말미암아 도적들이 봉기하였다. 이에 元宗과 哀奴 등이 사벌주를 근거로 반란을 일으켰으므로, 왕이 奈麻 令奇에게 명하여 잡아들이도록 하였다. 영기가 적의 堡壘를 멀리서 바라보고는 두려워 앞으로 나아가지 못하였으나, 村主 祐連은 힘껏 싸우다가 죽었다. 왕이 칙명을 내려 영기를 목베고 나이 10여 세 된 우련의 아들로 촌주의 직을 잇게 하였다.[21]

『삼국사기』의 진성왕대 이후의 기사를 검토하면 전란이 일어나는 시기가 7월, 8월, 9월에 집중되었다. 이 시기는 농업에 있어 가장 중요한 수확기로 일거에 하지 못할 경우 낟알이 떨어지는 등의 피해를 입는다. 전쟁으로 인한 농민의 불안정은 이러한 우려를 갖게 하였으며, 또 수확해야 하는 稻穀이 약탈되기도 하였다. 예컨대 경순왕 원년 12월에 견훤의 군사가 大木郡에 침입하여 전야의 노적가리를 모두 불태웠다[22]는 기사나 동왕 2년 8월 大耶城 아래에 나아가 진을 치고 머무

---

20) 이러한 내용은 流移民 발생의 원인과도 상통한다. 이에 대한 연구로는, 金昌謙, 2000, 「高麗 建國期 流移民의 樣相」, 『李樹健敎授停年紀念 韓國中世史論叢』 참조.
21) 『三國史記』 卷11, 新羅本紀11 眞聖王 3年.

르며 군사를 나누어 보내 대목군의 벼를 베어갔다[23]고 하는 기사는
이러한 상황을 직접적으로 보여주는 것이라 하겠다.

전쟁은 가장 왕성한 노동력을 발휘할 수 있는 丁을 군역의 대상으
로 차출하기 때문에 농사의 피해는 더 커졌다. 더구나 전쟁과 遷都,
성곽의 정비 등으로 인하여 徭役이 많아질 수밖에 없다는 점도 고려
해야 할 것이다. 고려 태조가 즉위하면서 내린 詔에, "요역이 번거롭
고 부세가 과중하여 백성들은 줄어들고 국토는 황폐하여졌는데, 오히
려 궁궐만은 크게 지어 제도를 지키지 않고 힘든 일은 끊일 사이가 없
으니 원망과 비난이 드디어 일어나게 되었다"고 한 기사[24]나 "사방에
서 노역으로 쉴 새 없고 供費가 이미 많지만 貢賦를 덜어 주지 못하
였고, 이로 인하여 天譴이 오지 않았는가"[25] 하는 태조의 자조 역시
이러한 상황을 짐작하게 해 준다.

2) 사회경제의 변화

위에서 언급되었듯이, 大成에게 田地를 나누어준 福安家나 효공왕
대의 인물인 異才, 견훤의 아버지인 阿慈介, 扶蘇郡 지역의 호부 康
忠 등의 존재는 신라 하대 사회의 혼란 속에서 富를 축적한 인물로
여겨진다. 강충의 경우 농업경영을 통해 부를 축적하였는가는 정확히
알 수 없으나 복안가나 이재, 아자개 등의 경우는 농업경영을 한 것으
로 보아도 무리는 없다. 농사를 통하여 부를 쌓았다고 한다면 당시의
농업생산력이 이를 뒷받침한 것이라고 하겠다. 이를 본다면 국가지배
질서 및 사회경제적 변동과는 달리 농업의 경우 다양한 곡물 재배와

---

22) 『三國史記』 卷12, 新羅本紀12 敬順王 元年.
23) 『三國史記』 卷12, 新羅本紀12 敬順王 2年.
24) 『高麗史』 卷1, 世家1 太祖 元年 6月 丁巳.
25) 『高麗史』 卷2, 世家1 太祖 15年 5月 甲申.

토지를 이용한 변화가 있었다고 볼 수 있다.

이러한 富의 축적이 가능했던 것은 당시의 농업생산력의 발전에 기초하고 있었다. 당시의 농업현실에 대한 검토는 이를 밝혀줄 수 있다. 먼저 통일신라 및 나말려초기의 경작지는 대체로 어떠한 곳에 위치하였으며 그 肥瘠은 어떠했을까의 문제이다. 旱田의 경우 미사리 밭 유구 상층유구나 문무왕대 武珍州의 아전 安吉에게 사여된 星浮山下의 밭,[26] 首露王廟의 王位田,[27] 그리고 촌락문서 상의 밭 등을 중심으로 본다면 이들 토지들은 고려 문종대의 전품조[28]에 나오는 평전과 같은 것으로,[29] 그 입지는 開析谷에 입지하는 平田, 혹은 산지에서 평지로

---

26) 『三國遺事』卷2, 奇異2 文虎王 法敏條, "聞於上 以星浮山下 爲武珍州上守 燒木田 禁人樵採 人不敢近 內外欽羨之 山下有田三十畝 下種三石 此田稔 歲 武珍州亦稔 否則亦否云".

27) 『三國遺事』卷2, 奇異2 駕洛國記, "龍朔元年……仍遣使於黍離之趾 以近廟 上上田三十頃 爲供營之資 號稱王位田 付屬本土……淳化二年金海府量田 使 中大夫趙文善 申省狀稱 首露陵王廟屬田結數多也 宜以十五結乃舊貫 其餘分折於府之役丁".

28) 『高麗史』卷78, 志32 食貨1 經理 文宗 8年 3月, "判 凡田品 不易之地爲上 一易之地爲中 再易之地爲下 其不易山田一結 准平田一結 一易田二結 准 平田一結 再易田三結 准平田一結".

29) 미사리 밭 유구에 대해서는 다음을 참조. 김기홍, 1995, 「미사리 삼국시기 밭 유구의 농업」, 『歷史學報』146 ; 全德在, 1999, 「백제 농업기술 연구」, 『한국 고대사연구』15 ; 이현혜, 1997, 「한국 古代의 밭농사」, 『震檀學報』84/ 1998, 『韓國 古代의 생산과 교역』, 一潮閣 재수록. 토지의 입지조건과 관련해서는 다음이 참조된다. 李景植, 1986, 「高麗前期 平田과 山田」, 『李元淳敎授華甲 紀念史學論叢』; 魏恩淑, 1985, 「나말여초 농업생산력발전과 그 주도세력」, 『釜大史學』9 ; 魏恩淑, 1998, 「고려시기 韓・日 농업기술 비교」, 『高麗後期 農業經濟硏究』, 혜안 ; 郭鍾喆, 1992, 「한국과 일본의 고대 농업기술」, 『韓國 古代史論叢』4, 韓國古代社會硏究所 ; 郭鍾喆, 1993, 「先史・古代 稻 資料 出土遺蹟의 土地條件과 稻作・生業」, 『古文化』42・43, 韓國大學博物館協 會 ; 李仁哲, 1996, 『新羅村落社會史硏究』, 一志社 ; 김기섭, 2003, 「신라촌 락문서에 보이는 '村'의 立地와 개간」, 『역사와 경계』42.

완만하게 연결되는 지역 등이었다. 대체로 이러한 밭은 不易常耕田으로 볼 수 있다.[30]

부여 宮南池 유적에서 검출된 삼국시대 수전 유구 및 開仙寺 石燈記의 渚畓·奧畓과 논두렁으로서의 '畦'라는 용어, 촌락문서 상의 薩下知村, 沙害漸村의 경우도 그 입지를 '見內山楪地'라고 기록한 것을 본다면 水田은 주로 川邊 배후지나 開析谷 저평야[31] 등을 중심으로 조성되었다. 그 형태는 논두렁을 두면서 두렁 사이로 관개하는 것으로 川邊의 渚畓에서 奧畓으로 연결되는 모습을 가졌다. 그리고 큰 畦 안에 작은 수전이 들어 있는 형태도 염두에 둘 수 있다.[32]

---

30) 李景植, 1986, 앞의 논문. 그러나 6세기경의 농업기술을 보여주는 미사리 밭 유구의 경우 그 입지조건이나 토질 등을 생각할 때 상경이 가능했겠지만 당 시기의 경지이용이 대부분 이러했다고는 단정하기 어렵다.(전덕재, 1999, 앞의 논문, 84~85쪽 ; 김기흥, 1995, 앞의 논문) 다만 농기구의 발달과 시비기술의 발달에 따라 精耕細作과 中耕除草, 施肥 및 작부체계의 구성이 이루어지는 어느 시점에 있어서는 이러한 유형의 전지에서 常耕이 행해졌다고 하는 이해는 어렵지 않을 것이다.

31) 곽종철, 1993, 앞의 논문, 40~41쪽 참조. 여기서 開析谷은 여러 가지 요인에 의해 原形地面을 파들어간 谷을 가리키며, 그 입지상 수전 조성이 비교적 간단하며, 谷壁 滲出水 같은 비교적 안정적인 流水가 있어 간단한 시설과 조작만으로도 用水가 가능하며 홍수 범람의 피해도 없어 水田 도작의 適地로 이용될 수 있었다고 설명하고 있다. 예컨대 內陸部 開析谷의 수전 도작으로서는 光州 新昌洞遺蹟과 義昌 茶戶里 遺蹟이 있고, 海岸部 開析谷의 유형으로서는 안면도 고남리 유적, 명주 안인리 유적 등이 이에 해당된다고 보았다.

32) 곽종철, 1993, 위의 논문. 일찍이 이 석등기에 나타난 畦를 둘러싸고 두 종류의 해석이 있었다. 李泰鎭 교수는 여기서 畦를 畦田으로 보면서 1년휴한의 작법을 보여주는 용어로서 보고 나아가 휴경 단계의 乾耕直播의 이랑으로도 보았다.(李泰鎭, 1978, 「畦田考」, 『韓國學報』 10 ; 1983, 「乾耕直播 稻作과 "稻畦"畝種水田"」, 『史學硏究』 36/ 두 논문은 모두 1986, 『韓國社會史硏究』, 지식산업사에 재수록) 그러나 위은숙은 이에 대해 『고려사』에서 畦의 자의를 검토하면서 畦는 대개 두둑으로 구획지워진 형상을 가진 논 밭을

50

삼국 및 통일신라시대를 지나오면서 각 지역에서의 수리시설의 수축과 함께 수전 경작에 대한 인식은 보다 높아졌다.[33] 그것은 ① 表土가 물에 씻겨 내려가거나 침식되어 황폐화될 우려가 적으며 또 이를 막기 위해 水田을 평평하게 조성하면서 畦를 설치하였다는 점, ② 田作의 경우 連作으로 인한 장해 예를 들면 그루를 탄다[忌地]든가의 현상이 있지만 수전에는 이러한 문제가 없다는 점, ③ 농작에 있어 가장 큰 문제의 하나인 잡초제거에 있어서도 水田이 훨씬 유리하다는 점 등[34] 때문이었다. 신라에서 水田에 대한 표현을 '畓'이라고 한 것이나 촌락문서에서 畓의 총계가 265결, 田이 316결로 계산되는 것을 본다면 수전은 계속 확대되고 있었음을 알 수 있다.

水稻 재배와 관련하여 고려 태조 20년(937) 崔彦撝가 작성한 진철대사 탑비문의 벼와 삼대가 줄지어 있는 것처럼 학도들이 몰리었다[稻麻成列]라는 표현[35]을 염두에 둘 필요가 있다. 이 표현을 통하여

지칭하는 관용어로서 사용했던 것으로 보았다.(魏恩淑, 1985, 「나말여초 농업생산력 발전과 그 주도세력」,『釜大史學』9) 김기섭 또한 위은숙의 연구를 받아들이면서 浸種을 가능케 한 논두렁은 灌水와 排水를 가능케 한 구조물로서 수경직파의 농법을 반영한 논의 형식이며, 따라서 저답이나 오답이나 수전의 양식은 휴로 구획된 논의 형식을 띠고 있었다고 하였다.(金琪燮, 1992, 「新羅 統一期 田莊의 經營과 農業技術」,『新羅文化祭學術發表會論文集－新羅産業經濟의 新研究』13, 21~22쪽) 이외 畦와 관련하여 水田의 논두렁으로 볼 때 그 모형을 잘 보여주는 것으로는 중국의 東漢시기의 것으로 출토된 水田模型을 볼 때 이를 확연히 알 수 있다.(陳文華 편저, 1991,『中國古代農業科技史圖譜』, 農業出版社(北京), 173~176쪽)

33) 백제에서도 이미 이러한 水田 耕作의 우월성을 인식하여 벽골제와 같은 수리시설의 축조와 이를 통한 灌漑로 乾田의 水田化가 진전되었다고 본 바 있다.(전덕재, 1999, 앞의 논문, 100~119쪽)

34) 久馬一剛, 1987, 「土と稲作－水田選擇の條件」,『稲のアジア史－アジア稲作文化の生態基盤』, 小學館(東京), 126~131쪽.

35) 廣照寺眞澈大師寶月乘空塔碑, "奚有金海府知軍府事蘇公律熙 選勝光山 仍修堂宇 傾誠願海 請住煙霞 桃李無言 稻麻成列 一栖眞境 四換周星". 비슷

水稻의 條播를 엿볼 수 있는데, 春旱이 심하여 土中水分의 증발이 용이한 기후요소를 감안하고, 稻 자체가 건조한 것을 싫어한다는 점을 고려한다면 壟 자체는 높게 하지 않으면서 畝를 넓게(廣畝) 조성하였을 것이다. 또한 이를 감안하여 파종 후에는 곧바로 覆土하였던 것이다. 수도의 경우 熟田작업을 거친 뒤 2푼 정도로 발아하면 이를 擲種하였던 것으로 알려져 있다.36) 다만 이 경우도 제초의 용이성과 작물성장을 돕기 위해 條播를 하였다고 보여진다. 稻麻成列은 비유의 표현이기는 하지만 이러한 농업상황을 그리면서 이용된 문구라고 보는 것이 지나친 억측만은 아닐 것이다.37)

삼국 및 통일신라기의 주곡작물은 稻를 포함한 麥類・豆類・黍・粟(稷)・梁 등의 오곡이었다.38) 오곡 등의 곡물을 재배하는 경지이용

한 표현을 예로 들면 다음과 같다. "稻麻有列"(毘盧庵 眞空大師普法塔碑), "森森稻麻"(경청선원 자적선사 능운탑비), "森若稻麻"(정토사 법경대사 자등탑비), "桃李無言 稻麻成列"(흥녕사 징효대사 보인탑비).

36) 이호철은『농사직설』의 水稻 파종법인 '均撒'에 대하여 발아된 도종을 수면 위에 일렬로 고르게 手播하는 파종기술인 列條播法이었을 것으로 추정한 바 있다.(이호철, 앞의 책, 41쪽) 그러나 염정섭은 이와 달리 균살에 대해 均은 간격의 균등을 의미하는 것이지 정렬되어 있다는 의미로 보지 않아 수경직파의 경우 균등하게 흩어뿌리는 漫種法을 경종법으로 채택하였다고 보았다.(염정섭, 2002,『조선시대 농법발달 연구』, 태학사, 43~44쪽) 柳重臨의 『增補山林經濟』의 세주에서 바람부는 날을 만나면 균일하게 파종이 되지 않는다고 한 부분을 원용하여 이렇게 해석하였던 것이다. 그러나 이 경우 제초의 용이성, 성장의 촉진 등을 위해서도 일정한 간격과 줄이 이루어지지 않으면 곤란할 것이며, 더욱이 파종 후 翻地나 椎介 등을 이용하여 覆種할 때도 일정한 간격과 줄이 있어야 覆土하는데 용이하다는 점을 고려한다면 열조파법이었을 가능성이 더욱 높다 하겠다.

37) 효소왕 6년 7월 완산주에서 嘉禾를 올렸는데, 이에 대해 '異畝同穎'이라는 설명을 붙인 것(『三國史記』卷8, 新羅本紀8 孝昭王 6年 7月)을 본다면 여기에서도 作畝하여 파종하고 있었던 것임을 알 수 있다.

38) 다음의 연구는 고대 및 고려의 穀物을 살펴보는데 도움을 준다. 鑄方貞亮, 1968,「三國史記にあらわれた麥と麥作について」,『朝鮮學報』48, 朝鮮學會

방식은 1년 1작을 기본으로 하는 상경농법이었다.[39] 실제 경작자의 경우 보리나 조 등의 주곡작물을 連作재배하면서 경험상 忌地현상을 겪으면서 동일 작물의 연작이 지력의 고갈과 함께 수확량의 감소를 가져온다는 것을 알았을 것이다. 그렇다면 이를 염두에 둘 때 당시의 경지 이용은 1년 1작을 하되 連作을 피하는 형태가 주된 방식이었을 것

; 李春寧, 1992, 「韓國 古代의 農業技術과 生産力研究」, 『國史館論叢』 31
; 李正浩, 1997, 「高麗時代 穀物의 種類와 生産」, 『韓國史研究』 96 ; 장국종, 1989, 『조선농업사』, 농업출판사/ 1998, 백산자료원 발행.

39) 그러나 통일신라기의 경지이용방식을 세역휴한의 단계로 보는 견해가 많다. 토지이용을 휴한으로 보는 주요 근거로는, 시비기술의 미발달, 제초의 문제, 과다토지 보유 실태 등을 들고 있다. 그러나 휴경과 휴한을 구분하면서 휴한시 중경제초를 통해 治田을 하고 있었다는 점을 지적하고 있는 것을 본다면 실제로 제초의 문제는 크게 장애가 되지 않을 것이다. 이 부분은 이미 지적되었던 바대로 통일기 이후 노동력의 유입이 대량으로 이루어졌고, 무기를 거두어 농기구를 주조하여 나누어주었다고 하는 기록이 있는 만큼 해결되었다고 보아도 좋을 것이다. 또 휴한농법을 적용하고 있었다고 하면서도 실제 휴한의 구체적 내용이 무엇인가에 대한 명확한 제시가 없다. 예컨대 휴한의 경우에도 작부체계상 휴한일 경우는 歲易農法이 아닌 常耕農法으로 보아야 한다. 그러나 현재의 연구자들이 보는 휴한은 작부체계가 아닌 동일 작물의 연속 재배로서의 連作 상황에서의 지력의 휴식을 의미하는 듯하다. 따라서 이러한 의미로 본다면 휴한은 歲易으로 이해해야 할 것이다. 그러나 1년을 휴한하거나 2년을 휴한할 경우 제초나 지력회복이 과연 뜻대로 이루어졌을까 하는 점에 대해서는 아직 확신을 하기 어려우며 따라서 세역농법의 효율성에 대한 재검토가 필요하다고 생각된다. 한편 전근대 농업사를 검토하면 歲易은 세 가지의 개념을 담고 있었다. 곡물의 교대재배를 의미하는 경우(『齊民要術』 雜說, "每年一易 必須頻種 其雜田地 卽是來年穀資"), 休一歲 등 작물재배를 휴식하는 경우(『周禮』 地官 大司徒에서 "不易之地家百畝 一易之地家二百畝 再易之地家三百畝"이라고 한 데 대해 세주에 "鄭司農云 不易之地 歲種之地 美故家百畝 一易之地 休一歲乃復種地 薄故家二百畝 再易之地 休二歲乃復種 故家三百畝"), 田과 畓의 교대로 보는 경우(『農書輯要』 水稻, "色吐連處田地亦 或田或畓互相耕作爲良 量地品一樣田地乙良 每年回還水稻耕作爲乎矣") 등이 있다.

이며, 이를 위해 작물 교대재배가 시도되었다고 생각된다. 穀(粟)－麥
－豆의 대표적 2년 3모작 체계를 3년 3모작으로 늘일 수도 있고, 다른
전지를 소유한 경우 A에서는 粟, B에서는 麥, C에서는 豆의 형태로
할 수도 있다. 이를 토대로 하여 穀(粟)－麥－豆의 2년 3모작의 윤작
체계가 가능했으리라는 지적도 충분히 수긍할 만하다.[40]

　　이처럼 경지이용방식을 가지고 있던 당시 사회에서 농민들은 어느
정도 규모의 토지를 소유하고 운영했을까. 이를 위해 참고되는 것이
촌락문서인데, 촌락문서 상의 내용을 토대로 전답 및 인구, 재산규모
를 정리하면 다음과 같다.

<표 2> 신라촌락문서 상의 재산 상황

村名	孔烟數/丁男 ·丁女 人數(노비수)	畓數 (結.負.束)	田數 (結.負.束)	麻田	牛數	馬數	桑數	栢子 木	秋子 木
沙害漸村	11 / 29 · 42 147(9)	102.02.04	62.10.05	1.09.	22(5)	25(3)	1004	120	112
薩下知村	15 / 32 · 47 125(7)	63.64.09	119.05.08		12(1)	18(2)	1280	69	71
失名村	11 / 19 · 16 72(0)	71.67.	58.07.01	1.?.	11(6)	8(4)	730	42	107
西原京村	10 / 19 · 38 118(9)	29.19.	77.19.	1.08.	8(1)	10(0)	1235	68	48

　　위의 <표 2> 신라촌락문서 상의 재산 상황에서 각 촌의 공연당 烟
授有田畓의　결수를　보면,　沙害漸村(孔烟數　11/田畓數　156.12.09)

---

40) 金琪爕, 1992, 앞의 논문, 24~25쪽. 중국의 농업사, 특히 『齊民要術』의 旱田
　　農法에 대한 기왕의 연구를 보면, 『齊民要術』을 전후하여 唐代에 小麥이 보
　　급되는 시기까지 대체로 이러한 2년3모작의 작부체계가 완성되었던 것으로
　　보고 있다.(米田賢次郎, 1989, 『中國古代農業技術史研究』, 同朋舍(京都),
　　199~201쪽 참조) 米田은 이를 漢代에까지 소급하여 보고 있다.

54

14.19.04결, 薩下知村(15/179.04) 11.93.06결, 失名村(8/126.74.01) 15.84.03
결, 西原京村(10/102.18) 10.21.08결 등으로 대략 공연당 연수유전답의
비율이 10결을 넘고 있다. 고려시기 5인 가족의 농가가 중등전 3~4결
을 소유하여 경작할 때 자립농으로서 가능하다고 보는 견해,[41] 고려
전기 5인 가족의 자립재생산 가능선을 중등전 3~4결 소유한 것으로
보고 후기에는 자립가능 최저선을 1결로 보는 견해,[42] 조선 초기의 소
농민의 가호당 토지소유규모가 1~2결에 불과했다고 보는 견해[43] 등
과 위 <표 2>의 수치를 단순 비교한다면 신라시기 토지소유의 규모
가 과도하게 넓었다고 볼 수 있다.[44] 이러한 이유로 촌락문서 단계의
농법에 대하여 상경농법에 진입하지 못한 휴한농법이 실현되는 단
계[45] 혹은 休耕農法이 운영되는 단계[46] 등으로 해석하는 경향이 많았
다.[47]

---

41) 金琪燮, 1987, 앞의 논문, 125쪽.

42) 위은숙, 1998, 앞의 책, 119쪽.

43) 李泰鎭, 1979, 「新羅統一期의 村落支配와 孔烟」,『韓國史硏究』25/ 1986,
『韓國社會史硏究』, 지식산업사 재수록 ; 金泰永, 1983,『朝鮮前期土地制度
史硏究』, 지식산업사, 155쪽 참조.

44) 그런데 위의 비교 내용만을 놓고 본다면 촌락문서 상에 있어 공연당 연수유
전답 비율과 고려시대의 1가구당의 소유 전답을 비교하고 이를 토대로 통일
신라기의 토지소유가 넓었다고 보고 있다. 하지만 다시 언급하겠지만 실제
가구당 소유 면적을 비교한다면 크게 차이가 나지 않는 것을 확인할 수 있
다.

45) 魏恩淑, 1985, 앞의 논문, 25쪽 ; 李喜寬, 1999,『統一新羅土地制度史硏究』,
一潮閣, 165~170쪽.

46) 宮嶋博史, 1984, 「朝鮮史硏究と所有論」,『人文學報』167, 東京都立大學.

47) 대부분의 연구자들은 통일신라기 및 나말려초의 농업생산력과 도량형 및 결
부제도 등에 있어 큰 변화가 있었으며, 이에 따라 결부의 단위가 크게 축소
되면서도 생산량은 늘어나는 결과를 가져왔다고 보고 있다. 하지만 이러한
변화가 있기 위해서는 다양한 여건이 개선되어야 하고 그에 따른 기록들도
따라야 하는데 유감스럽게도 현실은 그렇지 못한 상태이다. 따라서 그러한

실제 토지소유 규모를 살펴본다면 다음과 같다. 위의 <표 2>를 보면 경작노동력으로 왕성한 활동을 할 수 있었던 정남과 정녀의 수는 99인과 143인이 된다. 전체 인구는 노비를 제외하고 462명이 되며 정남과 정녀를 제외하면 220명의 구성원이 남는다. 임의이기는 하지만 242명의 정남과 정녀가 2명 내외의 자녀를 두었다고 본다면 정남과 정녀를 중심으로 구성되는 가족 구성원은 대체로 4~5인으로 된다. 총 결수 약 583결을 정남과 정녀 전체 242인으로 나누면 1인당 약 2.4결 정도가 된다. 정남과 정녀를 부부로 본다면 4.8결의 추정치가 나오는데, 평균치로만 본다면 이러한 면적이 최대치가 된다. 그런데 여기에 노비(25인)와 여타 가족구성원의 노동력(242명)을 고려한다면 가족당 결수는 이보다 줄어들게 된다. 대략 3.5~4결 정도라고 볼 수 있다. 이러한 계산치를 놓고 본다면 현실적으로 볼 때 지금까지 큰 격차가 있었던 것으로 산출했던 것과는 달리 비슷한 토지소유가 있었다고 보아도 무리는 없다. 1결의 실적을 1,500평 이하로 보는 견해를 따른다면 이 정도 전답의 경영은 충분했으리라 여겨진다.[48]

___

일방적 시각에 대한 제고가 있어야 하지 않을까 한다.

48) 量尺同一制下 結의 實積과 관련하여서는 연구자마다 견해를 달리하여 1,200평, 1,500평, 3,550평, 4,670평, 6,800평, 14,400평, 17,400평 등 다양하게 파악되고 있다. 이러한 연구 성과에 대한 검토로는 李宗峯, 2001, 『韓國中世度量衡制度硏究』, 혜안, 21~25쪽 참조. 통일신라기의 농법을 세역으로 볼 것인가 상경으로 볼 것인가에 따라 결의 실적도 달라지는데, 상경농법으로 볼 경우는 상대적으로 결의 실 면적이 줄어들고 세역으로 볼 경우 늘어나게 된다. 1500평 이하로 보는 견해를 보면 다음과 같다. 李宇泰는 신라에서 고려 전기까지 量田에 쓰인 척도는 약 35㎝~35.5㎝ 정도의 고구려척이며 이를 통해 1결의 실적을 계산하면 1450평~1500평이었다고 보았다.(李宇泰, 1989, 「新羅時代의 結負制」, 『泰東古典硏究』5) 呂恩暎 역시 이우태와 같은 견해를 가지고 있다.(呂恩暎, 1986, 「高麗時代의 量田制」, 『嶠南史學』2) 이종봉은 여기서 더 나아가 통일신라시대의 양전척을 29.5㎝로 보고 1결=방33보는 1,032평이 되며, 고려 전기 양전척 약 31㎝로 계산하면 1결은 1,140평이 되는

통일신라기의 농업생산력은 휴경이나 세역농법을 전개했던 삼국시
대보다 발전하였다. 그러나 4결 내외의 토지소유로는 안정적인 농가
운영을 기대하기 어려웠을 것이다. 따라서 자립능력이 상대적으로 약
한 농민층은 전란과 공역, 자연재해 등을 감당할 만큼 경제적 여유가
없었으며, 여기에 국가에 대한 조세 및 과도한 田主에 대한 田稅 납부
가 이어지자 傭作 혹은 노비로 투탁하거나 혹은 流亡을 하기에 이르
렀다. 위의 진성왕 3년의 기록에서 '국내의 여러 주군에서 貢賦를 보
내오지 않았다'라 한 것을 보면 이미 당시에 신라의 수취체계에 큰 변
화가 발생하고 있었던 것임을 알 수 있다.[49] 태조 원년 6월 乙丑에
'內莊 및 東宮의 食邑에 많은 양의 양곡이 축적되어 있었다'라는 기
록[50]이 있는데, 이 양곡은 주지하듯이 궁예 때에 거두어들인 일부로
생각되며 그 규모가 매우 컸다고 여겨진다. 태조는 원년 8월 辛亥에
"室家棄背 道殣相望"이라 하고 "至使齊民 賣身鬻子 爲人奴婢"라고
하면서 이미 억울하게 노비가 된 자들 천여 명을 內庫의 포백으로 贖
還하도록 하였다.[51]

것으로 보았다.(이종봉, 2001, 위의 책, 233~248쪽) 여기서는 일단 상경농법
이 전개되었으며, 입지조건도 개석곡지 등의 비옥한 평전이 중심이었으리라
보고 그 결당 실면적은 1,500평 이하로 보는 견해에 따르고자 한다.

49) 진성왕 3년의 기사에 대하여 지금까지는 경주의 귀족층 및 왕실의 사치를 위
하여 조세가 늘어나고 자연재해가 발생하는 상황에서 이를 농민층이 감당할
수 없었기 때문에 田租納付 거부가 이루어진 것으로 보고 있다.(崔柄憲,
1978, 「新羅 下代社會의 動搖」, 『한국사』 3, 국사편찬위원회 ; 蔡雄錫, 2000,
『高麗時代의 國家와 地方社會』, 서울대학교 출판부, 36쪽) 이희관은 이에
대해 신라의 부세체계는 촌공동체를 기본 단위로 하는 연수유전답제를 토대
로 촌단위로 정액의 전조 부과가 이루어지고 있었는데, 유이민이 늘어나면
서 촌공동체의 해체가 진행되자 결국 그 수취구조 자체가 붕괴된 것이라고
보고 있다.(李喜寬, 1999, 『統一新羅土地制度硏究』, 一潮閣, 255~264쪽)
50) 『高麗史』 卷1, 世家1 太祖 元年 6月 乙丑.
51) 『高麗史』 卷1, 世家1 太祖 元年 8月 辛亥.

이처럼 내장 및 내고와 동궁식읍에서 거두어들인 양곡 및 포백이
많이 있었으며 이것이 오래되어 썩을 정도가 되었다고 한 것은 식읍
대상지에서의 수탈이 있었음을 짐작하게 해준다. 태조가 궁예 때의 가
혹한 취렴을 지적하면서 1頃의 밭에서 조세로 6석을 거두고 관역의
호에 대해 賦絲를 3束이나 수취하여 輟耕廢織의 失農이 있게 되었
다[52]고 한 것은 그 예가 된다 하겠다.

신라 하대 및 고려조 사찰의 田莊 소유와 운영의 규모는 매우 광범
위했다. 당시 사찰의 전장은 대체로 시납 등에 의해 형성되기 때문에
그 소재지는 각지에 산재해 있었다. 시납되는 규모를 보면 '東平郡의
田 1百結'[53]이라 하였고 大安寺 전답은 四百九十四結三十九負[54] 등
에 이르고 있다. 신라촌락 문서를 본다면 살하지촌과 같은 규모 혹은
촌락문서 상의 네 촌락을 모두 합친 규모에까지 이름을 알 수 있다.

그 운영 형태는 승려로서 知莊이라는 호칭이 나오는 것으로 보아
적어도 이들 知莊이나 혹은 이를 대신하는 대리인 등이 중심이 되어
전장의 소유지에서 나오는 소출에 대한 수취를 하는 것이었다.[55] 사찰
의 전장 소유와 운영은 일반 전장의 운영과 비슷했을 것으로 생각되
는데, 그 경영형태는 기본적으로 직영지와 차경지로 구분되어 있었다.
직영지는 전장소유주가 직접 또는 그 대리인을 통해 농업경영에 참여
하면서 노비노동 또는 용작노동을 이용하거나 소작을 시키더라도 경

---

52) 『高麗史』 卷78, 志32 食貨 田制 租稅, 太祖 元年 7月.
53) 『三國遺事』 卷4, 義解5 圓光西學.
54) 大安寺廣慈大師碑.
55) 이에 대해서는 다음의 연구가 참고된다. 盧泰敦, 1976, 「統一期 新羅의 經濟
　　基盤」, 『한국사』 3, 국사편찬위원회 ; 金琪燮, 1987, 「高麗前期 農民의 土地
　　所有와 田柴科의 性格」, 『韓國史論』 17, 108~109쪽 ; 金昌錫, 1991, 「통일
　　신라기 田莊에 관한 연구」, 『韓國史論』 25 ; 金潤坤, 1991, 「羅代의 寺院莊
　　舍」, 『考古歷史學志』 7 ; 金琪燮, 1992, 「新羅 統一期 田莊의 經營과 農業
　　技術」, 『新羅産業經濟의 新研究』, 書景文化社.

작과정에 상당 부분 개입하는 형태로 경영되었으며, 차경지의 경우는 기본적으로 소작노동에 기초하면서 그들의 경영에 간섭하지 않고 지대수취를 통하여 운영되었다.[56] 이처럼 전국적으로 형성되어 있던 사찰전장에서의 수취는 사찰 혹은 그 대리인에 의해 과도한 징렴이 행해질 수 있는 여지가 많았다.

나말려초 혼란기에 운영되었던 것으로 생각되는 祿邑制의 경우는 이러한 수취구조를 더욱 극명하게 보여준다. 당시 녹읍이 開國功臣 혹은 歸附城主 등에게 본래 그들 영향 하에 있던 지역을 중심으로 사여되었고, 여기서의 수취가 그들의 자의적 수취에 맡겨져 있었다는 점을 고려하면 그것은 경제적 혹은 인신적 간섭에까지 이를 수 있었다. 태조는 녹읍 운영의 폐단이 녹읍에 속한 민에 대하여 과도하게 수탈을 행함으로써 일어난 것으로 본 바 있다. 이러한 내용을 보여주는 것이 다음 태조 17년 5월 禮山鎭에 나아가 詔를 내려 밝힌 부분이다.

　　마땅히 너희들 公卿將相으로 祿을 먹는 사람들은 내가 백성을 사랑하기를 자식처럼 여기고 있는 뜻을 헤아려서 너희들 祿邑에 編戶된 백성을 불쌍히 여겨야 할 것이다. 만약에 家臣 및 무지한 무리를 祿邑에 보내면 오직 聚斂에만 힘써 마음대로 빼앗아가니 너희들이 또 어찌 능히 이를 알 수 있겠는가. 비록 이를 안다하더라도 금하지 못할 것이다. 백성 가운데 소송을 제기하는 자가 있는데도 관리가 사사로운 정에 끌려 숨기고 비호하니 원망과 비방하는 소리가 일어남이 대개 여기서 말미암는 것이다.[57]

태조는 이 가운데서도 녹읍에서의 취렴을 맡은 가신 및 무지배들에

---

56) 김기섭, 1992, 위의 논문, 18쪽 참조.
57) 『高麗史』 卷2, 世家2 太祖 17年 5月 乙巳.

의한 수탈을 문제 삼고 있으며, 이를 잘 관리할 것을 당부하였다.

　이상에서 본 바와 같이 신라 하대의 정치지배질서는 왕위계승 문제
를 둘러싼 지배귀족층 내부의 경쟁과 갈등으로 인하여 혼란을 거듭하
였다. 이는 지방사회에까지 연쇄적으로 파급되면서 일부 촌주층과 농
민층은 몰락했지만, 그와 반대로 경제력과 자위력을 갖추어 지방사회
의 지도층으로 성장하기도 하였다. 농업생산력은 휴경이나 세역을 위
주로 경지이용을 하던 삼국시대와 달리 川邊・開析谷 저평야나 구릉
성 산지 등의 平田을 중심으로 상경화하였고, 농민의 토지소유는 4결
내외로 파악되었다. 하지만 이 정도 규모로는 賦稅와 농가운영 등을
감당하기 어려웠다. 그 중요한 이유는 8세기를 전후로 발생한 심각한
자연재해와 신라 하대 사회의 부세체제의 붕괴가 이루어지는 한편에
서 녹읍제나 田莊制적인 토지지배관계가 확대되면서였다. 이것이 약
탈적 성격을 가지면서 나말려초기 사회는 기층사회로부터 지배질서에
이르기까지의 변화를 요구하게 되었다.

2. 나말려초기 유교적 중농인식의 대두

1) 자연재해의 발생과 권농정책

　宣德王으로부터 시작되는 신라 하대 사회의 가장 큰 문제 중의 하
나는 자연재해였다. 가뭄 등의 발생 후 이어지는 饑饉과 草賊의 봉기,
그리고 이러한 사회 분위기에 편승하여 지배층 내부에서는 謀叛이 잇
따랐다. 누구보다도 자연재해로 인하여 피해를 입은 계층은 농민들이
었다. 그것은 결국 수취기반의 붕괴를 의미하였으므로 국가에서는 적
극적으로 이들에 대한 보호를 주도하여야 했다. 여기서는 신라 하대
왕실에서 자연재해의 발생에 대해 어떠한 인식과 대처를 했는가를 중

심으로 검토하고 그 한계점을 진단한 후 나말려초기에 이르러 이를 극복하기 위하여 유교적 중농이념에 대한 이해를 구하려 했음을 파악 토록 하겠다.

농업에 있어 가장 큰 피해를 가져오는 것은 대체로 가뭄·홍수·충해·서리·우박·태풍과 이로 인한 기근 등이다. 이 점은 신라 하대에 있어서도 마찬가지인데 『삼국사기』에서는 이를 비교적 상세하게 기록하고 있다. 여기서는 이 중에서도 신라 하대 농업에 큰 피해를 준 것으로 가뭄과 충해·서리·기근 등을 편의적으로 선별하여 구성하였다. 이를 토대로 신라 하대 재해기록을 정리하면 다음 <표 3> 9~10세기 농업기상재해 기록과 같다.[58]

<표 3> 9~10세기 농업기상재해 기록

시기	가뭄	시기	蝗害	시기	서리	시기	기근
원성왕2년(786)	7月 旱	원성왕3년(787)	7月 蝗害穀	원성왕5년(789)	7月 隕霜傷穀	원성왕2년(786)	9月 王都民饑
원성왕4년(788)	秋國西旱蝗	원성왕4년(788)	秋 國西旱蝗	원성왕11년(795)	8月 隕霜害穀	원성왕6년(790)	5月 出粟賑漢山·熊川二州饑民
원성왕6년(790)	3月 大旱	원성왕13년(797)	9月 國東蝗害穀	흥덕왕2년(827)	5月 降霜	원성왕12년(796)	春 京都飢疫 王發倉賑恤之
원성왕11년(795)	4月 旱至6月乃雨	문성왕15년(853)	8月 西南州郡 蝗	문성왕13년(851)	4月 隕霜	헌덕왕9년(817)	10月 人多飢死 敎州郡發倉穀存恤

58) 삼국 및 통일신라기의 농업기상재해와 관련하여 『三國史記』의 기사를 분석한 연구로 다음이 참조된다. 籌方貞亮, 1968, 「三國史記にあらわれた麥と麥作について」, 『朝鮮學報』 48, 朝鮮學會. 또한 자연재해를 기상학적 관점에서 살펴본 연구로는, 김연옥, 1985, 『한국의 기후와 문화』, 이화여자대학교 출판부 참조.

원성왕14년(798)	6月 旱	경문왕12년(872)	8月 國內州郡 蝗害穀	헌안왕2년(858)	4月 降霜	헌덕왕12년(820)	冬 飢
애장왕10년(809)	7月 大旱	경명왕5년(921)	8月 蝗旱	효공왕6년(902)	3月 降霜	헌덕왕13년(821)	春 民饑 賣子孫自活
헌덕왕9년(817)	5月 不雨 7月 乃雨			효공왕12년(908)	3月 隕霜	흥덕왕7년(832)	8月 飢荒 盜賊遍起 10月 王命使按撫之
헌덕왕12년(820)	春夏旱			신덕왕2년(913)	4月 隕霜	흥덕왕8년(833)	春 國內大饑
흥덕왕2년(827)	8月 京都大旱			신덕왕3년(914)	3月 隕霜	흥덕왕9년(834)	10月 巡幸國南州郡 存問耆老及鰥寡孤獨 賜穀布有差
흥덕왕7년(832)	春夏旱 7月 乃雨					문성왕2년(840)	冬 饑
문성왕2년(840)	自夏4月至6월 不雨					문성왕17년(855)	正月 發使撫問西南百姓
문성왕10년(848)	春夏旱					헌안왕3년(859)	春 穀貴人饑 王遣使賑救
헌안왕2년(858)	自5月至秋7月 不雨					경문왕13년(873)	春 民饑且疫 王發使賑救
정강왕즉위년(886)	8月 國西旱且荒					정강왕즉위년(886)	8月 國西旱且荒
진성왕2년(888)	5月 旱						
효공왕10년(906)	自夏4月至5月 不雨						
효공왕11년(907)	春夏 無雨						

경명왕5 년(921)	8月 蝗旱							
합 계	18회		6회		9회			14회

* 위의 기록은 모두 『三國史記』 卷10~12, 新羅本紀를 참조한 것임.

　이상 『삼국사기』의 자료를 참조로 가뭄 등 관련 기록을 추출하였다. 대체로 이를 보면 신라 전체를 범위로 기록이 이루어지지 않고 '國'을 단위로 방위를 표시하고 있다는 점과 주로 8세기 말에서 9세기 전반에 재해기록이 집중되고 있음이 나타난다.

　위의 <표 3>을 보면, 가뭄·황해·서리·기근은 원성왕대 12건, 헌덕왕대 5건, 흥덕왕대 6건, 문성왕대 6건, 효공왕대 4건 등으로 기록되고 있다. 가뭄이 기근으로까지 이어지는 경우는 그 해에 있는 것으로 원성왕 2년, 원성왕 6년, 헌덕왕 12년, 흥덕왕 7년, 문성왕 2년, 정강왕 즉위년 등이다. 가뭄이 그 다음 해의 기근으로 연결되는 경우는 원성왕 11년에서 12년, 헌덕왕 12년에서 13년, 흥덕왕 7년에서 8년, 헌안왕 2년에서 3년 등이다. 가뭄이 극심한 경우 그 해의 수확만이 아니라 이듬해의 농작에까지 피해를 미친다는 점을 고려할 때 이들 '가뭄-기근'이 연이어 일어날 때는 향촌사회의 동요를 가져오게 된다. 이 기록만으로 본다면 원성왕, 헌덕왕, 흥덕왕, 문성왕, 헌안왕대의 경우 국가적으로 볼 때 매우 불안정한 상태에 있었다고 볼 수 있다.

　가뭄의 기록 형태는 旱, 大旱, 不雨, 無雨 등으로 되어 있으며, 위의 <표 3>에 보이듯이 가뭄은 모두 18회가 기록되고 있다. 그 시기를 본다면 3월에서 8월에까지 걸쳐 있는 것을 확인할 수 있다. 고려시기 가뭄 관련기록을 보면 2월이 6회, 3월이 14회, 4월이 55회, 5월이 55회, 6월이 21회, 7월이 7회 등으로 집계되며, 태조에서 의종 연간까지의 가뭄 빈도수 등을 통계하면 대략 5년에 2회 정도의 가뭄이 들었던 것으로 나타난다.[59] 이러한 고려시대의 가뭄과 비교한다면 가뭄 관련기록의 출현시기가 7, 8월(8회 정도)이 상당히 많다.

 가뭄이 농사와 관련하여 중요한 의미를 가진다고 할 때 그 기록시기가 고려시대보다 상대적으로 늦게 나타나는 것을 어떻게 해석할 수 있을까? 대체로 이들 기록을 통계하여 볼 때 『삼국사기』에 기록되고 있는 가뭄기록은 '가을가뭄'이었다. 가을가뭄은 사전적으로 볼 때 "가을철에 오랫동안 비가 내리지 않고 맑고 건조한 상태가 지속되면서 저수율이 낮아지고 농작물 피해가 나타나는 등 가뭄으로 인한 피해현상이 일어나는" 현상을 말하며 한반도에서는 보통 9월 중순부터 10월 중순 사이(음력으로는 8월 중순부터 9월 중순 경)에 많이 발생한다. 이러한 가뭄이 지속되면 농업용 저수지의 저수율이 떨어져 이듬해 파종기까지 많은 비가 내리지 않을 경우 농사에 막대한 피해가 발생한다. 또 당장 물이 부족한 지역에서는 밭작물이 해를 입고, 국토가 건조해지면서 곳곳에서 산불이 일어나게 된다.[60]

 물론 가뭄이 발생한 때가 7월이나 8월이라고 기록되었다고 해서 그 달에만 비가 오지 않았다는 것은 아니다. 당시에도 가뭄이라고 보는 데에는 중요한 기준이 있었으리라고 생각된다. 현대 기상학에서 정의하는 가뭄은 비가 내리지 않는 날이 약 20일 이상 계속되면 가뭄 발생이 시작된다고 보고, 연속적으로 최소한 15일 동안 하루도 0.3㎜이상

---

59) 김연옥, 1985, 앞의 책 ; 秦榮一, 1986, 「高麗前期의 災異思想에 관한 一考」, 『高麗史의 諸問題』, 삼영사, 503쪽 참조.
60) 이러한 가을가뭄의 원인에 대해서는 여러 요인이 있기는 하지만, 최근에는 적도의 무역풍이 강해지면서 서태평양의 해수온도 상승으로 동태평양에서 저수온 현상이 일어나는 해류의 이변현상인 라니냐의 영향도 있을 것으로 학자들은 보고 있다. 즉 라니냐로 인해 비가 내려야 할 때 내리지 않고, 오히려 내리지 않아야 할 때 많은 비가 쏟아지는 등 홍수와 가뭄 피해를 일으킨다는 것이다. 『삼국사기』의 기록만으로는 단정하기 어려우나 이 같은 원인이 당시에도 적용되었으리라고 생각된다.

의 강우량이 기록되지 않으면 절대가뭄이라고 한다. 이러한 기준은 당시에도 적용될 수 있을 것이다. 즉 최소 15일 이상 지속적으로 비가 내리지 않는 것을 가뭄이라고 당시 사람들이 봤다면 가뭄이 있었던 것으로 기록된 달을 중심으로 하여 앞으로 15일 이상을 추산하면 된다. 그렇다면 7, 8월 가뭄의 경우는 6월, 7월의 가뭄이 이어졌다고 봐야 한다. 그런데 위의 가뭄 관련기사 중 눈길을 끄는 것은 최소 2개월 이상의 가뭄이 지속되었다고 하는 기록이다. 예컨대, 원성왕 11년, 헌덕왕 9년과 12년, 흥덕왕 7년, 문성왕 2년과 10년, 헌안왕 2년, 효공왕 10년과 11년의 가뭄은 大旱으로 불러도 좋을 것이다.

6월, 7월에 집중된 것으로 보이는 가을가뭄의 영향으로 추곡 수확이 어려워졌을 뿐만 아니라 앞서 지적한 바대로 그에 동반하는 저수량의 부족은 이듬해 봄 곡종의 파종 등에 절대적 영향을 주었다. 또한 식량의 부족을 가져와 파종해야 하는 종자까지도 식량으로 소비하게 된다. 이로 인하여 穀價가 뛰고, 더불어 물가 자체도 뛰게 되어 생활 자체가 어려워질 수밖에 없으며 이것이 饑饉으로까지 이어졌다.

더구나 이러한 가뭄은 같은 해나 이듬해 蝗害의 발생으로 이어지는 경우가 많다. 이를 잘 보여주는 것이 위의 <표 3> 9∼10세기 농업기상재해 기록의 원성왕대 부분인데, 결국 7월과 8월의 수확기에 주로 발생한 蝗害는 농민들의 생계에 막대한 지장을 주었다고 할 수 있다.

8∼10세기는 세계적으로 한랭지수가 높아 한기에 해당하면서도 건습지수 또한 건기가 높아 농업경영에 있어 큰 어려움이 뒤따랐던 시기였다고 한다.[61] 예컨대, 위의 <표 3> 9∼10세기 농업기상재해 기록

---

61) 김연옥, 1998, 「제5장 역사시대의 기후변화」, 『기후변화』, 민음사, 135∼148쪽 참조. 이 연구에 따르면 흥미로운 사실이 보인다. 김연옥은 201∼300년 사이에 한발이 극심했으며, 701∼800년 사이에 한발이 두 번째로 극심했던 시기로 구분하고 있다. 4∼6세기의 농업생산력의 발달이나 9세기 이후 농업생산

을 보면, 서리가 내려 곡물을 상하게 한 경우가 모두 9차례 기록되고
있다. 이 기록들 역시 신라 전역에 걸쳐 조사된 것이 아닌 '國'을 중심
으로 이루어졌다는 점을 생각하면 실제 전국적으로 조사되었을 경우
더 많아질 가능성이 높다. 어쨌든 <표 3>의 기록만을 가지고 보더라
도 3월이 3차례, 4월이 3차례, 5월·7월·8월이 각 1차례 정도 발생하
였다.

결국 이를 본다면 신라 하대의 경우 8세기 말에서 9세기 초·중엽
의 문성왕대에 이르기까지 가뭄과 서리의 발생이 잦았고 이것이 蝗害
와 기근으로까지 이어지는 것을 확인할 수 있다.

이러한 농업기상재해에 대해 신라사회에서는 어떠한 대책을 강구
하였을까? 이를 살펴보기 위해 농업기상재해만이 아니라 災異의 발생
으로까지 범주를 넓혀 정리한 것이 <표 4> 9~10세기 자연재해와 대
응책이다.[62] 이 <표 4>를 통해 얻은 결론부터 우선 말한다면, 신라
하대에서는 이러한 재해에 대하여 주로 發使安撫·發使賑救·發倉
穀存恤·出粟·錄囚·赦·慮囚 등 賑恤政策을 펴고 있었다는 것이
다.

력의 발달이 계기적으로 이어지고 있다는 점이다. 이를 본다면 극한상황에
까지 다다랐던 농업상황이 오히려 농업생산에는 力田 및 勸農의 실시 등과
같은 긍정적인 영향을 미쳤다고 볼 수 있지 않을까 한다. 고려 명종대의 기
록에서 가뭄에 대한 대책으로 직한림원 李元牧이 祈雨疏를 올려 시정에 대
해 극언하자 명종이 野諺을 인용하고 있는 부분이 있다. 여기서 명종은 "民
間의 野諺에 이르기를, '봄 가뭄은 밭에 거름 줌과 같다'고 하였다."(『高麗
史』卷20, 明宗 11年 4月 丁未)고 하였는데, 이는 그만큼 농민들이 力田하는
계기로 삼고 있다는 것으로 보아도 좋을 듯하다.
62) 여기서는 이와 관련한 기록 전부를 찾아 정리하기보다는 관련기록과 함께
그에 대한 인식의 표현이 함께 정리되고 있는 것만을 살펴보고자 하는데, 이
를 통해 당시인들의 자연관과 그 대응방식을 보다 명확하게 볼 수 있다는
점에서이다.

<표 4> 9~10세기 자연재해와 대응책

	시기	災異 내용	대책 내용
1	元聖王2年(786)	秋七月 旱 九月 王都民饑	出粟三萬三千二百四十石 以賑給之 冬十月 又出粟三萬三千石 以給之
2	元聖王3年(787)	春二月 京都地震	親祀神宮 大赦
3	元聖王4年(788)	秋 國西旱蝗 多盜賊	王發使安撫之
4	元聖王5年(789)	春正月甲辰朔 日有食之 漢山州民饑	出粟以之
5	元聖王6年(790)	五月 出粟賑漢山 熊川二州饑民	出粟賑漢山·熊川二州饑民
6	元聖王7年(791)	冬十月 京都雪三尺 人有凍死	侍中宗基免 大阿俊邕爲侍中
7	元聖王11年(795)	夏四月 旱	親錄囚
8	元聖王12年(796)	春 京都饑疫	王發倉賑恤之 夏四月 侍中彦昇爲兵部令 伊智原爲侍中
9	元聖王13年(797)	秋九月 國東蝗害穀 大水山崩	侍中智原免 阿金三朝爲侍中
10	憲德王6年(814)	夏五月 國西大水 秋八月 京都風霧如夜	(五月)發使撫問經水州郡人民 復一年租調 (八月)武珍州都督憲昌 入爲侍中
11	憲德王7年(815)	秋八月己亥朔 日有食之 西邊州郡大飢 盜賊蜂起	出軍討平之
12	憲德王9年(817)	夏五月 不雨 至秋七月 乃雨 冬十月 人多飢死	(五月)遍祈山川 (十月)敎州郡發倉穀存恤
13	興德王2年(827)	秋八月 太白晝見 京都大旱	侍中永恭退
14	興德王6年(831)	春正月 地震	侍中祐徵免 伊允芬爲侍中
15	興德王7年(832)	春夏 赤地 秋七月 乃雨 八月 飢荒 盜賊遍起	王避正殿 減常膳 赦內外獄囚 冬十月 王命使安撫之
16	興德王8年(833)	春 國內大飢 冬十月 桃李再華 民多疫死	夏四月 王謁始祖廟 十一月 侍中允芬退
17	文聖王6年(844)	三月 京都雨雹	侍中良順退 大阿金茹爲侍中
18	文聖王12年(850)	春正月 土星入月 京都雨土 大風拔木	赦獄囚殊死已下

19	文聖王17年(855)	春正月 發使撫問西南百姓	發使撫問西南百姓
20	憲安王3年(859)	春 穀貴人饑	王遣使賑救 夏四月 教修完防勸農
21	景文王7年(867)	夏五月 京都疫 秋八月 大水 穀不登	冬十月 發使分道撫問
22	景文王13年(873)	春 民饑且疫	王發使賑救
23	孝恭王6年(902)	春三月 降霜	以大阿孝宗爲侍中

* 위 내용은 『三國史記』 卷10~12, 新羅本紀의 내용을 토대로 작성한 것임.

『삼국사기』 자연재해기록을 통하여 본 기후변화는 당시의 사회에 큰 영향을 미쳤다. 가뭄, 蝗害, 隕霜, 雨雹, 無雪, 大雪, 大水, 大風 등의 농업기상재해와 함께 유의해야 하는 것은 天變과 기타의 이상현상이다. 이러한 현상이 되풀이되면서 자주 일어나면 이에 대한 주기성과 그 원인과 영향에 대한 관심이 특히 정치권을 중심으로 하여 생겨날 수밖에 없다. 그것은 이러한 현상에 대하여 주술적 의미를 부여하는 데서 출발하여 天과 人의 상응관계로 보려는 데까지 이를 수 있기 때문이고, 이에 대한 해답 혹은 해석을 통하여 통치의 명분과 정당성을 획득할 수 있다는 이해에서라고 할 수 있다.

<표 4> 9~10세기 자연재해와 대응책을 검토하면 대체로 정치의 득실과 연관시켜 보면서도 赦免·慮囚(2, 7, 15, 18), 賑恤(1, 4, 5, 8, 12), 免稅(10), 發使安撫(3, 10, 15, 19, 20, 21, 23), 군주의 責己修德(15), 侍中의 교체(6, 8, 9, 10, 13, 14, 16, 17, 23) 등 仁政을 베풀어 王道政治를 구현하려는 의도가 있음을 엿볼 수 있다. 이밖에 도적이나 초적의 형태로 봉기하였을 경우는 군대를 동원하여 진압(11)하였으며, 불교행사를 통하여 백성들을 위무(22)하기도 하였다.

원성왕대 이후의 재이에 따른 행사는 이러한 유형을 띠고 있었지만, 그 이전 시기에는 이외에도 여러 가지 유형의 재이에 따른 대책을 강

구한 바 있었다. 예컨대 성덕왕 4년(705) 5월 旱에 따른 9월 禁殺生,[63]
성덕왕 10년(711) 3월의 大雪에 따른 5월 禁屠殺의 敎,[64] 동왕 19년 4월
에 大雨·雨雹이 있은 뒤 5월 埋骸骨의 명을 유사에게 내린 것,[65] 景
德王 15년(756) 2월 재이가 자주 나타나자 金思仁이 時政得失을 극론
한 것,[66] 혜공왕 5년 蝗旱이 있자 현인을 등용하고자 한 것,[67] 혜공왕
15년 지진이 있고 太白入月의 현상이 있자 百座法會를 열었던 것[68]
등은 이를 보여준다.

이상의 내용만을 정리하면 대체로 재이에 따른 대응책이 유교적 修
德의 논리에 따라 진휼·사면·안무 등과, 성격이 모호하지만 禁屠殺
과 禁殺生, 법회 등의 불교적 행사가 있었음을 알 수 있다.

그런데 이러한 대응책과 더불어 재이의 원인에 대한 인식도 함께
전개되는 것을 볼 수 있다. 신문왕 7년 4월 祖廟에 올리는 祭文에 '道
喪君臨 義乖天鑒'한 때문에 '怪成星象 火宿沈輝'하게 되었다는 것[69]
과 혜공왕대 천재지변이 자주 일어난 것에 대해 혜공왕의 실정에 따
른 것으로 본 것[70]이나 王巨仁의 억울함이 있어 구름과 안개가 끼고
雷電雨雹이 있었다는 기록[71] 등은 군주의 실정과 백성 및 신료의 원
통함, 현인 등용이 막혀 있었기 때문에 재이가 있게 되었다는 이해를
보여준다. 또 군주의 덕과 현신의 보좌가 있어 음양조화와 풍우가 순
조로워 해마다 풍년이 들었다는 헌강왕 6년의 기사[72]는 天人感應論

63) 『三國史記』 卷8, 新羅本紀8 聖德王 4年.
64) 『三國史記』 卷8, 新羅本紀8 聖德王 10年.
65) 『三國史記』 卷8, 新羅本紀8 聖德王 19年.
66) 『三國史記』 卷9, 新羅本紀9 景德王 15年.
67) 『三國史記』 卷9, 新羅本紀9 惠恭王 5年.
68) 『三國史記』 卷9, 新羅本紀9 惠恭王 15年.
69) 『三國史記』 卷8, 新羅本紀8 神文王 7年.
70) 『三國史記』 卷9, 新羅本紀9 惠恭王 16年.
71) 『三國史記』 卷11, 新羅本紀11 眞聖王 2年.

的 자연관에 바탕을 둔 사례라 하겠다.

위에서 언급한 진휼과 안무, 사면, 법회 등의 자연재해 및 재이에 대한 대책은 재이의 발생 때마다 이를 행하고 있다는 점에서 임시방편적이고 주술적 성격을 띠는 것이었다. 농민의 입장이나 국가적 차원에서 보더라도 이들 방안은 항구적일 수 없는 것이었고, 재이는 계속 되풀이하면서 발생하고 있었다. 즉 이들과는 차별되는 정책으로서 보다 항구적이고 체계적인 재이에 대한 인식과 농업정책이 있어야 했다. 신라 하대의 경우 이를 어떻게 이해하였는가를 살펴보기 위해 이 시기에 수행된 권농정책의 내용을 살펴보도록 하자.

이상의 이해를 전제로 하면서 신라 하대의 권농정책을 정리하면 다음과 같다.

가) 以宗基爲侍中 增築碧骨堤 徵全州等七州人[73]

나) 貞元十四年 戊寅四月三日 菁堤治記之謂洑堤傷 故所內使 以見令賜矣 弘長三十五步 岸立弘至深六步三尺 上排堀里十二步 此如爲二月十二日元四月十三日 此間中了[74]

다) 王親祀神宮 發使修葺國內堤防[75]

라) 春 穀貴人饑 王遣使賑救 夏四月 教修完堤勸農[76]

가)와 나)의 사례는 벽골제와 청제의 증축 및 수축과 관련한 기사인

---

72)『三國史記』卷11, 新羅本紀11 憲康王 6年.
73)『三國史記』卷10, 新羅本紀10 元聖王 6年 正月.
74)『韓國金石全文』, 新羅菁堤碑 貞元修築記.
75)『三國史記』卷10, 新羅本紀10 憲德王 2年 2月.
76)『三國史記』卷11, 新羅本紀11 憲安王 3年 4月.

데 당시의 수리관개 공사로는 매우 큰 규모였다. 다)와 라)의 기사는 소위 권농정책과 관련한 기사라고 볼 수 있다.

　이들 자료를 보면 대체로 수리시설의 수축 및 운영과 관련한 성격을 보이고 있다.[77] 여기서 堤防을 수축하여 권농하고 있는 것에 주목할 필요가 있다. 대체로 이 시기의 堤와 池 등의 조성은 산곡에 흐르는 유수를 이용하여 저수하여 이용하는 것이었고, 청제에서의 경우 수문 설치의 흔적이 보인다고 하는 점을 본다면 이를 이용하여 수량의 조절과 토사의 쌓임을 방지한 노력도 지적할 수 있겠다.[78] 이 자료만 가지고서 판단하기는 어려운 면이 있지만 신라 하대 권농정책의 방향은 수리시설의 수축과 진휼 등을 중심으로 하는 농민안정책에 있었다고 해도 과언이 아니다. 그런데 왜 신라 하대에서는 여타의 권농정책보다 수리시설과 관련한 권농이 중심이 되었을까?

　위의 사료들을 보면, 이러한 堤防공사가 있는 시점이 시사하는 바가 있다. 앞서 <표 3> 9~10세기 농업기상재해 기록에서 살펴보았듯이, 위의 해당 왕대에 가뭄이나 누리의 발생 등과 같은 자연재해가 많이 일어났다. 또 같은 시기의 『삼국사기』신라본기의 기록에서 보듯이

---

77) 이에 대한 연구로는 다음을 참조할 수 있다. 李宇泰, 1992,「新羅의 水利技術」,『新羅文化祭學術發表會論文集－新羅産業經濟의 新研究』13 ; 李宗峯, 1993,「고려시기 수전농업의 발달과 이앙법」,『韓國文化研究』6, 釜山大學校 韓國文化研究所, 147~159쪽 참조.

78) 이우태, 1992, 위의 논문 참조. 부여의 宮南池의 발굴을 통해서 물을 채우기 위한 저수조의 기능을 한 목조시설물과 水路가 있었음이 밝혀진 바 있다.(국립부여문화재연구소, 1999,『宮南池』) 이 저수지에 대해 무왕 35년 "3월에 궁궐 남쪽에 못을 파고 20여 리에 이르는 물을 끌어들였으며, 네 언덕에는 버드나무를 심고 물 가운데는 섬을 축조하여 方丈仙山에 비기었다."(『三國史記』卷27, 百濟本紀5 武王 35年 3月)라는 관련 기록이 있는데, 비록 庭園池였다고는 하지만 유구 등을 통해 당시의 토목기술이 매우 뛰어났음을 알 수 있다.

원성왕대에는 재위 2년부터 6년까지 雨雹, 饑饉, 旱蝗, 隕霜, 大旱 등이 매년 일어났으며, 11년 旱·隕霜, 12년 飢疫, 13년 蝗害·大水 등의 피해가 기록되고 있었다. 헌덕왕대에는 재위 18년 동안 6년 大水, 7년 5월 下雪, 8년 年荒民飢, 9년 5월에서 7월까지 不雨, 12년 春夏旱, 13년 봄 民饑, 15년 7월 雪 등의 재해가 있었다. 헌덕왕 8년에는 중국의 浙東에까지 가서 식량을 구할 정도로 농사의 피해가 막대하였다. 헌안왕대의 경우 2년 隕霜과 不雨가 있어 이듬해에 곡식이 귀하여 백성이 굶주리는 등의 재해가 있은 뒤에 이러한 권농의 교가 내려진 것이다. 물론 다른 왕대에도 이와 같은 자연재해가 많았으나 이들 왕대와 비교한다면 정도의 차이가 있다.

이를 본다면 수리시설의 수축에 권농정책이 집중되었던 것은 8세기 말에서 9세기 초·중엽에 신라 하대 사회를 강타한 한랭건조한 기상으로 인하여 물이 고갈되어가자 이를 극복하기 위한 의도에서 나왔던 것이라고 볼 수 있다.

신라 하대의 권농정책이 극히 단편적인 단계에 머물렀던 데 대해서는 신라 하대 지배체제의 혼란에서 살펴보았던 잦은 왕권의 교체와 귀족 지배층 내부의 갈등으로 인한 정치질서의 혼란이 차지하는 면이 많았을 것이다. 중앙과 지방사회의 이완과 지방세력의 성장이라는 점 역시 결국 국가적 차원의 권농정책이 체계적으로 실시되지 못하는 중요한 배경이 되었다고 생각된다.

2) 유교적 중농인식의 형성

나말려초기에는 6두품 및 지방지식인층을 중심으로 하는 經學의 공부와 유교정치사상의 이해가 이루어지고 있었다. 또한 군주의 경우도 이러한 유교정치사상을 수용하면서 국가의례의 정비 차원에까지 관심을 기울이기도 하였다. 신라 하대 사회 내부와 고려 초를 보면 天時와 時候, 災異의 발생에 대한 이해가 나타나고 있으며, 이를 천인감응론적으로 해석하려는 경향이 보인다. 그러나 군주와 지배층의 정치적 득실을 위한 것으로만 천인감응론을 적용하는 것은 곤란하다. 즉 천인감응론을 통하여 군주권의 정당성을 확인하면서 국가의 기간산업인 농업에 대한 이해와 정책 구상이 이루어져야 하기 때문이다. 바로 이 점이 신라 하대와 고려 초에 어떻게 나타나고 있는가를 살펴보겠다.

渡唐留學生의 활동이나 신라 국내 國學의 운영 등을 통하면서 신라의 유교교육 및 학문 수준은 당의 玄宗이 인정할 정도의 높은 수준에 이르렀다. 예컨대, 孝成王 2년(738) 2월 玄宗은 冊封使 邢璹를 보내면서 말하기를, "新羅는 달리 군자의 나라라고도 부르는데 자못 書記를 알아 중국과 유사함이 있다. 경이 惇儒인 까닭에 持節使로 삼으니 가서 마땅히 經義를 강론하여 大國의 儒敎의 성함을 알리라."[79]고 할 정도였다.[80]

國學이 설치 운영되면서 나타나는 변화 가운데 하나는 經學에 대해 군주의 관심이 지속적으로 이루어지기 시작했다는 것이다. 惠恭王 원년 국학에 나아가 박사로 하여금『尚書』를 강의토록 했다는 기사와 12년 정월 국학에 나아가 聽講했다는 기사[81]나 景文王 3년 2월[82]이나

79)『三國史記』卷9, 新羅本紀9 孝成王 2年 2月.
80) 신라 하대 양국의 文人交流에 관해서는 李基東, 1984,「新羅 下代 賓貢及第者의 出現과 羅唐 文人의 交驩－高麗 中期「小中華」成立의 前史로서－」,『新羅骨品制社會와 花郎徒』, 一潮閣 참조. 또한 羅唐간의 외교관계에 대해서는 申瀅植, 1984,「第4章 韓國古代國家의 對外關係」,『韓國古代史의 新研究』, 一潮閣 참조.
81)『三國史記』卷9, 新羅本紀9 惠恭王 元年, 同王 12年 正月.
82)『三國史記』卷11, 新羅本紀11 景文王 3年 2月.

憲康王 5년 2월 박사로 하여금 經義를 강론케 하였다는 기사[83]는 군주 스스로가 경학에 대한 관심과 이해를 통하여 현실 정치에 대한 이해를 넓혀보고자 한 것이라 볼 수 있다. 이처럼 유교적 왕도정치의 지침서라고까지 할 수 있는『尙書』에 대해 군주가 직접 강의를 들었다는 것은 이 시기의 經學에 대한 신라 지식인층의 이해의 심화나 王道를 시행하고자 한 단초가 마련되었음을 보여준다.

나말려초의 사회변동의 방향은 지식인층의 역할에서 찾아볼 수 있다. 그 방향은 크게 두 가지였다. 하나는 경주 중심이자 진골귀족 중심의 골품제 사회를 해체하는 것이었으며, 두 번째는 골품제에 기반한 사회운영원리를 대신할 새로운 사회규범과 사회체제를 창출해 내는 것이었다.[84]

이 변화는 다음과 같은 새로운 세력에 의해 주도되고 있음을 알 수 있는데, 먼저 나말려초 전국 각지에서 활동한 호족이라고 하는 정치지배세력의 등장은 새로운 정치·사회적 변화를 가져왔다. 지역기반을 바탕으로 성장하여 경주중심의 지배체제를 바꾸었지만 정치·사회·경제 개혁 등을 제시하고 현실화할 수 있는 데에는 한계가 있었다. 또 한편으로 최치원·왕거인 등을 비롯한 6두품 신분의 지식계급이 점차 시대변화를 읽고 적극적으로 사회변화를 주도하려 했던 점도 유의할 수 있다. 이들은 유교사상의 입장을 바탕으로 고대적 체질을 개혁하고 새로운 정치와 사회의 방향으로 유교정치이념을 표방하였던 것이다.[85] 새로운 변화의 방향은 바로 이들 두 세력의 조화 여부가 중요한

---

83)『三國史記』卷11, 新羅本紀11 憲康王 5年 2月.

84) 鄭淸柱, 1996,『新羅末 高麗初 豪族研究』, 一潮閣, 208쪽.

85) 金哲埈, 1983,「제4장 중세 문화의 성립과 민족의식의 성장」,『한국문화전통론』, 세종대왕기념사업회, 92쪽. 신라 하대의 6두품 세력의 성격과 이들의 학문 및 개혁 성향에 대해서는 다음의 연구가 참고된다. 크게 신라 경주 중심의 學士層과 唐 등 중국 宿衛學生層으로 나누어 살펴볼 수 있는데, 결국 이

74

나침반 역할을 하게 될 것이었다.

고려왕조의 개창 과정이나 이후의 정치질서를 편제해 나가는 과정에서 신왕조의 정치 방향을 제시하는데 주도적 역할을 한 것은 이들 6두품 출신 및 지방 지식인 세력들이었다. 가령 崔致遠・崔殷含・崔彦撝・崔承老 등을 주목할 수 있겠다. 崔凝(黃州 土山)・王儒(朴儒, 光海州)・崔知夢(靈巖郡) 등은 비록 지방 출신이지만 나름대로 유교 경전에 대한 학문적 깊이가 있었다. 이들은 태조 왕건의 유교정치이념의 표방과 새로운 사회질서 수립이라는 시대 변화에 따라, 혹은 신라의 골품제를 극복하고 호족세력을 억제하려는 태조의 노력에 따라 유교의 바탕 위에서 정치이념을 제시하였을 것이다.86)

또한 중국의 혼란기가 지속되자 귀화해오는 지식인 계층이 늘어나고 있었다는 점을 염두에 둘 필요가 있겠다. 雙冀와 같은 인물이 대표적이다. 발해 멸망 후 流入해 온 발해의 지배층도 유념할 수 있다.

이처럼 고려의 건국 과정에서 태조가 유교정치사상을 수용하여 고려의 통치방향을 제시할 수 있었던 데에는 신라 경주 중심의 6두품 계통의 文人層, 9~10세기 지방 사회에서 나름대로 학문적 수양을 가졌던 學人層, 중국이나 발해 계통의 歸化人層 등이 많은 역할을 했기 때문이었다. 그것은 유교정치사상의 핵심이랄 수 있는 '敬天愛民'이었으며, 태조는 이를 유념하면서 실천에 옮겼다.87)

들이 후삼국 및 고려왕조의 건국에 많은 기여를 하고 있다고 보고 있는 것이다. 申瀅植, 1969, 「宿衛學生考」, 『歷史敎育』 11・12合輯/ 1984, 『韓國古代史의 新硏究』, 一潮閣 ; 李基白, 1978, 「新羅 骨品體制下의 儒敎的 政治理念」, 『新羅時代의 國家佛敎와 儒敎』, 韓國硏究院 ; 李基東, 1984, 「第五章 新羅 下代 賓貢及第者의 出現과 羅唐 文人의 交驩」, 『新羅骨品制社會와 花郎徒』, 一潮閣.
86) 李範稷, 1998, 「儒敎思想의 傳來와 定立에 관한 연구」, 『韓國史論』 28, 國史編纂委員會, 126~133쪽 참조.
87) 朴漢卨, 1993, 「고려의 건국과 호족」, 『한국사』 12, 국사편찬위원회, 77~78쪽

다음으로 경학에 대한 이해와 지식인층의 역할이 이루어지면서 天時에 대한 해석이 어떻게 변하였는가를 살펴보자.

신문왕 7년에 재변이 잦자 대신을 祖廟에 보내 致祭한 글 가운데 "以順四時之候 無愆五事之徵 禾稼豊而疫癘消 衣食足而禮義備"라고 한 대목은 『尙書』洪範편의 내용에서 비롯하고 있다. 天時라고 할 수 있는 四時와 聖君의 도리인 敬用五事(貌·言·視·聽·思)에 대한 주목은 일면 天人合一思想에 바탕한 治道를 밝히고 있는 내용이라고도 볼 수 있다. 또한 신라 하대 내물왕계로서 처음으로 왕위에 오른 선덕왕의 遺詔에는, 이 같은 군주의 통치이념과 관련하여 "居位以來 年不順成 民用窮困 此皆德不符民望 政未合天心"[88]이라는 표현을 남기고 있어 德治와 民本 및 天心에 대한 이해를 표현하고 있다. 이와는 상반되는 표현을 보이고 있지만 결국 天人合一的 이해를 남기고 있는 것으로 헌강왕 6년 9월 시중 敏恭이 "上卽位以來 陰陽和風雨順 歲有年民足食 邊境謐靜 市井歡娛 此聖德之所致也"[89]라 한 기사도 주목된다.[90]

참조.

88) 『三國史記』卷9, 新羅本紀9 宣德王 6年.

89) 『三國史記』卷11, 新羅本紀11 憲康王 6年 9月.

90) 당시의 지배층에서 기상재해가 농사의 풍흉, 기근에 직접적으로 연관이 되고 있음을 명확하게 알고 있으면서도 어째서 이들은 農時의 적용에 주저하였을까. 기상 및 기후 조건이 농사의 풍흉 및 농법과 직결되는 것임은 이들 역시 주지하였으리라 생각되지만 이를 직접 정치에 반영하는 정도로까지 생각하지는 못하였던 것으로 보인다. 다만 伐休尼師今 4년 3월 주군에 영을 내려 토목공사를 일으켜 農時를 빼앗는 일이 없도록 하라는 기사(『三國史記』卷2, 新羅本紀2 伐休尼師今 4年)가 보이지만 이 기사가 『삼국사기』초기 기사로서 과연 이러한 영을 내릴 정도로 지방제도 등이 정비되었을까 하는 점에 대한 의문과 이후 이와 관련한 기사가 보이고 있지 않아 이를 어떻게 보아야 할 것인가에 대하여 결론을 내리기 어려운 면이 있다. 한편 入唐宿衛 때 음양술수를 배우고 돌아와 사천대박사를 역임하고, 혜공왕대에 지방관으로

五經이나 六經, 九經 등 경학에 대한 이해가 이루어지고 그 가운데 天과 왕권을 잇는 슮으로서 祥瑞災異의 현상에 대한 인식을 보여주는 天人感應論의 수용은 王道政治의 실현과도 관련되는 것이었다. 이를 위해 통일신라에서는 『祥瑞志』를 참고하였던 것으로 보이며,[91] 나아가서는 점차 天時와 王政을 연결하는 슮의 적절한 운영을 담고 있는 『禮記』의 내용이 주목되었을 것으로 생각된다.[92]

나말려초기의 경우, 후삼국이 정립하면서도 지방에 할거한 호족들은 독자적 세력을 구축하였다. 이들은 앞에서도 언급했듯이 지방학교나 자위조직, 향도 등을 통하여 지방사회를 장악하고 있었다. 이처럼 지역을 단위로 산재해 있던 호족세력들은 그들의 이해관계에 따라 향배를 달리하였다. 자치적 분권적 성격이 강한 호족세력을 어떻게 상대적으로 일원화된 국가지배체제에 수용할 것인가와 또 이들과 차별화하여 지방민을 끌어들일 것인가의 문제는 고려왕조가 해결해야 하는 과제였다.

또한 고려 초의 정치현실은 후백제와의 쟁패라는 면과 함께 지배층 내부의 갈등이 내재해 있었다. 이를테면 태조는 추대에 의해 왕위에 올랐으나 태조 원년에는 고려왕조에 대한 모반이나 고려왕조에서 후

활약한 金巖의 경우 마음을 다하여 다스리면서 三務(세 계절의 농사)의 여가에 진법을 가르쳤다(『三國史記』 卷43, 列傳3 金庾信 下 金巖)고 하여 農時에 대한 기본적인 이해가 있었음을 보여주고 있다.

91) 이 瑞祥志의 본래 서명이 『天地瑞祥志』이지만 그 찬자가 신라인 薩秀眞인지 唐人 薩守眞인지에 대해서는 논란의 여지가 있는데, 이에 대해서는 다음의 연구가 참고된다. 권덕영, 1999, 「『天地瑞祥志』 편찬자에 대한 새로운 시각－日本에 전래된 신라 天文地理書의 일례－」, 『白山學報』 52 ; 김일권, 2002, 「『天地瑞祥志』의 역사적 의미와 사료적 가치－撰者에 대한 재검토와 『高麗史』 所引 記事 검토－」, 『한국고대사연구』 26.

92) 『예기』 월령편의 의미와 그 수용 및 운영에 대해서는 본서 2장 2절에서 상세하게 다루도록 하겠다.

백제로 이탈하는 경우가 잦았다. 원년 6월 庚申에 馬軍將軍 桓宣吉의 모반이 있었고, 같은 달 己巳에는 馬軍大將軍 伊昕巖의 謀叛이 있었다. 8월 癸亥에는 熊州와 運州 등 10여 주현이 백제로 叛附하였으며, 9월 乙酉에는 徇軍吏 林春吉 等이, 10월 辛酉에는 靑州帥·波珍粲 陳瑄이 그 아우 宣長과 모반을 꾀하다가 伏誅되었다.[93] 태조 원년에 집중되고 있는 이러한 모반은 天命에 따른 태조 즉위의 정통성에 심각한 문제를 야기할 수 있었다. 이처럼 귀족층 내부의 모반과 지방 주현세력의 이탈을 방지하고 고려왕조의 우월성을 보이기 위해서는 기층민의 동요를 막는 농민안정책과 지배층의 이탈을 막을 天命에 의한 군주상을 보일 필요가 있었다.

天命과 관련해서 태조는 천인감응론적인 정치사상을 수용함으로써 군주권을 수식하려 하였다. 이와 관련하여 관심을 끄는 것은 정치와 農時의 관계에 대한 이해를 피력하고 있는 점이다. 태조 원년 6월 신해 기사에 나오는 궁궐을 세우고 노역이 번거로워져 '三時失於農業' 하게 되었다는 표현[94]은 달리 말하면 앞으로는 三時에 맞는 정령을 세워 국가를 운영하는 방침으로 삼겠다는 의지를 보여준 것이라 할 수 있다. 자연재해 등의 천변재이에 대하여 이를 王政의 잘못으로 자인하면서도 신료들과 그 책임을 함께 하려 한 모습을 보면 이를 보다 잘 알 수 있다. 예컨대 태조 15년 갑신에 서경에서 민가의 암탉이 수탉으로 변하고 대풍으로 관사가 무너진 데 대하여 『祥瑞志』를 인용하여 "行役不平 貢賦煩重 下民怨上" 및 群臣이 公道를 행하지 않은 것에 따른 天譴으로 인식한 바 있다.[95] 이는 다름 아닌 '三時'로 표현되는 農時와 '使民'으로 표현되는 농업노동력의 적절한 이용, 그리고 天

93)『高麗史』卷1, 世家1 太祖 元年.
94)『高麗史』卷1, 世家1 太祖 元年 6月 辛亥.
95)『高麗史』卷2, 世家2 太祖 15年 5月 甲申.

78

讁으로 나타나는 災異를 연결시키고자 하는 의도로 볼 수 있을 것이다.

동시에 農時의 중요성을 이해하면서 農桑의 권장을 어떻게 할 것인가에 대한 고민을 충분히 하였을 것으로 여겨지는데, 이것이 때에 맞는 정령 즉 時令의 반포와 준행으로 이어졌다. 이를 위해서는 時令에 대한 이해가 필요하며, 농사와 계절의 관계, 곡물과 작물의 성향 등등에 대해서도 명확한 정보가 있어야 가능하다. 즉 그에 맞추어 時令을 펴 농업노동력의 배분 및 각종 역역에 대한 동원을 할 수 있기 때문이다. 『呂氏春秋』나 『예기』 월령편 등은 바로 이 내용을 담고 있었으며, 『尙書』에서는 어떠한 정치가 天命을 따르는 것인가를 설정하고 있었기 때문에 경학에 대한 이해는 더욱 심화될 필요가 있었다.[96]

신라 하대를 지나 나말려초기에 이르면서 天時와 農業·農民安定을 함께 고려하고 배려하고자 하는 시도가 나타나고 있음은 이 같은 배경에서였다. 국가의 입장에서 본다면 백성들이 스스로 力田自給하고 男耕女織의 분업이 이루어지면서 孝悌力田하여 사회질서가 안정되는 것을 이상으로 여길 수 있다. 이리되면 倉廩이 가득하고 백성은 禮義廉恥를 알게 되니 敎化가 저절로 이루어질 수 있다는 것이다.[97] 국가는 이러한 농업경영이 가능하도록 정책적으로 뒷받침하면 되는

---

96) 당의 국가의례에 대한 관심이 있었다는 점을 염두에 둘 때 흥미로운 것은 『大唐開元禮』에서 의례의 차원으로 嘉禮의 정비 속에서 황제가 明堂에서 때에 맞추어 月令을 읽는 행사를 설정하고 있다는 점이다. 예컨대, 『大唐開元禮』에서 황제가 명당에서 孟春令으로부터 季冬令까지를 읽고 마지막으로는 명당 및 태극전에서 五時令을 강독하고 있다는 것은 결국 天時와 時令에 대한 이해에서 나온 것이라 할 수 있겠다.

97) 이러한 내용을 단적으로 보여준 것이 신문왕 7년의 제문이다. 이와 관련한 내용이 "以順四時之候 無愆五事之徵 禾稼豊而疫癘消 衣食足而禮義備 表裏淸謐 盜賊消亡 垂裕後昆"(『三國史記』 卷8, 新羅本紀8 神文王 7年 4月)이다.

것이었다. 달리 말하면, 정치의 근본은 곧 民本이며 민본은 곧 衣食住를 갖추는 데 있다고 본 것이다. 의식주를 생산하는 근본은 農桑이고 농상은 天時와 力田에 의해 좌우된다는 논리라고 할 수 있다.

9~10세기 초반까지의 『삼국사기』 신라본기에서 이와 관련한 기사는 매우 소략하므로 이 시기의 농업정책의 내용이 과연 이러한 내용을 포함하고 있었는지, 어떠했는지를 파악하기가 어렵다. 예컨대 앞서 <표 4> 9~10세기 자연재해와 대응책에 나타난 바와 같이 재해로 인한 조세의 면제 및 五穀種子의 사여와 함께 진휼과 안무가 위주가 되고 있다. 다른 한편으로 눈에 띄는 것은 애장왕 4년에 남교에 나아가 보리농사를 보는 행사[觀麥]를 하였다는 것이 있으며, 원성왕 6년의 碧骨堤의 증축과 헌안왕 3년 제방을 修完하고 권농하였다는 내용, 군주의 巡撫·巡幸의 기사가 있을 뿐이다.

하지만 고려 태조 초의 기사 내용들을 살펴보면 이러한 『삼국사기』의 소략한 내용과는 대조적으로 내용이 충실해지고 있다. 신라 하대로부터 인식되어온 천인감응론과 농업에 대한 이해는 유교적 중농의 인식 차원으로 발전되었다. 태조는 원년 6월 丁巳日에 즉위 詔書를 반포하였고, 辛酉·乙丑·戊辰에도 詔를 잇따라 내리면서 국가 운영의 틀을 제시하였다. 번다한 요역과 과중한 조세 수취로 인한 백성들의 어려움과 정치의 혼란을 바로잡을 것을 먼저 선언하였고, 이어서는 '設官分職, 任能之道'를 잘 행할 것을 밝혔으며, 節儉에 힘쓸 것을 선포한 것이다.98) 또 8월 辛亥에는 愛民을 밝히면서 노비를 推刷할 것과, 공신들에 대한 포상을 실시하였다.99)

이러한 태조 초의 조치와 詔書 반포가 무엇을 의미하는가를 보자. 먼저 생각할 수 있는 것은 오랜 전란으로 인한 백성들의 동요와 국토

---

98) 『高麗史』 卷1, 世家1 太祖 元年 6月 丁巳, 辛酉, 乙丑, 戊辰.
99) 『高麗史』 卷1, 世家1 太祖 元年 7月 辛亥.

의 황폐화를 막기 위한 조치였다는 점이다. 요역·부세 등을 줄이고 백성을 농토에 긴박시키려는 민심안정책의 실시는 이러한 이유에서였다. 태조 원년 11월에 처음으로 실시되는 八關會[100] 역시 이러한 면에서 민심을 화합하고 위로하는 차원에서 이루어졌을 것이다. 두 번째는 당시의 상황이 오랜 전란과 호족세력간의 갈등 등으로 인해 정치적 혼란이 극에 달해 있었다는 점이다. 태조 자신도 그러한 혼란에 휩싸여 있었기 때문에 이를 조정할 수 있는 정치력이 요구되었다. 이를 위해 태조는 設官分職 및 인재 등용, 賞罰의 운영을 통한 勸善懲惡, 重幣卑辭 등의 방식을 택하였던 것이다.

태조의 즉위 후 일련의 詔에 나타나는 대민정책의 기조는 태조 遺訓에 나타나고 있듯이 節儉, 백성을 부리되 때에 맞춰 할 것[使民以時], 요역을 가볍게 하고 부세를 적게 할 것[輕徭薄賦], 농사짓는 어려움을 몸소 알 것[知稼穡之艱難], 상벌을 공평하게 하여 음양의 조화를 이룰 것 등에 있었다. 나아가 田制를 바르게 하여 가혹한 수탈을 방지하거나 구휼제도로서 黑倉과 같은 기관을 마련하는 것[101] 등에 있었다.

천인감응론적 유교정치사상과 농업에 대한 이해를 바탕으로 하는 유교적 중농의 인식은 이처럼 나말려초의 변화기를 거쳐 태조대에 그 모습을 드러내었으며, 그것은 지배층과 지방세력을 안정시키면서 고려왕실을 중심으로 지배질서를 확립하는 이념적 토대로서 형성되었다. 더구나 농업의 중요성과 농민의 안정을 국가적 차원에서 중요시하고 이를 정치이념과 정책으로 배려했다는 점은 나말려초기의 중요한 정치·사상적 변화라고 하겠다.

이상에서 경학의 심화에 대한 검토를 통하여 신라 하대 및 고려 초

---

100)『高麗史』卷1, 世家1 太祖 元年 11月.
101)『高麗史』卷80, 志34 食貨 常平義倉.

의 유교정치사상이 어떠한 성격을 가졌는가에 대한 이해를 얻었다. 더
불어 지방 및 경주의 지식인층과 도당유학생층의 활동 영역이 넓어지
고 있었다. 자연재해와 재이 등에 대한 대응노력은 신라 하대의 경우
일시적 미봉적 차원에 머무르고 있었다. 또한 『尚書』와 『禮記』 등을
바탕으로 하는 경학이 천변재이 해석과 군주권의 天命을 바탕으로 왕
도정치의 성격을 강화시켜주는 것이었지만, 아직 신라 하대의 경우 이
를 적용하여 유교정치를 실현하는 데는 미흡하였다.

　이는 동시에 신라 하대 농업생산력의 발전이 국가적 차원에서 유지
관리되지 못하는 중요한 배경이었다. 즉 군주 및 지배층의 인식 부족
과 중농을 실현할 제도적 장치의 미흡은 사회경제 변동을 더욱 촉진
하였다. 그런데 나말려초기 자립적 지역적 성격을 갖고 있던 호족세력
을 국가지배체제에 어떻게 편제할 것인가와 고려왕조 내의 지배층의
결속을 수행하면서 차별성을 유지할 것인가는 고려왕조가 반드시 해
결해야 할 과제였다. 이를 해결하기 위해 당시에 수용되어 있던 천인
감응론적 왕도정치사상과 유교적 중농이념을 국가운영의 원리로 이해
하고 이를 어떻게 구현할 것인가의 문제 인식은 고려 전기의 과제가
되었다. 한편으로 중농이념과 권농정책을 전개하고 다른 한편으로는
국가적 농경의례와 농경제의를 정비하는 과정이 고려 전기에 있게 되
는 것은 이 같은 배경을 갖고 있었던 것이다.

제2장 유교적 중농이념의 확립

1. 天人感應的 농업인식의 수용

1) 중농적 治道論 제시

고려는 건국과 함께 농업생산의 안정을 꾀하는 정책을 실시하고자 하였고, 먼저 農政을 실시하기 위한 이념적 기초로서 유교적 중농이념을 주목하였다. 이전 시기에 있어서도 時의 중요성에 대한 이해 및 '農者政本'이라는 인식은 정치의 요체로 제시되었다.[1] 이를 뒷받침하

---

[1] 태조 등이 취한 농업정책은 『漢書』에 기록된 文帝의 정치내용을 토대로 이루어진 면이 있다. 漢 孝文帝는 정치를 農本에 두면서 親耕籍田과 皇后의 親桑을 행하여 그 모범을 보였고 조세의 감면을 취하여 농민을 보호하는 한편 孝悌의 장려를 통하여 王道的 敎化를 행한 인물이다. 이러한 文帝에 대하여 태조는 죽음에 임박하여 "漢 文帝의 遺詔에 이르기를, 천하만물의 목숨이 있는 자는 죽지 않는 것이 없으니 죽음은 천지의 이치이며 만물의 자연스러운 것이다."라고 인용하면서 喪葬 園陵의 제도를 文帝의 검소한 제도를 따르도록 한 바 있다.(『高麗史』卷2, 太祖 26年 5月 癸卯·丙午) 이는 효문제의 정책이 고려 태조에게 모범이 되었음을 반영한다. 태조가 국가정책의 대강을 "夫農 天下之本也"(『漢書』卷4, 文帝紀4 2年 正月 丁亥 ; 같은 해 9월에도 비슷한 詔를 내리고 있다. "九月 詔曰 農天下之大本也 民所恃以生也 而民或不務本而事末 故生不遂 朕憂其然 古今玆親率羣臣農以勸之 其賜天下民今年田租之半")라고 하는 重農과 勸農에 중점을 두게 되는 것은 여기에서 기인하는 바가 있었다.

는 유교사상에 대한 이해는 나름대로 단계적 심화과정을 밟기는 하였지만, 의례나 정치제도의 모방이라는 단계에 놓여 있었다. 즉 농본의 이해와 그를 위한 사상적 기반의 마련과 실천이라는 점에 있어서는 한계가 있었던 것이다.

고려정부의 권농정책은 對農民安定策을 통해 농업기반을 안정시키며, 勸課農桑을 지도하여 농업생산력을 향상시킨다는 것으로 정리할 수 있다. 이러한 농업정책이 수행된 이후에야 비로소 왕조의 안정이라는 목표가 달성될 수 있기 때문이다. 하지만 농업 위주의 사회에서 농업생산과 절대적으로 관련된 가뭄이나 폭풍, 홍수 등 자연조건의 변화나 여러 가지 원인에 의한 노동력의 이탈 등은 상시적으로 일어날 수 있는 문제였다. 이규보가 科擧의 策問으로 제시하고 있는 다음의 내용에서 이를 찾을 수 있다.

문 : 우리 국가는 오랑캐의 난으로 인하여 백성을 거느리고 遷都하여 社稷을 보전하게 되었으니, 이는 비록 성스러운 천자와 어진 재상의 묘책으로 말미암은 것이나 또한 하늘이 도운 것이다. 과연 하늘이 도운 바라면 필시 興復할 기회가 있을 것인데, 가만히 앉아서 그것을 기다리는 것이 옳겠는가? 부지런히 人事를 닦아서 天心에 응해야 옳겠는가? 이른바 인사라는 것은 덕화를 베풀어 인민을 편안하게 하고, 농사에 힘써 수재·한재를 방비하는 유가 바로 그것이다. 그러나 지금의 형편으로 보면, 列郡의 殘民들이 떠돌아다니며 토착하지 못하고 있는데, 이들을 安集시키려면 어떠한 방법을 써야 할 것이며, 토지가 황폐하여 묵은 땅이 많은데 興農을 하려면 또한 어떠한 술책을 써야 할 것이며, 그 수재·한재를 방비하는 것과 덕화를 베푸는 것은 어떤 것이 으뜸이 되는가? 諸生들은 고금의 理體에 밝으리니, 숨김없이 다 진술하라.[2]

2) 『東國李相國集』 後集 卷11, 問答 甲午年禮部試策問.

이 내용을 요약하자면, 군주의 德化와 災異의 방비, 농민안정과 토지 개간을 위한 권농 등을 어떻게 할 것인가에 대한 것이라 할 수 있다. 이른바 人事를 다하여 天心에 응해야 한다는 것으로서 이를 위해 농업의 장려를 꾀하는 방도를 물었던 것이다.

고려왕조는 건국 초부터 이러한 변화에 대응하기 위해 農本에 대하여 주목하였다. 이는 정치사회가 안정이 되고 국가의 틀이 유교정치이념에 따라 형성되는 과정에서 나라의 근본이 되는 민과 산업생산의 중요성에 대한 인식의 심화라고 할 수 있는 것이었다. 또한 치자층에서 이러한 측면에 대하여 어떻게 인식하느냐 하는 것과 어떠한 정치적 입장과 정책을 제시하느냐는 매우 중요한 문제라고 할 수 있다.

이러한 면에서 고려 초부터 제시되는 중농이념은 신라 하대와는 다른 양상을 보여주었다. 유교적 정치사상에서 제기되는 農에 대한 인식과 農時의 철저한 보장이라는 중농이념이 고려 초에 주목이 되는 것은 王道政治와 중농이념의 상관관계에 대한 고려라고 할 수 있으며, 이를 통해 농업생산력의 안정적 확보를 꾀할 수 있었다고 생각되는 것이다. 즉 지배층에서는 이러한 인식의 심화를 통하여 농업생산의 보장을 꾀할 수 있었던 것이다.

그렇다면 고려는 대민안정의 문제를 어떻게 풀려고 했을까? 이를 위해 먼저 태조와 지배층이 느끼고 있던 현실은 어떠했는가를 보자.

前主는 四郡이 흙 무너지듯이 붕괴할 때를 맞아 寇賊을 제거하고 점차로 영토를 넓혀나갔는데, 海內를 아울러 병합하기도 전에 갑자기 혹독한 폭정으로 백성을 다스리며 姦回를 지극한 道로 삼았고 위협과 모욕을 긴요한 방법으로 삼아 徭役이 번거롭고 賦稅가 과중하여 백성들은 줄어들고 국토는 황폐해 갔는데 오히려 궁궐만은 크게 지어 제도를 지키지 않고 힘든 일은 끊이지 않아 원망과 비난이 드디어 일어

86

나게 되었다.3)

이 글은 태조 왕건이 신하들의 추대를 받아 왕위에 오른 뒤 내린 詔로 前主 즉 궁예의 포악한 면을 강조하고 易姓革命의 당위성을 밝히고 있다. 현실적으로 본다면 다분히 수식적인 언사라고 하더라도 궁예의 사치와 환락, 그리고 전란 등으로 인해 백성들이 제대로 농업에 종사하지 못했던 상황은 이해할 수 있다. 이 점은 같은 해 8월에 내린 詔에 보다 구체적으로 묘사되어 있다.

前主가 백성 보기를 지푸라기와 같이 하고 오직 사욕만을 쫓던 바이에 讖書를 믿어 갑자기 松嶽을 버리고 斧壤에 돌아가 궁궐을 세우니 백성은 勞役에 피곤하고 三時의 농업은 때를 잃었다. 게다가 饑饉이 잇따르고 疾病이 뒤이으니 집을 버리고 흩어져 길 위에서 굶어 죽는 자가 서로 잇닿게 되었으며 한 匹의 細布가 米 5升 값이었다. 이리하여 백성들로 하여금 몸을 팔고 지식을 팔아 남의 노비가 되게 하였으니 짐이 매우 민망하게 생각하는 터이다. 그 소재지의 관원으로 하여금 자세하게 조사하여서 아뢰도록 하라.4)

잦은 勞役과 궁궐의 이전, 게다가 기근과 질병으로 인하여 백성들은 안착하지 못하고 유리하다 굶어죽고 있으며, 처자식을 팔아 생계를 잇고 있다는 당시 현실의 문제를 직시하고 있음이 위 글에서 보이고 있다. 즉위 초의 이러한 현실에 대한 진단이 이루어짐에 따라 문제 해결을 위한 방안도 검토되었다고 여겨진다. 위에서도 다시 한번 지적되고 있듯이 가장 큰 문제는 백성의 생업에의 안착이었으며, 이를 위한 善政이 필요하다는 것이다.

---

3) 『高麗史』 卷1, 世家1 太祖 元年 6月 丁巳.
4) 『高麗史』 卷1, 世家1 太祖 元年 8月 辛亥.

당면한 현실은 후백제와의 전쟁이 지속되고 있어 內治에 집중할 겨를이 없었으나 태조는 이에 대한 문제인식을 충분히 하면서 그에 대한 방안을 검토하고 있었던 것으로 보인다. 이를 위해서 취해진 조치를 보면, 관제설정 및 적임자 즉 賢才의 등용과 임명이라는 합리적 유교정치의 방향, 그리고 풍속을 바로 하고 백성을 안집시키기 위한 安民[設官分職 任能之道 斯存利俗 安民選賢之務]5)이라는 방향으로 이끌어가고자 했던 것이다.

이 중 여기서 주목하고자 하는 것은 태조의 安民政策의 방향이다. 태조가 즉위 초에 취한 일련의 정책 내용을 보면 이를 짐작할 수 있다.

> 가) 삼국 말에는 경계가 바르지 못하고 賦斂에 일정한 법이 없었으므로 高麗 太祖는 즉위하자 먼저 田制를 바로 잡고 백성으로부터의 收取에 法度가 있게 하여 農桑에 精誠을 다하니 가히 根本되는 바를 알았다고 하겠다.6)

> 나) 農桑은 衣食의 근본이요, 王政의 먼저 할 바로 太祖께서 즉위한 처음에 먼저 境內에 詔하여 3년의 田租를 면제하고 農桑을 勸課하여 백성과 더불어 休息하였다.7)

가)의 기사나 나)의 기사에서 공통적으로 볼 수 있는 것은 결국 농민의 안정적인 생산구조의 마련과 農桑의 勸課를 통한 생산력 향상이라는 측면이다. 물론 가)의 기사가 『高麗史』를 편찬한 鄭麟趾의 시각에서 태조의 농업정책 전반에 대한 소감을 기록한 것이라고 할 수 있

---

5)『高麗史』卷1, 世家1 太祖 元年 6月 辛酉.
6)『高麗史』卷78, 志32 食貨 (序).
7)『高麗史』卷79, 志33 食貨 農桑.

지만 적어도 태조의 농업정책이 그 만큼의 성과가 있었기 때문에 나올 수 있는 표현이라고 할 수 있겠다. 그 구체적인 내용이 바로 나)에 제시되고 있는 것이다. 이러한 태조의 정책을 단적으로 정리하여 말하면 '重農政策'이라 할 수 있으며, 이를 뒷받침한 이념적 기반을 '重農理念'이라고 보아도 좋을 것이다.

이러한 방향은 이후에도 그대로 유지되었다. 예컨대 태조 15년 '雌雞化爲雄'과 '大風'의 재변이 있자 이를 天譴으로 인식하면서 群臣으로 하여금 公道를 행할 것과 백성들의 원망함이 없게 할 것을 언급하고 있는 것[8]은 이를 말해준다. 태조 17년에는 백성의 어려움을 풀어주고 억울함이 없도록 하기 위해 관리의 공명정대한 처리를 지시하면서 이를 위해 관원의 상호감시 및 일종의 면죄부로서 '染卷'을 발행하였고, 賞罰의 공정한 시행을 강조하기도 하였다.[9]

태조의 이러한 농업정책이 구상되고 실현될 수 있었던 것은 그에 따르는 지식기반으로서 지식인층의 역할과 經學의 수용에서 찾을 수 있다.[10] 나말려초의 사회혼란기가 고려의 통일로 이어지고, 점차 국가운영 및 사회질서가 안정되면서 군주 및 유신들은 바로 이를 기초로 하여 중농이념을 심화시켰다. 다시 말해 이것이 가능했던 것은 정치사회의 안정이 이루어지고 통일신라 이래로 형성된 유자층의 존재가 본격적으로 왕도정치와 관련한 유교사상을 적극적으로 연구하고 제시한 때문이었다.

그러나 즉위 초의 상황은 그러한 인식이 곧바로 시행될 수 있을 만큼 안정되지 않았고, 그 이념적·제도적 장치의 미비와 그를 수행할 만한 행정력도 갖추지 못했다. 따라서 위와 같은 정령의 시행은 시기

---

8)『高麗史』卷2, 世家2 太祖 15年 5月 甲申.
9)『高麗史』卷2, 世家2 太祖 17年 5月 乙巳.
10) 이에 대해서는 본서 제1장 3절의 내용을 참조.

를 달리하면서 점차 정비되어 나갔다고 할 수 있다. 하지만 중농이념
의 내용을 무엇으로 할 것이며, 그 시행방향을 어떻게 정하여야 할 것
인가는 쉽게 접근하기가 어려웠다.[11] 따라서 중농이념의 정립과 그 이
념의 시행을 위해서는 '經典'과 '史書'에 대한 이해를 통하여 접근할
수밖에 없었다. 이런 점에서 고려는 통일신라기를 전후해서 형성된 대
당유학생층과 경전을 학습할 수 있었던 지식인층, 그리고 당송교체기
를 통해 고려로 유입되던 귀화인들의 도움을 받을 수 있었다. 農桑에
대한 국가적 차원의 인식 또한 이러한 흐름 속에서 체계화되어 나갔
다.[12]

그렇다면 당시의 농업현실을 감안하면서 이루어진 중농정책과 중
농이념은 어떻게 정리할 수 있을까. 고려 건국 후 유교적 중농이념에
대한 이해는 중농정책을 위해 절대적으로 요구되었다. 이는 개국 초의
사회혼란을 수습하는 동시에 농업 기반의 확보를 통한 정치질서 안정
을 도모하기 위한 것이었다. 다음의 기사를 보자.

---

11) 이러한 배경에는 역사적 경험이 부족하였던 것을 들 수 있는데, 신라의 경우
   몇 차례의 '觀稼'(『三國史記』卷3, 新羅本紀 3 炤知麻立干 18年 8月)라는
   행사와 勸課農桑 및 진휼 등을 통하여 農桑에 대한 이해를 도모하였던 적은
   있었지만 이것 역시 그 의미와 절차, 그리고 이의 항구적인 시행을 위한 常
   式을 정한 경우는 아니었기 때문이다.
12) 고려의 경우 經學의 연구는 대개 『詩』·『書』·『易』·『春秋』·『禮記』로 구
   성되는 五經 중심으로 이루어져 있었다. 이는 科擧나 經筵에서의 講經에서
   이들 경전이 주로 이용되고 있기 때문이다.(李範稷, 앞의 책, 20쪽) 따라서
   본서에서도 유교적 정치이념 및 중농이념과 관련한 내용이 제시되고 있는
   대표적 경전인 『書經』·『禮記』를 주 대상으로 분석하고자 하는 것이다. 당
   시 태조가 모델로 여겼던 군주상은 대체로 『書經』無逸·洪範·說命 등과
   漢의 文帝나 武帝, 唐 太宗 등이 아니었을까 한다. 바로 여기에서 天命과
   天時, 賢哲한 군주, 그리고 知稼穡之艱難을 강조한 측면이 많기 때문이다.
   이에 대해서는 후술하겠다.

90

임금이 臣民의 마음을 얻는 것은 심히 어렵다. 그 마음을 얻으려면
무엇보다 간하는 말을 따르고 참소하는 자를 멀리하여야 한다.……또
한 使民하는 데에는 맞는 때로써 하여야 하고 徭役과 賦稅를 가벼이
하며 농사짓는 어려움을 알면 자연히 백성의 마음을 얻어 國富民安하
게 되는 것이다.……어진 政事를 행하면 반드시 良民이 있게 되며 賞
罰이 적절하면 陰陽이 순조로워지는 것이다.13)

　이 자료는 太祖의 '訓要十條' 가운데 제7조에 해당한다. 후손에 대
한 훈계의 글이기 때문에 구체적인 내용의 제시보다는 유교정치사상
의 원론에 충실하면서 지켜야 할 바를 箴言 형태로 제시하고 있다. 이
를 감안하면서 본다면, 군주가 신민의 마음을 얻기 위한 노력은 곧 대
민안정책으로 나타나는데, 그 구체적인 방안으로 태조는 '使民以時'와
'輕徭薄賦', '知稼穡之艱難'14)의 내용을 제시하였던 것이다. 유교정치
사상에 입각한 對民·對農業政策에 있어 이것은 군주가 취하는 기본
적인 이해였다. 그 자신도 즉위 초에 詔書를 내려 境內에 3년의 田租
를 감면하고 農桑을 권장하며 더불어 백성을 휴식케 함15)으로써 개국
초의 민심을 안정시키는데 주력한 바 있었다.
　이상에서처럼 군주의 知稼穡之艱難과 使民以時에 대한 강조가 이
루어지고 있었다. 실제로 天時에 맞는 적절한 명은 天의 뜻을 헤아린
군주로부터 나오는 것이라는 인식이 있었다는 점을 고려할 때 군주가
어떠한 자세로 정치를 행할 것인가에 대한 문제의식 역시 당연히 제

13)『高麗史』卷2, 世家2 太祖 26年 4月.
14)『書經』周書 無逸편에 나오는 내용이기도 하다. 여기서 '使民以時'의 부분
　은 농업사회인 고려에서 매우 중요한 지적이라 할 수 있다. 즉 농상을 장려
　하기 위해서는 그에 따른 때로서 節候를 알아야 하는데 그 節候의 早晩을
　모른다면 농상은 황폐할 수밖에 없기 때문이다. 따라서 고려에서 초기부터
　『禮記』月令편을 주목한 것도 이러한 이유에서 나온 것이라고 할 수 있다.
15)『高麗史』卷79, 志33 食貨2 農桑.

시될 수 있는 것이었다. 訓要十條 가운데 마지막 조항에 이러한 이해
가 제시되고 있다. 즉,

　　열째, 국가를 다스리는 자는 근심이 없는 때에 경계하고 널리 經史
　를 보아 옛일을 거울삼아 오늘을 경계하여야 한다. 周公같은 大聖人
　도 無逸 1篇을 成王에게 바쳐 경계하였으니 마땅히 이것을 그림으로
　붙여놓고 들어오고 나갈 때에 보고 살피도록 하라.[16]

　이 내용은 군주의 修身이 얼마나 중요한 것인가를 인식한 위에서
나온 것이었다.[17] 無逸의 실천을 곧 『書經』의 堯 · 舜과 같은 성인군
주가 행했던 정치의 시작이라고 보고 있는 것이라고 하겠으며, 이것이
소위 王道政治의 시행이었다. 그 결과 『書經』周書 無逸편에서 소개
된 군주의 重農에 대한 이해가 나올 수 있었던 것이라고 생각된다.[18]
　이상과 같은 태조의 농업에 대한 인식의 기본 바탕은 결국 『書經』
을 익히는 가운데 형성되었다. 無逸에서 周公이 예를 들어 말하고 있
는 殷의 中宗이나 高宗, 周의 文王 등의 행적이 節儉과 愛民, 無逸,
知稼穡之艱難 등에 집중되고 있다는 점은 군주가 天命을 받아 천하
를 다스리는 道임을 밝히는 것이었다.[19] 태조는 이를 몸소 실천하여

────────────

16)『高麗史』卷2, 世家2 太祖 26年 4月.
17)『書經』洪範九疇 가운데 두 번째인 敬用五事(貌 · 言 · 視 · 聽 · 思)는 바로
　군주의 修身과 연결되는 것으로 그 수행 여부에 따라 咎徵과 休徵이 있게
　된다. 고려 전기에 『書經』이 중요시되고 있다는 점에서 태조 역시 이를 깊이
　유념하였으리라 생각된다.
18) 여기서 제시된 것이 군주는 모름지기 "先知稼穡之艱難 乃逸 則知小人之依"
　할 것과 "則康功田功 徽柔懿恭 懷保小民 惠鮮鰥寡" 해야 한다는 것이었다.
19)『書經』周書 無逸, "周公曰 嗚呼 我聞曰 昔在殷王中宗 嚴恭寅畏 天命自度
　治民祗懼 不敢荒寧 肆中宗之享國 七十有五年 其在高宗時 舊勞于外 爰暨
　小人 作其卽位 乃或亮陰 三年不言 其惟不言 言乃雍 不敢荒寧 嘉靖殷邦
　至于小大 無時或怨 肆高宗之享國 五十有九年 其在祖甲 不義惟王 舊爲小

92

모범을 보였고, 후대 군주에게도 따를 것을 남겼던 것이라 하겠다.[20]

無逸편에 나타난 重農을 정리한다면 天命을 스스로 헤아리면서 백성을 다스림에 항상 신중히 하며 농사짓는 어려움을 몸소 느껴 治民의 바탕으로 삼아야 한다는 것이다. 즉 중농이념의 바탕을, 군주 스스로 먼저 농사의 어려움을 알아 백성들의 桎梏을 헤아리고 '使民以時'와 '輕徭薄賦'로써 농상을 권장해야 한다는 이해에 두고 있었다고 하겠으며, 그러한 治道의 원리를 『書經』에서 찾고 있었던 것이다.

태조의 중농에 대한 이해 가운데 '以時'라는 부분은 매우 함축된 의미를 갖는다. 이는 앞서도 잠깐 언급하였듯이 天時라고 하는 계절적 순환의 시기와 그러한 시기가 인간사회, 특히 농업에 어떻게 작용하는가를 고민하면서 四時의 각각에 있어서 어떠한 政令을 펴야 하는가 하는 時令에 대한 이해라고도 할 수 있다. 天−君主−農業이라는 구조에서 時令의 역할은 결국 農桑의 권장을 통한 농업생산의 증대에 있었다. 반대로 이러한 때에 맞는 時令이 이루어지지 않고 군주의 稼穡之艱難이라는 인식이 이해되지 않았을 때에 바로 天譴이 나타나는 것이라고 이해하였다.

고려의 重農理念에 대한 이해는 태조대 당대에 모두 이루어진 것은 아니었다. 이는 신라 이래의 군주가 修身과 修德을 해나가면서 정립하고 실시한 이념적 토대로 보아야 하기 때문이다. 비록 災異의 해

人 作其卽位 爰知小人之依 能保蕙于庶民 不敢侮鰥寡 肆祖甲之享國 三十有三年 自時厥後立王 生則逸 生則逸 不知稼穡之艱難 不聞小人之勞 惟耽樂之從 自時厥後 亦罔或克壽 或十年 或七八年 或五六年 或四三年……文王 卑服卽康功田功 徽柔懿恭 懷保小民 惠鮮鰥寡 自朝至于日中昃 不遑暇食 用咸和萬民".

20) 예컨대 다음의 기사는 이를 보여준다. "命直史館洪瀧, 書無逸篇于會慶殿屛風"(『高麗史』卷12, 世家12 肅宗 8年 3月 己丑) ; "命平章事奇洪壽, 改寫大觀殿無逸篇"(『高麗史』卷21, 世家21 神宗 2年 5月 戊戌).

소라는 목적에서 나온 것이기는 하나 光宗 원년의 기사는 이러한 배
경에서 비롯된 것이었다.

　큰 바람으로 나무가 뽑혀 나가자 왕이 재해를 물리칠 방법을 물으
니, 司天이 아뢰어 말하길, "덕을 닦는 것 만한 것이 없습니다."라고
하였다. 이로부터 항상 『貞觀政要』를 읽었다.[21]

　이 내용을 보면 天文을 담당하던 司天이 '大風拔木'이라는 災異에
대해 '修德'만한 것이 없다고 하였고, 광종은 당 태종의 정치적 업적
이 담긴 『貞觀政要』를 읽음으로써 修德의 구체적 수단으로 삼으려고
하였음을 알 수 있다. 司天이 누구인지는 알 수 없으나 재이를 물리치
기 위해 수덕을 제시한 것은 적어도 그가 유교경전에 대한 지식이 상
당하였음을 알게 해 주는 대목이다.
　당시 정치상황은 여기서 언급된 修德의 필요성이 강하게 요구된 때
였다. 즉, 고려 초기에는 왕권이 안정되지 못한 가운데 외척과 호족세
력들의 대립과 경쟁이 첨예하여 국왕이 중심적인 역할을 하기 어려웠
다. 광종은 외척과 호족세력의 제거 및 흡수, 그리고 왕실의 정비 등
건국 초기의 혼란요인을 일차적으로 정비하려고 하였다. '大風拔木'
의 재해는 이를 상징적으로 보여주는 것이다. 따라서 그 해결방안으로
『정관정요』에 주목하였던 것이다.
　왕권강화 이후 광종의 정책은 務農의 인식을 도모하는 방향으로 추
진되었고, 그 기초는 국왕이 修德을 함으로써 하늘과 백성이 모두 화
합하게 된다는 德治와 災異의 상관관계를 밝히는 것으로 연결되었다.
그런 점에서 『정관정요』는 왕의 수덕과 왕도정치의 지침서로서 많은
영향을 주었으며, 그 중 務農편에 나타난 농본사상은 군주가 기본적

21) 『高麗史』 卷2, 世家2 光宗 元年 春正月.

으로 품고 행해야 할 입장을 정리하고 있어 더욱 주목되었던 것이다. 『정관정요』의 내용이 이후 광종대에 어떻게 적용되었는가는 그 구체적인 기록을 찾아볼 수 없지만 '評農書史'[22]와 '司農卿'[23]의 직책 및 '陳田墾耕人'에 대한 보상[24] 등의 내용은 그 영향에서 비롯된 것임을 보여준다.

務農에 대한 이해와 함께 이를 제도적으로 반영하려는 시도는 성종대에 보다 본격적으로 이루어졌다. 성종은 儒學의 중흥을 위해 즉위 초부터 많은 노력을 기울였다. 성종은 즉위 후 최승로가 올린 시무책을 받아들이면서 유교정치사상의 토대 위에 文物 典章의 제도를 갖추기 시작하였다. 시무책 가운데서 최승로는 다른 무엇보다도 백성의 마음을 얻는 것이 여러 가지 기도와 제사를 올리는 것보다 중요하다고 지적한 바 있다. 시무 28조 가운데 21조에 해당하는 다음의 내용을 보자.

제사의 비용은 백성의 고혈과 그들의 力役에서 나오는 것이니, 어리석은 신이 생각하건대 만일 백성의 힘을 쉬게 해서 환심을 얻는다면 그 복이 반드시 기원한 복보다 많을 것입니다. 원하건대 성상께서는 別例의 祈祭를 중지하고 늘 몸을 공손히 하고 스스로를 책망하는 마음을 보존하여 上天에 이르게 하시면 재해가 저절로 물러가고 福祿이 자연히 올 것입니다.[25]

이 같은 내용을 골자로 하는 최승로의 시무 28조가 성종에게 수용된 것은 주지하는 바와 같다. 성종은 儒學의 중흥을 위해 즉위 초부터

---

22) 『高麗史』 卷2, 世家2 光宗 11年 3月.
23) 『高麗史』 卷2, 世家2 光宗 23年.
24) 『高麗史』 卷78, 志32 食貨 租税, 光宗 24年 12月.
25) 『高麗史』 卷93, 列傳6 諸臣 崔承老.

많은 노력을 기울였다. 또한 유학 및 典章制度와 관련된 서적의 수집
과 편찬 및 경전에 대한 연구를 위해 국가적 지원을 아끼지 않았다.
성종 및 최승로·李陽 등을 중심으로 하는 유자층은 성종대 '儒教典
章制度'의 확립과 발전에 많은 기여를 하였다. 그러한 성종의 노력은
다음의 기사에서 잘 나타난다.

  과인이 왕위를 이은 뒤부터 유학을 숭상하여 지난날의 보수사업을
계속하고 당대에 보충하던 일을 계승하여 왔으므로, 沈隱士의 2만여
권은 麟臺에 필사되어 있고, 張司空의 30수레 서책은 虎觀에 보관되
어 있다. 그리고 다시 四部의 典籍을 수집하여 兩京의 장서를 풍부히
하려고 한다.26)

  이 사료는 비록 성종 9년에 내려진 교서이긴 하지만 즉위 초부터
이루어진 경전의 편찬과 관련한 일련의 내용을 포괄하고 있다. 이와
같은 典章制度와 유교경전에 대한 연구를 통해 성종 2년 정월 圓丘에
서 祈穀을 하고, 籍田을 친히 갈고 神農에 제사하는데 后稷을 配하였
던 것이다.27) 이것은 덕을 닦을 뿐만 아니라 '知稼穡之艱難'을 실천하
려는 내용을 보여주고 있다. 성종은 중농과 관련하여 勸農에 대한 방
법을 밝히고 있는데, 다음의 사료는 그 내용을 보여준다.

  나라는 백성을 근본으로 삼고, 백성은 食을 하늘로 여긴다. 만약 만
백성의 마음을 헤아리고자 한다면, 오직 三農의 힘씀을 빼앗지 않는
것에 있을 것이다. 아아, 너희들 十二牧 諸州鎭使는 지금부터 가을에
이르기까지 모두 雜務를 마땅히 停罷하고 오로지 農桑을 권하는데
힘써야 할 것이다. 장차 사신들을 보내어 田野의 황폐함과 개간, 목사

26)『高麗史』卷3, 世家3 成宗 9年.
27)『高麗史』卷3, 世家3 成宗 2年 春正月 辛未·乙亥.

나 수령들의 근면함과 태만함을 檢驗하여 褒貶하도록 하겠다.[28]

이 내용은 '國以民爲本 民以食爲天'을 바탕으로 봄에는 파종하고 여름에는 김을 매며 가을에는 수확하는 '三農之務'를 빼앗지 말고, 지방관으로 하여금 '專事勸農'을 하여 田野를 개간할 것을 제시한 것이다. 그런데 이와 같은 내용은 唐 太宗이 『貞觀政要』務農편에서 侍臣에게 강조하던 부분과 비슷한 것이었다.[29] 당 태종은 國本은 民이며 民本은 食이자 곧 農桑이라는 인식을 토대로 친히 백성들의 고통을 느끼고 그 農時를 잃지 않게 하기 위해 노력한 바 있다. 성종 또한 중농에 대해서는 당 태종과 같은 이해선상에 있음을 알 수 있다. 이러한 務農편의 내용은 농업을 가장 중요한 생산기반으로 삼고 있는 국가에서 취하여야 할 것으로 유교경전에서는 모두 거론하고 있는 것이기도 하다. 그리고 이는 군주의 중농이념과 권농정책에 있어 하나의 모범이 되기도 하였다.

광종과 성종대의 경우 國本은 곧 민이며 民本은 衣食에 있다는 이해는 군주의 治道가 어디에 있는가를 잘 보여준 것이었다. 이는 곧 『정관정요』라는 당 태종의 어록 및 儒家의 정치이념 중 민본사상을 받아들인 것으로 역사 속에서 군주권의 강화와 관련되었다.

이를 좀더 확대시켜 富國强兵의 방법으로 전개하려는 시도가 顯宗代에 이루어졌다. 현종 3년에 "食을 우선으로 삼는다"[30]는 '農用八政'

<hr/>

28) 『高麗史』 卷79, 志33 食貨 農桑, 成宗 5年 5月.
29) 『貞觀政要』 卷8, 務農 貞觀 2年, "太宗謂侍臣曰 凡事 皆須務本 國以人爲本 人以衣食爲本 凡營衣食以不失時爲本 夫不失時者 在人君簡靜 乃可致耳".
30) 『高麗史』 卷79, 志33 食貨2 農桑, 顯宗 3年 3月. 여기서의 八政은 8가지 일을 맡은 관리를 말한다. 즉, "三 八政, 一曰食 二曰貨 三曰祀 四曰司空 五曰司徒 六曰司寇 七曰賓 八曰師"(『書經』 洪範)이다. 특히 '食'에 대한 해석에 있어 漢代의 蔡邕은 "王政以食爲先 足食之道 惟在不違農時 是也"라고

의 내용이 그것이다. 여기서의 '食'은 식생활이 아닌 衣食으로서의 農桑에 비유한 것으로 생각된다. 즉 食의 문제를 농업정책의 기본대상으로 農桑의 권장을 어떻게 해야 하는가 라는 정책의 문제로 구체화시켰던 것이다. 그 표현이 곧, "農桑衣食之本 王政所先"[31]이었다.

고려 초에 성립되는 중농이념을 다시 정리한다면, 國家는 民을 근본으로 하며 民은 食을, 食은 農桑을 통하여 이루어지는 것으로 王政에서 우선 행해야 한다는 이해였다. 따라서 지배층의 도덕적 반성 및 실천이라는 면과 자영농민층의 육성이 바로 유교적 중농이념이 지향하는 목표였다 하겠다.

이상에서 고려 초에 정립되었던 重農 혹은 務農의 근거는『書經』洪範・無逸편의 경전과『漢書』에서 文帝의 重農 기사,『貞觀政要』등이 이용되었고, 태조의 유훈 이래로 그 인식과 행용이 나타나고 있음을 확인하였다. 이는 농업을 생산기반이자 국가재정의 근간으로 삼은 국가체제에서 농업에 대한 이해가 곧 국가의 성쇠 혹은 왕도정치의 실현과 직접적으로 연관되고 있음을 이해한 데서 나온 것이었다. 중농이념이 확립됨으로서 고려왕조에서는 그 시행을 위한 제도적인 기틀을 마련함과 동시에 다양한 정책을 제시해 나갔다.

2) 천인감응적 농업관과 農事曆

'知稼穡之艱難' 및 군주의 無逸 등에 기초한 중농이념의 정립과 그에 따른 농업정책이 주로 三農之務와 같은 農時의 보장과 요역 및 田稅의 경감 등의 조치에 집중되어 있음을 위에서 살펴보았다. 이를 토대로 고려왕조에서 天時 혹은 農時에 대하여 어떠한 인식을 하였는가

注를 달아 農時에 대한 중요성을 강조하기도 하였다.
31)『高麗史』卷79, 志33 食貨 農桑.

를 살펴보자.

災異에 대한 정치적 해석은, '天地'가 갖는 陰陽과 인간사회가 갖고 있는 음양의 기운이 서로 응하여 작용함으로써 특히 군주의 善政과 敎化 여부에 따라 때로는 災異가, 때로는 瑞祥이 생길 수 있다는 災異·祥瑞의 天人感應說[32]로 발전하기도 하였다. 漢代에 戰國末期의 陰陽說과 時令說 등을 계승하면서 經傳에 대한 해석을 새롭게 하는 경향이 나타났으며, 이것이 王道政治思想을 이루는 天人感應說로 제시된 것이다.[33] 『書經』의 堯典이나 洪範, 『春秋』·『周易』 등에 대한 해석이 가해지면서 이러한 경향이 심화되었다.[34]

陰陽五行思想에 따른 자연계의 해석이나 정치사상으로 전개되는 것은 孔子나 孟子, 荀子 등의 경학에서가 아니었다. 鄒衍 이후 시작되어 漢代의 董仲舒가 『春秋公羊傳』을 연구하면서 陰陽思想을 적용

---

32) 이 天人感應說은 天人相應 혹은 天人相關, 天人合一 등의 용어로 표현되기도 한다. 이 天人感應論에 기초한 災異說에 대해 비판적 입장을 가졌던 王充의 『論衡』의 견해에 공감하면서 연구를 진행한 논고가 있어 주목된다. 즉 王充이 가한 董仲舒 등에 의한 天人感應論에 대한 비판을, '上古天權思想' 및 이에 따른 天人感應·災異譴告에 대한 비판이라는 이해(蕭公權, 1954, 『中國政治思想史』, 中華文化出版事業委員會(대만 : 臺北)), 또 董仲舒에 의해 理論化된 이래 漢儒에 의해 一般常識化된 災異說에 대한 批判이라는 이해(佐藤匡玄, 1981, 『論衡の硏究』, 創文社(日本 : 東京), 當代 白虎通義的 世界觀의 天人感應迷信에 대한 批判이라는 해석(侯外廬·趙紀彬·杜國庠·邱漢生, 1957, 『中國思想通史』, 人民出版社(중국 : 北京))으로 연구 성과를 정리하면서 '自然無爲'를 통해 天人相應이 아닌 '天人分離'의 논리를 세웠음을 주목하였다.(李明和, 1988, 「王充의 '災異說'批判」, 『梨大史苑』 22·23 合)

33) 漢代의 思想史 연구 성과의 정리로는 日原利國, 1984, 「漢代思想はいかに硏究されてきたか」, 『中國思想史硏究』 7, 京都大學中國哲學史硏究室(日本 : 京都)를 참조.

34) 津田左右吉, 1965, 「前漢の儒敎と陰陽說」, 『儒敎の硏究』 二, 岩波書店 참조.

하였고,[35] 劉向은 『春秋穀梁傳』에 대해 해석을 하면서 禍福을 헤아리기도 하였으며, 이후 劉向·劉歆 부자에 의해 陰陽五行思想이 완성되었다. 『漢書』 五行志에 기록되고 있는 내용은 대체로 劉向의 五行傳에 의한 것이었다.[36]

董仲舒는 앞서도 잠깐 언급했듯이 음양오행사상을 『春秋』에 적용하면서 國家와 君主, 그리고 天의 관계에 대한 중요한 정치운영원리를 구체화시켰다. 이것이 바로 天人感應·天人合一說이다.[37] 음양오행설에 따른 자연현상의 정치적 해석에 따라 災異 등의 자연현상은 자연 그 자체로서가 아니라 主宰的 意志的 天에 의한 譴告와 怪異로

---

35) 董仲舒의 思想에 대해서는 다음의 연구를 참고하였다. 李熙德, 2000, 「董仲舒의 災異說과 高麗時代의 政治」, 앞의 책 ; 李基東, 1992, 「董仲舒思想의 體系的 理解」, 『儒敎思想研究』 4·5 ; 金槿, 1985, 「漢代經學이 中國傳統思想의 形成에 미친 影響(Ⅰ)—今文經學의 成立과 發展을 中心으로—」, 『中國學誌』 3, 계명대 중국학연구소 ; 重澤俊郎, 1998, 「董仲舒研究」, 『周漢思想研究』, 弘文堂書房(日本 : 東京).

36) 이에 대해서는 梁啓超·馮友蘭 外, 김홍경 편역, 1993, 『음양오행설의 연구』, 신지서원 참조. 같은 책에서 徐復觀 역시 『漢書』의 오행지에 나오는 五行傳은 伏生의 것이 아니라 그의 문도들에게서 나온 것이라고 보고 있다. 이에 대한 근거로서 첫째 鄭玄이 『尚書大傳』을 주해하면서 복생의 제자들이 각각 들은 바를 논하여 章句를 만들었고, 劉向이 교서할 때 41편을 만들었으며, 정현이 83편으로 만들었다고 하여 끊임없는 첨삭이 있었음을 지적하였다. 두 번째는 『漢書』 五行志序에서 『尚書』 及 『洪範五行傳』이라 하여 분리하여 보고 있으며, 복생에 대한 언급이 없다는 점, 세 번째는 명나라 때 소실된 『尚書大傳』을 편집한 陳壽祺의 정본은 『呂氏春秋』나 추연계통의 오행사상과 연관시켜볼 때 전후가 맞지 않는다고 하였다.(徐復觀, 「음양오행설과 관련 문헌의 연구」, 같은 책)

37) 『春秋繁露』 第30, 必仁且智, "天地之物有不常之變者 謂之異 小者謂之災 災常先至而異乃隨之 災者 天之譴也 異者 天之威也 譴之而不知 乃畏之以威 詩云 畏天之威 殆此謂也 凡災異之本 盡生於國家之失 國家之失乃始萌芽 而天出災害以譴告之 譴告之而不知變 乃見怪異以驚駭之 驚駭之尙不知畏恐 其殃咎乃至 以此見天意之仁而不欲陷人也".

100

서 나타나는 필연적인 것으로 해석하고 있는 것을 볼 수 있다. 이는
곧 天心이 人君을 仁愛하고 있음을 보여주는 것이며, 또한 天은 인군
에 대하여 大無道가 아닌 한 譴告와 災異를 내려 깨닫고 고치도록 한
다는 것이다.38) 따라서 군주와 지배층은 天心의 표현인 天時를 이해
하고 그 뜻을 헤아려 令을 세워 행하여야 했다.

고려왕조에서 이해한 天人感應論도 이와 마찬가지였다. 洪範九疇
가운데 세 번째인 農用八政 중 첫 번째는 '食'으로 군주가 天時를 올
바로 보고 명을 따르는 가운데 이루어지는 것이었다. 그렇기 때문에
군주는 政本 가운데서도 農本을 실현하기 위해 天時의 해석과 그에
맞는 정치적 능력을 보여주어야 했다.

물론 이러한 이해가 이 이후의 시기에서도 지속적으로 나타나고 있
음을 볼 수 있지만, 災異를 막고 또 그 時候의 조절을 가능케 하는 체
계적 政令 혹은 時令의 마련이 고려 초기에 제시되고 있다는 점은 농
업생산과 관련하여 주목할 부분이다.

고려 초기 중농이념의 요체는 군주는 민의 衣食을 먼저 풍족하게
한 연후에 그 교화를 펼칠 수 있다는 儒家의 논리39)를 받아들였던 것
이고 이는 국가구성원의 대부분이 농민이기 때문이었다. 그 근본이념
은 이미 다음의 儒家의 經典에서 모두 다뤄지고 있었다.40) 『書經』의

---

38) 『漢書』卷56, 董仲舒, "國家將有失道之敗 而天乃先出災害以譴告之 不知自
省 又出怪異以警懼之 尙不知變 而傷敗乃至 以此見天心之仁愛人君 而欲
止其亂也".
39) 『管子』牧民, "凡有地牧民者 務在四時 守在倉廩 多財則遠者來地 辟舉則
民留處 倉廩實則知禮節 衣食足則知榮辱".
40) 종래의 연구에서는 『周禮』와 『禮記』月令의 경우 의례적인 측면으로 주목
하였고, 『詩經』·『書經』·『周易』의 경우에는 농업과 관련해서는 거의 언급
하지 않았다. 이것은 대개 경학의 연구차원과 유교정치이념의 성립에 끼친
영향을 살펴보고 있는 것에 불과하다. 그러나 경전이 갖는 의미가 단순히 의
례적이거나 경학차원에만 있는 것이 아니라, 농업정책 속에서 이념적 지주

洪範·無逸·大禹謨·虞書[41]와 『周禮』, 『詩經』의 雲漢·七月篇,[42] 『禮記』의 月令, 그리고 『周易』 등은 그 경서적인 의미에서 뿐만 아니라 農桑의 장려를 실어 군주로 하여금 그 내용을 알게 하고, 災異의 해소를 위한 修德의 내용을 기록하고 있었다. 고려시대 군주의 講經이 본격화되기 시작한 예종 및 인종대에 가뭄 등의 재해와 관련하여 앞서 언급한 農政관련 내용이 담긴 경전이 불경과 함께 이용되기도 한 것은 경전의 내용과 무관하지 않았다.[43]

이들 경전 중에서 天時의 길흉화복의 문제를 時令의 마련과 시행으로 예방할 수 있다는 이해를 보여주는 『禮記』月令편은 매우 주목할 만한 내용을 담고 있었다.[44] 政令을 내어 天人관계를 조절하는 역

가 되고 있었음과 경전을 중심으로 한 유교문화 속에 나타난 농업기술에 대한 해석, 이용 그리고 영향에 대하여 주목할 필요가 있다고 여겨진다.

41) 이 중 大禹謨에는 성인의 나라를 생각하는 마음과 백성을 보살피는 정성이 기록되고 있으며, 虞書에는 天命을 받들어[勅天之命] 어느 때건 일에 힘쓰며 미리 살펴야 한다[惟時惟幾]는 내용이 담겨 있다.

42) 雲漢은 『詩經』 大雅의 편명인데, "旱旣大甚 則不可推 兢兢業業 如霆如雷 周餘黎民 靡有子遺 昊天上帝 則不我遺 胡不相畏 先祖于推"라 한 것과 같이 가뭄이 매우 심하자 군주가 그 원인이 자신의 박덕에 있음을 밝히면서 천지신명에게 祈雨를 비는 것을 내용으로 하고 있다. 七月은 『詩經』 豳風의 편명인데, "六月食鬱及薁 七月亨葵及菽 八月剝棗 十月穫稻 爲此春酒 以介眉壽 七月食瓜 八月斷壺 九月叔苴 采荼薪樗 食我農夫 九月築場圃 十月納禾稼 黍稷重穋 禾麻菽麥 嗟我農夫 我稼旣同 上入執宮功 晝爾于茅 宵爾索綯 亟其乘屋 其始播百穀"이라 하고 있듯이 매달의 농사일을 읊은 農事月令의 성격을 띠고 있다.

43) 예종대의 경우 『尙書』太甲·說命, 『周書』無逸·洪範, 『禮記』月令, 『詩經』泮水·雲漢, 『周易』乾卦 등이 강경되었고, 인종대에는 좀더 다양해져 『尙書』說命, 『周書』洪範·無逸·周官, 『周易』乾卦·泰卦, 『禮記』月令, 『詩經』七月, 『中庸』, 『唐鑑』, 『司馬光遺表』 등을 강경하였다.

44) 『예기』 월령편에 대한 수용에 대해, 이희덕은 자연의 이변에 대한 해석과 그 대응이라는 자연관 속에서 이루어진 것으로 보고 있으며(이희덕, 1984, 『高麗儒敎政治思想의 硏究』, 55~60쪽), 이러한 자연의 흐름이라는 天時에 순

할을 맡은 군주는 이에 유의할 수밖에 없었다. 그동안 유교사상이 전해진 삼국시대 이래로『禮記』는 의례의 측면에서 많이 주목되었지만 月令에 대해서는 별다른 접근을 보지 못하였다. 그것은 陰陽五行說이나 天人合一說에 대한 이해와 함께 天時와 산업생산에 대한 치자층의 이해가 전제되기 때문이었다. 고려시기에 들어오면서 월령은 군주와 유자층에 의해 꾸준히 인식되고 연구되었다. 그 기초는 역시 폭넓은 유자층의 존재, 군주의 적극적 노력에 의해 유교경전에 대한 이해가 심화된 데서 힘입은 것이었다.

『禮記』月令편이 갖는 농업사적인 가치는 직접적으로는 農事曆을 제공하고 있다는 점과 농업에 대한 기본적인 인식기준으로서 '勿奪農時'라는 治者 중심의 권농정책의 방향 제시에도 있다.[45] 태조의 重農이 天時와 대민정책의 조화라는 측면에 있었다고 본다면 월령의 가치는 더욱 주목될 수밖에 없었다. 그것은 바로 전근대 농업중심 사회에서 그 사회운영의 기본이 농업이며, 농업생산력의 향상이 곧 국가재정의 확보와 사회안정에 기여한다는 儒家의 통치를 합리화하기 위한 논리 때문이라고 할 수 있다.

崔承老는 시무 28조에서 군주가 政事와 功德을 쌓는 데에는 天時

응하여 만들어진 것이 政令과 時令이라 보았다. 그러나 이러한 자연관과 함께 農時에 대한 보장과 안정을 배려하고 있는 농업사적 가치에 대한 주목은 이루어지지 않았다. 또한 月令思想의 도입과 그 적용이라는 측면에 대한 연구로는 한정수, 2002,「高麗時代『禮記』月令思想의 도입」,『史學硏究』66 참조.

45) 통치자를 위한 월령의 내용은 漢代에 이르러 그 내용과 대상에 있어 큰 변화를 겪게 된다. 즉 地主 내지는 직접생산자를 위해 각 시기마다의 농업기술과 농사내용을 기재하고 있는 것이다. 그 결과 月令의 체제를 갖춘 농서들이 점차 많이 나오게 되는데, 고려시기까지 나온 책으로는 崔寔의『四民月令』,『蔡邕月令』, 韓鄂의『四時纂要』, 元司農司撰『農桑輯要』歲用雜事篇,『農桑衣食撮要』,『王禎農書』의 授時圖 등이 있다.

에 순응하고 그 때에 맞춰 時令을 행해야 한다고 지적하였다. 여름의
講會와 先王·先后의 忌齋 외에 기타의 제사 등을 감하는데『예기』
월령편의 時令에 따를 것을 주장하였다. 또한 1년의 12월을 반으로 나
누고 2월부터 4월까지와 8월부터 10월까지는 정사와 공덕을 반반씩
행하고, 5월부터 7월까지와 11월부터 정월까지는 공덕을 除하고 정사
를 닦을 것을 강조하였던 것이다.[46] 결국 이 봉사의 내용은 天時와 政
令의 상관관계에 대한 이해를 보여준 것이었다. 여기서의 時令은 앞
서 서술한 1년의 12개월 중에 행해야 할 政事와 의식의 순서였다.

성종은 왕조의 안정이 이루어짐에 따라 보다 항상적인 제도의 시행
에 관심을 가지게 되었고, 이에 따라 儀禮의 의의와 禮次 등에 대한
설명을 상세히 논한『예기』에 주목하였다. 그 가운데 국가의 기간산업
으로서의 농업에 대한 이해와 治者의 입장에서 時令의 시행이라는 내
용을 담고 있는 月令편은 성종의 생각에 매우 적합한 것이었으며, 이
의 의례적 제도적 뒷받침은 최승로 등의 儒臣의 연구에 의해 이루어
졌다. 이러한 입장이 성종 원년에 정리됨으로써 의례적 이해가 이루어
진 것이다. 이것은 태조의 '使民以時'와 '知稼穡之艱難'이라는 농정과
관련한 유훈을 구체적으로 뒷받침하는 農耕儀禮가 마련되는 토대가
되기도 하였다.[47]

左補闕兼知起居注 李陽은 성종 7년 2월 壬子日에 天道와 人時를
해석하면서 時令에 맞는 정책에 대한 封事 3條를 올려 유교경전에 입
각한 政事를 펼 것을 주장하였다.[48] 다음을 보자.

46)『高麗史』卷93, 列傳6 崔承老.
47) 李基白 외, 1993,『崔承老 上書文研究』, 一潮閣.
48) 이양의 상서문에 대한 연구로는 다음을 참고할 수 있다. 李熙德, 1984,「高麗
初期의 天文·五行說」,『高麗儒教政治思想의 研究』, 55~60쪽 ; 吳瑛燮,
1993,「崔承老 上書文의 思想的 基盤과 歷史的 意義」,『泰東古典研究』10.

　　첫째로, 옛날 명철한 임금은 天道를 奉崇하여 삼가 人時를 敬授하였습니다. 그러한 까닭에 임금은 농사를 짓는 어려움을 알고, 백성은 農桑의 早晩을 알아서 가가호호 자급하고 사람마다 풍족하였으며, 해마다 풍년이 들어 곡식이 잘 익었던 것입니다.[49]

　이는 天道와 人時 그리고 군주와 민의 상관관계에 대한 설명이기도 하다. 곧 天道와 人時에 대해 군주는 奉崇・敬授하고, 농상으로 대표되는 人事에 그 힘을 다하여야 한다고 보고 있는 것이다.

　李陽의 封事에 앞서 성종 6년 정월에 2월부터 10월까지는 만물이 생장하는 시기이므로 산과 들에 불지르는 것을 금한다는 敎書[50]를 내린 바가 있었다. 이처럼 월령에 따른 時令의 적용에 관심을 가지면서 다시 이를 전국적으로 시행하여 生氣와 農事에 거슬리지 않도록 할 것을 지적하였던 것이다.

　이양과 성종이 이해한 月令은 앞서 지적한 바처럼 만물의 생기를 상하게 하지 않아야 한다는 인식과 함께 농사에 있어서 가장 중요한 과정의 하나인 파종의 때를 지켜야 한다는 이해에서 나왔다. 이는 四時 가운데 春을 중요하게 여긴 것으로서 農桑과 관련한 교지가 이때에 집중되었음을 보더라도 알 수 있다. 예컨대 맹춘지령의 시행이 성종 이후 조선시대에 이르기까지 군주의 교지에 자주 등장하고 있었던 점에서 그 중요성을 알 수 있다. 숙종 6년 4월 갑인일에 내려진 詔書[51]에 보이는 내용은 비록 가뭄에 대한 조치이긴 하나, 그 내용상 春令이 모두 포함되어 있다는 점, 예종 2년 3월 정해일에 내린 詔書,[52] 조선 태조 7년 4월 신축일 가뭄에 대한 조치[53] 등은 孟春의 時令에

---

49)『高麗史』卷3, 世家3 成宗 7年 2月 壬子.
50)『高麗史節要』成宗 6年 正月.
51)『高麗史』卷11, 世家11 肅宗 6年 4月 甲寅.
52)『高麗史』卷12, 世家12 睿宗 2年 3月 丁亥.

대해 군주 및 정부가 그만큼 관심을 기울였음을 보여주는 것이다.

『禮記』 월령편에는 天時에 순응하는 時令이 아닌 逆令을 행함으로써 나타나는 咎徵과 관련한 기록이 있다. 예를 들면, 孟春에 夏令을 행하면 '雨水不時 草木蚤落 國時有恐'하게 된다는 것 등이다. 각각의 월령에 따른 政事의 시행이 이루어지지 않은 것에 따른 咎徵 현상은 곧 때에 맞는 정령이 시행되지 않은 데서 비롯하였다는 인식이 바로 逆令이었던 것이다.

다음의 조치들은 이러한 이해 속에서 나왔다. 성종 7년 2월 임자일에 있은 李陽의 封事에 대해 성종이 四時 가운데 春令의 시행을 통해 봄의 生氣를 상하지 않도록 조치한 것,54) 현종이 즉위했을 때 월령에 따라 刑政을 시행하여 형벌의 적용 시기를 맞게 하여야 한다는 劉瑨의 건의,55) 현종 9년 2월 을해에 『禮記』 월령에 따라 季春에 囹圄를 살피고 桎梏을 풀도록 하라는 현종의 조치,56) 현종 16년 음양의 조화를 위해 각기 마음을 다해 月令을 지키도록 하라는 현종의 敎書,57) 문종 2년 3월 大雲寺·大安寺의 건립에 따른 토목역사를 농한기로 미루자는 어사대의 上奏58) 등이 그것이다. 이들 기사에서 계절과 월에 맞는 정령을 폄으로써 재이의 방지 및 대책을 찾고 있음을 볼 수 있는 것이다. 또한 숙종 6년 4월 甲寅에 오랫동안 가뭄이 계속되자 有司로 하여금 "其布德惠 禁非法 平訊具獄 掩骼埋胔 𠴳荅天譴"케 하라는 조치,59) 예종 2년 3월 丁亥의 조서에서는 만물이 소생할 때 '不麛不

53) 『太祖實錄』 卷13, 太祖 7年 4月 辛丑.
54) 『高麗史』 卷3, 世家3 成宗 7年 春2月 壬子.
55) 『高麗史』 卷94, 列傳7 劉瑨.
56) 『高麗史』 卷4, 世家4 顯宗 9年 2月 乙亥.
57) 『高麗史』 卷5, 世家5 顯宗 16年 6月 己未.
58) 『高麗史』 卷7, 世家7 文宗 2年 3月 庚子.
59) 『高麗史』 卷11, 世家11 肅宗 6年 4月 甲寅.

106

卵'을 지키도록 한 내용도 和氣의 손상으로 생긴 가뭄에 대한 조치였던 것이다. 의종 22년 3월 戊子에 서경 觀風殿에서 내린 교서 가운데 "一 奉順陰陽 近來發號施令 反乖陰陽 以是寒燠失序 民物不安 自今以後 賞以春夏 刑以秋冬 凡所行事 一依月令"60)이라 한 데서도 월령에 대한 인식이 지속되고 있음을 살펴볼 수 있다.

월령적인 인식과 함께 주목될 수 있는 것은 四時月令에 따른 年中行事의 기록형태이다. 敬授人時에는 曆과 君主의 政令이 함께 이루어져야 한다는 이해가 담겨져 있다.61) 農桑에 있어서 정확한 月日과 節氣에 대한 정보는 매우 중요한 기준이 되는 것이라고 한다면 曆의 이해와 편찬은 당연히 무엇보다도 우선되는 사항이라고 하겠다.62) 李陽이 성종에게 올린 봉사문 중 天道를 받들고 삼가 人時를 경수하였다는 것은 삼가 天命과 天道에 따른 天時의 움직임을 살펴 이를 해석하고 天時에 맞는 政令을 펴도록 해야 한다는 의미를 갖고 있다. 따라서 군주가 천하를 다스림에 있어 曆의 반포는 계절의 순환과 農事의 내용 등을 백성들에게 알려주는 것이기 때문에 더욱 관심을 가질 수밖에 없었다.

60) 『高麗史』卷18, 世家18 毅宗 22年 3月 戊子.
61) 『書經』虞書 堯典, "乃命羲和 欽若昊天 曆象日月星辰 敬授人時". 충렬왕 7년(1281) 元 世祖가 許衡, 郭守敬이 만든 『授時曆』을 보내오면서 내린 詔에, "自古로 나라를 두고 백성들을 다스리는 임금은 반드시 하늘을 공경하고 天時를 알려줌으로써 이치를 세우는 근본으로 삼는 것인 바 皇帝와 堯·舜으로부터 3代에 이르기까지 다 그러하지 아니함이 없었다."라고 하였는데, 본문과 관련하여 참고된다.(『高麗史』卷29, 世家29 忠烈王 7年 正月 戊戌)
62) 고려시대의 曆에 대한 이해와 曆書의 편찬에 대해서는 다음의 연구를 참조할 수 있다. 全相運, 1968, 「韓國天文氣象學史」, 『韓國文化史大系 3 : 科學·技術史』, 고려대학교 민족문화연구소 ; 전상운, 1977, 『한국의 과학사』(교양국사총서 27), 세종대왕기념사업회 ; 朴星來, 1978 봄, 「高麗初의 曆과 年號」, 『韓國學報』 10 ; 全相運, 1984(중판), 『韓國科學技術史』, 正音社 ; 나일성, 2000, 『한국천문학사』, 서울대학교 출판부.

고려에서는 독자적인 曆을 만들었지만 현재 남아 있지 않기 때문에
그 내용에 대해서는 정확한 파악을 할 수가 없다. 다만 충선왕 때까지
는 대체로 唐의 宣明曆을 이용했던 것으로 기록되고 있다.[63] 물론 그
사이에 중국의 경우에도 수십 차례에 걸친 개정이 있을 수밖에 없었
고, 이는 고려에서도 마찬가지였다. 예컨대 숙종 5년 3월 中書省에서
曆書에 착오된 점이 있다하여 曆書 撰者의 職을 삭제할 것을 청한 대
목은 이러한 정황을 알게 해준다. 그러나 세가 충렬왕 7년 정월의 기
록을 보면『授時曆』은 이미 이때 반포되고 있었다. 따라서 고려에서
는 충렬왕대 授時曆을 사용하기 전까지는 宣明曆을 개정해가면서 曆
을 이용했던 것이다.[64]

　고려의 曆 이용에 관한 선행 연구[65]를 참조한다면 이 같은 사정을
보다 상세하게 파악할 수 있다. 고려에서는 중국의 曆書 편찬에 대해
많은 관심을 가지고 있었으나 대체로 개국 이후 100년간은 독자적인
曆을 갖지 못한 채 중국의 曆을 수입하여 썼다고 한다. 이 같은 상황
에 변화가 오기 시작한 것은 11세기를 전후하여 曆術을 습득하면서인
데 그 정황근거로서는 첫째, 이때부터 천재지변에 대한 구체적 기록이
많아지고 있다는 점, 둘째, 정확한 날짜와 干支가 표기되기 시작하였
다는 점 등을 들 수 있다. 현종 10년(1019) 9월 甲寅에 日食이 있을 예
정이나 구름 때문에 확인할 수 없다고 한 기사는 이러한 天文曆學의
발달을 토대로 한 것이었다. 더 나아가 문종 6년(1052)에는 十精曆·

63)『高麗史』卷50, 志4 曆1 (序).
64)『高麗史』曆志 序文에서는 충선왕대부터『授時曆』을 사용한 것으로 하였지
　　만 세가 충렬왕 7년 정월의 기록을 보면 원에서『授時曆』이 처음 반포되던
　　해인 至元 18년(1281)에 고려에도 동시에 반포되었던 것으로 기록하고 있다.
　　(『高麗史』卷29, 世家29 忠烈王 7年 正月 戊戌)
65) 이에 대해서는 朴星來, 1978 봄,「高麗初의 曆과 年號」,『韓國學報』10을 참
　　조하였음.

七曜曆·見行曆·遁甲曆·太一曆 등 다섯 개의 曆을 만들어 재변을 물리치고자 했던 것은 고려 曆術의 발달을 가늠할 수 있게 해준다.[66]

그러나 현재로는 이러한 고려의 역과 역술에 대한 상세한 기록이 남아 있지 않은 상황이기 때문에 고려의 역술이 상당한 발전 단계에 있었다는 정도로만 지적하겠지만 역의 편찬 반포에는 실로 지대한 의미가 있었다. 『書經』 堯典에서 요임금이 '曆象日月星辰 敬授人時'[67] 하여 농사에 도움이 되게 하였다는 기록은 이를 알게 해준다. 또한 고려 충렬왕 2년(1276) 정월 丁丑, 元의 世祖가 曆을 반포하고 내린 詔에는 이 같은 의의가 잘 나타나 있다.

춘하추동 사계절은 어김없이 순환하며, 鳳曆을 추산하여 紀年하는 것은 모든 나라가 다 같다. 하물며 고려가 受朔함에 있어서는 옛 법을 따라서 大和를 반포하노라. 이에 至元 13년의 曆書 한 권을 하사하니, 卿은 농사짓는 시기를 잘 가르쳐주어 더욱 田正을 지킬 것이며, 그대의 蕃宣의 힘을 빌어서 平秩의 功을 돕도록 하라. 南畝의 백성을 부지런히 일하도록 이끌어 게으르지 않도록 하고, 東夷의 풍속을 평화롭게 변화시키면 모든 공적이 이룩될 것이니 나의 말에 어김이 없도록 하라.[68]

위 기사의 요지는 농사를 짓는데 있어 시후와 절기에 대한 파악의

---

66) 그러나 曆法이 확립되어 있지 않아 정확한 日·月食의 계산이 어려웠음은 본문에서도 언급한 바 있다. 이러한 관행이 지속된 데 대해 "천체의 운행을 정치성과 결부하여 이해하려 했던 중국적 이념에서 탈피하지 못하여 다만 눈에 보이는 외견상의 운동이나 현상을 수량적으로 기술하는데 그치고, 그 바탕이 되는 자연법칙의 확립을 위한 학문적 노력을 경시했기 때문"(전상운, 1997, 앞의 책, 109~110쪽)이라고 지적되기도 하였다.
67) 『書經』 虞書 堯典.
68) 『高麗史』 卷28, 世家28 忠烈王 2年 正月 丁丑.

중요성을 인식하면서 農政과 농사를 행하여야 한다는 것으로, 農時에
대한 曆의 효용성을 강조하는 것이었다. 여기서 원 세조는 '敬授農時
益遵田正'할 것과 力田을 위해 이 曆書를 활용할 것을 밝혔다.[69]

　고려 전기의 경우 고려의 曆이 만들어졌지만 대체로 宣明曆이 기
준이 되고 있었다는 점을 감안할 필요가 있다.[70] 실제 농사에 필요한
四時月曆에 대한 검토가 필요하지만 명확한 기록이 없기 때문에『高
麗史』曆志에 실린 것을 통해 짐작할 수밖에 없다. 그렇지만 月令의
도입과 이용이 보편적으로 이루어지고 있는 상황임을 염두에 둔다면
四時 24節氣와 때에 따른 政令과 그렇지 않은 逆令 등에 대한 이해는
가능하다고 하겠다. 어쨌든 曆志를 토대로 이를 정리하면 <표 5>와
같다.

　<표 5> 高麗時代 月曆과 氣候를 보면 4季節 24節氣 72候가 정리
되고 있다. 이 가운데 농사와 관련하여 중요한 의미를 갖고 있는 初候
·次候·末候의 時候 내용은 각각의 때를 대표해주는 자연현상으로
서의 징후 등을 정리한 것이라 할 수 있다. 하지만 이러한 내용만 가
지고서는 時候에 대한 이해 정도가 가능할 뿐이고 보다 구체적인 때

69) 이 당시 고려에 수용된 曆書가 무엇인지는 알 수 없지만 至元 13년(1276)은
　　원 세조가 許衡·郭守敬으로 하여금『授時曆』을 편찬하도록 한 해이다.『授
　　時曆』은 지원 17년에 완성되고 18년에 반포되었기 때문에, 원에서 고려에
　　준 역서는『授時曆』은 아니었고 그 편찬을 위해 수집된 曆書 가운데 하나일
　　수 있다.(『元史』卷52, 志4 曆1 序)
70) 고려력의 존재와 관련해 관심을 끄는 관련기록이 일본측 사료에 남아 있어
　　주목된다. 그 내용을 보면, '二日己亥 自太宰府進新羅曆 與本朝無相違 但
　　十二月大小不同'(『扶桑略記』권29, 後冷泉天皇 永承 3년 5월 2일)이라 하고
　　있다. 여기서의 영승 3년은 문종 2년(1048)에 해당한다. 또한 "二日 太宰府進
　　新羅曆 與本朝無相違 但十二月大小不同云'(『百練抄』권4, 後冷泉天皇 永
　　承 3년 5월 2일)이라 한 기록도 전하는데 앞의 사료와 그 내용은 거의 같다.
　　신라력이라고 하였으나 시기적으로 볼 때 고려력에 해당한다.(張東翼, 2004,
　　『日本 古中世 高麗資料 硏究』, 서울대학교 출판부, 294쪽 및 311쪽 참조)

에 맞는 농사의 내용에 대해서는 파악하기가 곤란하다.

<표 5> 高麗時代 月曆과 氣候

四時	常氣	月中	四正卦	初候	次候	末候
春	立春	正月節	坎六四	東風解凍	蟄蟲始振	魚上冰
	雨水	正月中	坎九五	獺祭魚	鴻鴈來	草木萌動
	驚蟄	二月節	坎上六	桃始花	倉庚鳴	鷹化爲鳩
	春分	二月中	震初九	玄鳥至	雷乃發聲	始電
	清明	三月節	震六二	桐始華	田鼠化爲鴽	虹始見
	穀雨	三月中	震六三	萍始生	鳴鳩拂其羽	戴勝降于桑
夏	立夏	四月節	震九三	螻蟈鳴	蚯蚓出	王瓜生
	小滿	四月中	震六五	苦菜秀	靡草死	小暑至
	芒種	五月節	離六二	螳蜋生	鵙始鳴	反舌無聲
	夏至	五月中	離初九	鹿角解	蟬始鳴	半夏生
	小暑	六月節	離六二	溫風至	蟋蟀居壁	鷹乃學習
	大暑	六月中	離九三	腐草爲螢	土閏溽暑	大雨時行
秋	立秋	七月節	離九四	涼風至	白露降	寒蟬鳴
	處暑	七月中	離六五	鷹乃祭鳥	天地始肅	禾乃登
	白露	八月節	離上九	鴻鴈來	玄鳥歸	群鳥養羞
	秋分	八月中	兌初九	雷乃始收	蟄蟲坯戶	水始涸
	寒露	九月節	兌九三	鴻鴈來賓	雀入大水化爲蛤	菊有黃華
	霜降	九月中	兌六三	豺乃祭獸	草木黃落	蟄蟲咸俯
冬	立冬	十月節	兌九四	水始冰	地始凍	野雞入大水化爲蜃
	小雪	十月中	兌九五	虹藏不見	天氣騰地氣降	閉塞而成冬
	大雪	十一月節	兌上六	鶡鳥不鳴	虎始交	荔挺出
	冬至	十一月中	坎初六	蚯蚓結	麋角解	水泉動
	小寒	十二月節	坎九二	鴈北鄉	鵲始巢	野雞始雊
	大寒	十二月中	坎六三	雞始乳	鷙鳥厲疾	水澤腹堅

* <표 5>는 『高麗史』曆1에 실려 있는 『宣明曆』의 내용을 기초로 만든 것임. 여기에서는 春夏秋冬 四時의 순서대로 24節候를 배분하였으나 『宣明曆』에서는 冬至로부터 시작하고 있음.

이러한 점을 보완해주는 것으로서 주목되는 자료가 14세기 초 원에서 간행된 『王禎農書』農桑通訣(一)에 나오는 '周歲農事'이다.[71] 여기에서는 북두칠성을 중심으로 하여 天干·支干, 五行과 季節, 十二月과 24節氣, 72候와 각각의 農事 내용이 圓形의 그림 안에 배치되고 있다. 이러한 방식은『王禎農書』에서 처음 보이는 것이지만 농사력으로서 농서를 만드는 경우 즉 월령식 농서는 이보다 앞서서 편찬된 바가 있다.『詩經』豳風 七月편으로부터 시작하여 漢의 崔寔이『四民月令』을 지었고, 唐의 韓鄂은『四時纂要』를 지었으며, 元의『農桑輯要』에서도 '歲用雜事'에서 四時類要를 두어 각 달마다의 농사일을 적고 있다. 이를 볼 때 고려 전기의 경우도 확신하기는 어려운 면이 있지만『宣明曆』을 토대로 4계절 24절기 72후와 함께 각각의 시의에 따라 행해야 하는 농사의 내용이 기록되지 않았을까 추측할 수 있다.[72]

이에 따라 계절적 징후와 농사와 관련시켜 이해하려는 農事占의 기록도 보인다. 실제 농촌에서는 농사와 관련한 풍속으로 농사의 풍흉을 점치는 農占이 많이 있었을 것으로 생각되는데, 고려시대의 경우 이와 관련한 기록이 많지 않다. 그러나 農占을 통해 한 해의 농사를 예측하고 그에 따라 노력을 더 기울이는 효과를 얻을 수 있다는 면에서 농점은 다양한 형태로 이루어졌으리라 짐작된다. 가뭄이 언제까지 지속될 것인가와 비가 언제 내릴 것인가 등등은 농민들에게 있어 지대한 관심이었을 것이고, 그 징조들은 오랜 기간 동안 체험으로써 알게 되었을 것이라 생각되며, 이를 다음 대에 口傳으로서 알려주어 일종의 野諺으로 자리 잡아 농사에 도움을 주었다고 생각된다.

고려 전기의 기록으로서 다음을 보면 이를 알 수 있다. 먼저 성종대의 李陽은『예기』월령편의 기사를 인용하고 있는데, 옛 聖王은 천도를 받들어 人時를 가르치니 인군은 농사의 어려움을 알며 백성은 농

---

71)『王禎農書』農桑通訣1, 周歲農事.
72) 물론 조선 광해군 때 高尙顔이 쓴『農家月令歌』처럼 월별의 농사 및 교훈, 권농의 내용을 정리할 수도 있을 것이다.

112

상의 早晩을 알아 자급자족하고 풍년이 들었다는 것을 이야기하면서
농상의 조만을 점치는 행사로서 土牛를 만들어 행사할 것을 건의하였
다. 이는 조선 성종 21년 정월의 기록을 볼 때 조선 초기까지도 祈年
의 행사로 유지되었음을 알 수 있다.73)

다음으로 명종대의 기록이기는 하지만 명종은 봄 가뭄은 밭에 거름
을 주는 것과 같다고 하여 가뭄에 대한 이해를 野諺을 인용하여 말하
고 있다.74) 金克己는 「田家四時」의 시에서 '비 오라고 비둘기들이 지
붕 위에서 날고[喚雨鳩飛屋]'라고 하여 비둘기들이 지붕 위에서 날면
비가 올 징조로 보고 있었다.75) 이규보 역시 맹동인 10월에 눈이 많이
오자 그것이 보리농사의 풍년을 기대케 하는 것이라는 어조로, "때는
마침 초겨울 이제 방금 들었건만 흰눈 내려 쌓인 것을 두 번째로 보는
구나, 명년 봄에 보리풍년 틀림없이 들었다고 농사점을 믿으면서 기약
만은 하여두리"라고 하였다.76)

이상에서처럼 고려 왕조는 農時 및 時候의 변화를 天人感應的 자
연관 속에서 이해하였다. 天命과 天道에 따른 자연 질서의 흐름 속에
이미 정해진 시후가 있으며, 그에 따르지 않을 경우 재이가 생기게 된

---

73)『成宗實錄』卷236, 21年 正月 戊午, "上曰 祈年之事 自古有之 或造土牛 豈
曰戲玩哉 誠以重農事也……".

74)『高麗史』卷20, 世家20 明宗 11年 4月 丁未, "王 召元牧 傳旨曰 野諺曰 春
旱 與糞田同 閒或有雨澤 則天心之仁愛 盖未可知……".

75)『東文選』卷9, 五言律詩 田家四時.

76)『東國李相國集』後集 卷5, 古律詩, 十月八日五更大雪, "此時方始作初冬 再
見雪華堆似玉 麥熟明年定不疑 但期不落幸田卜". 이처럼 時候를 예측하고
농사의 풍흉을 점치는 이해는 고려시대 문헌기록에서는 확인이 잘 되지
않지만 조선전기 姜希孟은『衿陽雜錄』諸風辨4에서 기상과 농작과의 관계를
밝히고 있다. 이를 본다면 비, 바람, 물, 가뭄, 눈, 서리 등 농업과 매우 밀접
한 관계가 있는 기후 및 기상, 혹은 자연현상 등에 대해 고려시대 농민들은
그 현상을 오랫동안 관찰하여 이를 野諺 혹은 農占의 형태로 정리하였고 이
것이 조선시대로 이어졌다고 볼 수 있을 것이다.

다고 본 것이다. 따라서 정치권의 도덕적 노력과 時令이 필요하다는
이해 가운데 月令 및 曆書에 대한 이해를 통하여 보다 農時의 중요성
을 인식하였다. 그러한 농시에 필요한 농업노동력의 제공을 위하여 군
주 및 지배층은 時令을 준비하고 그 실행을 위하여 노력하였음을 알
수 있다. 가뭄, 바람, 寒氣, 暴雨 등의 자연재해 즉 農業氣象에 대해
기록하면서 그것이 일어나는 시기와 조짐 등에 대한 나름대로의 정보
를 축적한 것은 이러한 이해를 토대로 한 것이었다.[77] 바로 이것이 天
人感應的 농업관이라 할 수 있다.

2. 月令의 활용

1) 월령의 수용

고려시기에는 신라 하대와 달리 정치문물제도를 설립하고 운영을
해나가면서 실제 이것을 언제, 어떻게 할 것인가에 대하여 주목하였
다. 즉 '時'와 '政令'에 대한 이해가 나타난다. 고려 초에 전시대와는
달리 예악문물 및 정치운영과 관련한 내용을 담고 있었던 『禮記』[78]를

---

77) 예컨대 조선 초기의 기록이기는 하지만 姜希孟이 지은 『衿陽雜錄』에서는
   농가의 재앙으로 水害와 가뭄, 風害가 많았음을 지적하고 있으며 農家占雨
   의 방법을 소개하기도 하였다. 특히 그것이 중국고문헌이나 음양설적인 占
   雨가 아닌 오랜 경험에서 나온 지식을 반영하고 있다는 점을 고려할 때 독
   자적인 農家占候의 기록이 있었으리라는 것을 추측할 수 있을 것이다. 이에
   대해서는 전상운, 1977, 앞의 책 156~158쪽 참조.
78) 『禮記』는 20권 49편으로 구성되어 있다. 曲禮·檀弓·王制·月令·曾子問
   ·禮運·樂記·喪服 등으로 이루어져 있는데, 대체로 禮에 대한 문답, 儀禮
   제도의 문제, 修省의 내용, 군주의 정치와 政令 등이 그 중심이 된다. 즉 이
   상적인 禮治主義와 그 제도, 예에 대한 관념, 철학 등이 주요 내용으로 실려
   있다.

114

주목한 것은 이 때문이었다. 그 가운데 月令篇[79]은 고려사회의 災異
에 대한 이해, 자연관, 정치운영 및 중농정책과 관련하여 중요한 해결
안을 담고 있어 일찍부터 관심을 표명하고 있었다.

『呂氏春秋』十二紀首篇[80]을 중심으로 하면서 이루어진 월령의 내용
은 대체로 先王이 하늘을 받들어 出治하고 삼가 民時를 받아 천하를
다스려야 한다는 것이었다. 이 十二月紀에는 통치의 대강 또는 전범으
로서의 면모가 실려져 있었다. 또한 農桑을 비롯하여 民力 동원·賞
罰·祭祀·戰爭·救恤·山林藪澤의 관리·음악·상공업에 이르는 다
양한 통치의 이상이 군주에 의해 반포되는 時令[81]으로 제시되어 있었
다.[82]

十二月紀의 주요 내용을 이어받은 월령의 내용 또한 이와 비슷했
다. 월령의 주요 내용은 "先王敬授之義 爲民農桑開斂之計 天之寒暑
陰陽 刑賞 政敎 拘牽時數 憲天而宜民 且災祥之至 爲人感者要以和

---

79) 월령은 전국시대 음양오행가의 주요한 저작 중의 하나라고 할 수 있다. 呂不
韋가 쓴 『呂氏春秋』十二紀의 首에 그 글을 갖추었고 『管子』의 幼官, 『大
戴禮記』속에 편입된 夏小正, 『淮南子』에 또한 그 내용을 담고 있었는데 다
만 그 글에 약간의 차이가 있었다.
80) 『呂氏春秋』十二紀의 首篇에서는 한 달의 천문과 기후 그리고 여타의 상황
만을 서술하고 있다. 이러한 상황에 입각하여 농업생산 방면에서 마땅히 해
야 할 일들과 통치자가 종교적 방면에서 실천해야 할 활동들이 결정된다. 모
두 십이기이므로 이러한 것들로 당연히 12편이 있으며, 그것을 종합하면 일
년 열두 달의 월력이 된다. 漢代 사람들은 이 열 두 달의 월력을 『禮記』속에
편입시켜 월령이라 하였다.(양계초, 풍우란 외, 김홍경 편역, 1993, 『음양오행
설의 연구』, 신지서원, 283~285쪽)
81) 時令은 1년 12개월 중에 때에 맞춰 행해야할 정사와 의식의 순서를 의미한
다. 이에 대해 『禮記』月令 季冬之月에서 '隨時之政令也'라고 하여 天時와
政令의 상관 관계를 언급하였다. 이에 대해서는 韓政洙, 앞의 논문, 126쪽
참조.
82) 李成九, 1997, 「時令的 支配의 지향」, 『中國古代의 呪術的 思惟와 帝王統
治』, 一潮閣, 251쪽.

則致祥 乖則致戾 君子恐懼修省 敬天災而恤民患 亦盡道於己而"[83])라
하고 있듯이 天時와 人事, 修省 등 군주를 비롯한 지배층 중심으로
구성되었던 것이다. 그렇다면 월령은 군주가 천하를 일원적으로 통치
하면서 군주의 권위를 높이는 성격을 갖고 있었다고 해도 과언이 아
니며, 새로운 왕조의 통일과 함께 '월령적 지배'를 시도하려 한 것은
이 같은 이유에서였다.

　이는 唐의 경우에서 찾아볼 수 있다. 당은 어느 왕조보다도 月令의
이해에 적극적인 노력을 기울였다. 당 태종 때 孔穎達 등이 『禮記正
義』 등과 같은 五經正義를 편찬하면서 月令에 대한 집중적인 주석과
해석이 가해졌던 것으로 보인다.[84)] 『大唐開元禮』에서는 時令으로서
월령의 가치에 주목하고 그 講經을 五禮 가운데 嘉禮의 하나로 정비
하여 明堂에서 月令 가운데 春夏秋冬의 時令을 읽고 太極殿에서는
五時令을 읽음으로써 군주가 각각의 때에 어떠한 정치를 행하여야 하
는지를 검토하였다.[85)]

---

83) 王夫之 撰, 『禮記章句』上 卷6 月令, 廣文書局印行(台北).

84) 송의 尤袤가 편찬한 『遂初堂書目』에 나오는 『唐刪定月令』과 『唐註月令』,
　　『宋史』藝文志의 『唐玄刪定禮記月令』과 『李林補註解月令』 등의 서목은
　　이를 보여주는 것이다. 고려에서도 이 가운데 『당산정월령』 즉 『당월령』을
　　이용했을 가능성이 매우 높은데, 이에 대해서는 후술토록 하겠다. 다만 본고
　　에서 이 같은 가능성에도 불구하고 『예기』 월령편을 중심으로 논지를 전개
　　한 것은 큰 범주에서 『당월령』 역시 『예기』 월령과 같은 내용을 담고 있기
　　때문이었음을 양해하길 바란다.

85) 『大唐開元禮』 卷99, 皇帝於明堂讀孟春令·仲春令·季春令 ; 『大唐開元禮』
　　卷100, 皇帝於明堂讀孟夏令·仲夏令·季夏令·季夏土王之日讀土令 ; 『大
　　唐開元禮』 卷101, 皇帝於明堂讀孟秋令·仲秋令·季秋令 ; 『大唐開元禮』
　　卷102, 皇帝於明堂讀孟冬令·仲冬令·季冬令 ; 『大唐開元禮』 卷103, 皇帝
　　於明堂及太極殿讀五侍令. 이 같은 嘉禮는 그 예차가 陳設 鑾駕出宮 讀令
　　(五時令) 鑾駕還宮으로 이루어지고 있어 황제가 친히 이를 행하는 것임을
　　알 수 있다.

월령편의 春·夏·秋·冬 4계절의 孟·仲·季의 구성 내용을 간략히 살펴보면 다음과 같이 분류할 수 있다. 먼저 천문에 대한 설명으로 시작된다. 그리고 음양오행에 따라 12月·12辰·12律·5帝·5神·5蟲, 5臭·5祀·5臟·5音·5行數·10支 등을 배치하였다. 또한 각각의 때를 상징하는 자연현상에 대한 기록이 있게 된다. 예컨대 "동풍이 얼음을 풀고 벌레들이 비로소 몸을 떨치기 시작하며, 물고기들은 얼음 위로 뛰어 오르고 수달은 물고기를 잡아 제사를 하듯 늘어놓는다. 기러기가 날아온다."[86] 하였다. 이후에는 天子의 衣食住와 관련한 기록이 나열되며, 節侯의 소개와 함께 천자와 대소 신료가 행해야 할 행사에 대한 설명이 있다. 그리고 政令으로서 위로는 천자로부터 신료와 백성들에게 이르기까지 때에 맞춰 해야 할 農桑과 힘써야 할 내용이 제시되며, 지방관과 관료가 마땅히 해야 할 일을 조목조목 기록하였다. 마지막으로는 때에 맞지 않는 時令을 행했을 경우에 그에 따른 災異 현상을 실음으로써 時令을 奉崇할 것을 강조하였다.

『禮記』의 경우 삼국이나 통일신라시기에 수용하는 데에는 어려움이 있었다.[87] 그것은 전통문화와 풍속 즉 國俗과 맞지 않다거나 불교적 요소가 강하게 자리 잡고 있다는 점과 禮의 개념과 구체적인 儀禮의 내용 등에 대한 깊은 이해가 수반되어야 한다는 등의 전제가 필요한 때문이었다.[88] 통일신라시대에 들어가면서 讀書三品科의 시행이나 强首 등 6두품 세력에 의해 『예기』의 구체적 내용에 대한 이해를 볼 수 있다는 점은 주목할 만한 변화였다.[89] 바로 『예기』로 상징되는

---

86) 『禮記』月令 孟春.
87) 삼국 및 통일신라기 유교 경전의 수용에 대해서는 다음의 연구가 참고된다. 金哲埈, 1975, 「三國時代의 禮俗과 儒敎思想」, 『韓國古代社會研究』, 知識産業社 ; 李基白, 1978, 「儒敎 受容의 初期形態」, 『新羅時代의 國家佛敎와 儒敎』, 韓國研究院.
88) 金哲埈, 위의 책 참조.

유교문화와 우리 전통문화와의 교류가 깊어지기 시작했다는 것을 보여주는 것이었다.

『예기』에 대한 본격적인 이해의 시작은 통일신라시대 强首 등에 의해 이루어졌고, 曲禮와 같은 편이 언급되고 있듯이 국가전례와 일정한 관계가 있었음을 알 수 있다. 유교정치이념의 실현을 제시한 고려왕조에서『예기』를 비롯한 오경에 많은 관심을 기울이고 있음도 유념해야 할 부분이다.

월령의 내용과 그 의미를 고려할 때『禮記』의 전반적인 내용과는 달리 월령편은 國俗이나 불교적 의례 등과 충돌하기보다는 時令으로서의 의미를 가지면서 治道의 방편으로 이해되고 고려될 수 있었다. 따라서 고려왕조에서는 일찍부터 그 의미에 대한 파악과 실현에 많은 관심을 두고 있었다고 하겠다.

고려의 건국 후 민본에 바탕을 두면서도 天命을 받는다는 이해 속에서 고려왕조는 그 실현을 위한 덕목과 제도 등의 내용을 담고 있는 유교정치사상에 많은 관심을 기울이게 된다. 天時・天道의 해석 및 이해와 人事를 통한 노력이 있어야 한다는 것이 당시의 인식이었고 그 수행 주체는 君主였다. 따라서 이를 군주가 어떻게 조정 관리할 것인가가 문제의 초점이었다. 이러한 문제를 해결하는데 있어 구체적인 해법으로서 때에 맞는 政令인 時令이 요구되었던 것이다.

다음을 보면 고려 초의 군현제는 태조 23년과 성종대에 대대적으로 정비되었고 여기에 지방관을 파견하였던 것으로 기록하고 있다.

　　가) 고려 태조가 고구려의 땅에서 일어나 신라에게 항복을 받고 후백제를 멸망시켜 開京에 도읍하고 三韓의 땅을 통일하게 되었다. 그러나 東方을 처음 평정하여 經理할 겨를이 없다가 23년에 이르러

---

89) 李基白, 1978,「强首와 그의 思想」, 앞의 책 참조.

비로소 여러 州·府·郡·縣의 名號를 고쳤다. 成宗은 또 州·府·郡·縣 및 關·驛·江·浦의 名號를 고쳤는데, 境內를 나누어 10道로 하고 12州에다 각기 節度使를 두었다. 그 10道는 1은 關內道, 2는 中原道, 3은 河南道, 4는 江南道, 5는 嶺南道, 6은 嶺東道, 7은 山南道, 8은 海陽道, 9는 朔方道, 10은 浿西道이며 그 관할하는 州·郡은 모두 580여 개가 되니 東國 地理의 盛大함이 이에서 최고였다.90)

나) 王者가 백성 다스림은 집집마다 가서 날마다 보는 것이 아니므로 수령을 나누어 보내어 가서 백성의 이해를 살피게 하는 것입니다. 우리 聖祖가 통합한 후로 外官을 두고자 하였으나 대저 초창기인 까닭에 일이 번거로워 겨를이 없었습니다. 이제 가만히 보건대 鄕豪가 매양 公務를 빙자하여 백성을 침해하고 횡포를 부리니 백성이 견뎌내지 못하고 있습니다. 청컨대 외관을 두소서. 비록 일시에다 보내지 못한다 하더라도 먼저 10여 州縣을 아울러 한 사람의 관원을 두고 관에 각각 2, 3員을 두어 愛民하는 일을 맡기소서.91)

가)에서는 태조 23년에 州·府·郡·縣의 명호를 고쳤고, 이후 성종대에 다시 그 명호를 고침과 동시에 10도 12주의 지방 행정구역을 나누고 절도사를 두었음을 밝히고 있다. 나)는 外官을 파견하여 지방의 주현을 다스릴 것을 청하는 최승로의 時務 28조의 하나이다. 후삼국기의 혼란이 마감된 후 광종대를 거치면서 정치질서는 안정되었다. 성종 2년 2월의 世家의 기록에는 12목을 두었다 하였고, 성종 6년 9월에는 諸村의 大監·弟監을 고쳐 村長·村正으로 고쳤다 하여 중앙의 지배력이 기층 향촌단위에까지 미치고 있음을 알려준다. 이처럼 행정

---

90) 『高麗史』 卷56, 志10 地理 (序文).
91) 『高麗史』 卷93, 列傳6 諸臣 崔承老.

구역을 조정하고 지방관의 파견과 지방세력에 대한 재편이 있다고 할 때 이들에 대한 일원적 지배력이 요구된다. 그 내용 또한 지방관과 중앙의 백관이 쉽게 이해할 수 있으면서 군주를 중심으로 하는 지배체제와 2장 1절에서 언급한 유교적 중농이념을 실현할 수 있어야 했다.

月令은 이러한 내용을 충족할 수 있는 내용을 담고 있었다. 고려에서의 月令 행용에는 몇 가지 전제 조건이 필요하였다.[92] 당시로서는 선진적인 정치운영의 틀을 담고 있기는 하지만 자국의 현실적 문제를 고려해야 하기 때문이다. 고려가 유교문화를 받아들이면서도 國俗으로 일컬어지는 전통문화의 보존에도 많은 관심을 기울였던 것은 그 같은 이유에서였다.

먼저 지적할 수 있는 것은 이른바 災異觀에 따른 天人合一論과 관련한 이해이다. 이미 漢代에 災異와 관련하여 天時의 움직임과 군주의 정치가 직접 관련되어 있다는 논리체계를 가지면서 군주의 修德과 修省을 통해 順時에 따르는 政令 곧 時令을 실행해야 한다는 董仲舒의 주장이 있었다. 이러한 내용은 삼국시대 단계에서도 확인할 수 있다. 즉 가뭄이나 홍수, 大風, 지진, 물빛의 변화 등 災異에 대해 그 주요 원인을 임금의 정치에 대한 하늘의 譴告 즉 天戒로 보고 그 해결방안을 임금이 창고를 열어 백성을 구제하는 진휼정책만이 아닌 군주의 自省論 즉 責己修德의 방법으로 제시되고 있기 때문이다. 이러한 내용은 통일신라시대에 더욱 구체화되고 있었다.[93] 신라 하대의 경우

---

92) 月令이라고 하는 중국적 정치문화의 유산을 적극적으로 검토하는 이유는 비단 그 문화를 수입하는데 그치는 것이 아니라 당시의 정치현실에 맞게 받아들이면서 적절히 이용하고 있다는 측면을 고려해서이다. 지나치게 유교정치이념을 중심으로 모든 기준을 세우고 있다는 평가도 있을 수 있지만 그것이 문구 하나하나를 그대로 수용하고 있는 것이 아닌 현실적 요구에 의한 것임을 유의한다면 당시 고려 사회에서 유교문화를 받아들여 高麗化하는데 노력하였다는 점을 충분히 고려할 필요가 있는 것이다.

天災地變의 발생이 있을 때 侍中을 교체하는 일이 잦았는데, 이는 결국 지배층의 정치의 실패에서 그 원인을 찾고 있는 것이라 할 수 있다. 天과 天時의 움직임에 대한 파악이 군주의 정치를 가늠하는 주요한 잣대가 되고 있는 것이다. 그리고 그 중요 목표는 바로 왕도정치의 실현에 두고 있었다 하겠다.

고려에서의 경우도 이에 대한 진단과 대응이 좀더 구체화되고 있음을 알 수 있다. 고려 태조는 '訓要十條'에서 다음과 같은 인식을 보여주고 있다.

> 임금이 臣民의 마음을 얻는 것은 심히 어렵다. 그 마음을 얻으려면 무엇보다 諫言을 따르고 讒言을 멀리하여야 한다.……또한 使民하는 데에는 맞는 때로써 하여야 하고 徭役과 賦稅를 가벼이 하며 농사짓는 어려움을 알면 자연히 백성의 마음을 얻어 國富民安하게 되는 것이다.……仁政을 행하면 반드시 良民이 있게 되며 賞罰이 적절하면 陰陽이 순조로워지는 것이다.[94]

위의 기록에는 人事를 통해 仁政 즉 왕도정치를 완성하면 國富民安을 이룰 수 있으며, 나아가서 이는 음양의 조화를 가져와 그 내용이 '天'에 영향을 미쳐 天時가 순조롭게 된다는 이해가 나타나고 있다. 광종 원년에 大風으로 나무가 뽑혀 날아가는 일이 있자 이에 대해 군주의 修德을 강조한 내용[95] 역시 天의 譴責에 대한 군주와 정치권의 대응이라는 측면을 보여준다. 崔承老 또한 그의 '時務二十八條'에서 修德을 하며 정사를 잘 다스리는데 있어 때에 맞춰 하게 되면 時令에

---

93) 李熙德, 1999,「고대의 天災地變과 王道政治」,『韓國古代 自然觀과 王道政治』, 혜안 참조.
94)『高麗史』卷2, 世家2 太祖 26年 4月.
95)『高麗史』卷2, 世家2 光宗 元年 春正月.

순응하고 聖體를 편안히 하며 신민의 노고가 감해질 것이라고 그 의
미를 중요시하였다.[96]

위에서 잠깐 언급되었지만 재해와 재이에 대한 원인 분석을 자연현
상이 아닌 天의 견책으로 이해하고 있다는 점을 염두에 두어야만 한
다. 물론 이에 대해서는 두 가지 입장이 고려될 수 있다. 하나는 음양
오행설에 기초를 두고 천하를 다스리는 통치원리인 정령을 반포하는
군주의 呪術的 위상에 따르는 것이다. 군주의 선악에 따라 재이라는
譴責과 祥瑞가 뒤따른다는 것이다. 둘째는 이를 인간의 힘에 의해 좌
우되는 것이 아닌, 인간세계와 무관한 자연현상으로 파악하면서도 修
德과 無逸이라는 차원에서 이해할 수 있다는 점이다.[97] 고려 초의 경
우는 전자의 입장이 강하였다. 따라서 음양의 변화에 따른 天의 움직
임과 춘하추동 四時의 변화에 대한 이해가 필요하였다. 나아가서는
각각의 때에 맞는 政令인 時令의 모색을 통해 천인합일설에 따른 음
양의 조화로 天의 互生之德을 가져올 수 있다는 인식을 가지고 있었
던 것이다.

더구나 天時의 파악은 국가의 주요 산업기반인 농업과 직결되고 있
었다. 중농이념의 성립과 관련하여 天時에 따르는 국가정책의 수행을
강조한 것은 그 같은 이유에서였다.[98] 고려 초에는 이처럼 보다 체계

---

96) 『高麗史』 卷93, 列傳6 崔承老.
97) 첫 번째의 경우는 董仲舒 등에 의해 주장된 天人合一說에서의 이해방식이
고, 두 번째의 경우는 荀子가 제시한 天論에서의 이해방식이라고 할 수 있
다. 즉, "별이 떨어지거나 나무가 요란스레 운다거나 하는 것은 단순히 천지
음양의 변화에서 오는 자연의 현상으로서 어느 세상에서나 가끔 있는 일이
니 여기에 대하여 괴이하게 생각하는 것은 괜찮지만 두려운 마음을 갖는다
고 하는 것은 잘못된 생각이다. 정작 두려워해야 할 것은 따로 있다. 세상에
서 자주 일어나는 일이 인간으로 인하여 만들어진 재앙일 경우, 이것이야말
로 참으로 두려워해야 할 일이다."라는 내용은 이를 말해준다.(宋貞姬 譯,
『荀子』 天論篇, 명지대학교)

적이면서도 직접적으로 農桑을 권장하면서 농업생산력을 높이는데 필요한 것이 무엇인가를 고민하였다.

농사의 성패와 관련하여 時候의 파악과 각 계절에 따른 노동력의 적절한 배분을 위한 政令의 마련은 매우 중요한 의미를 가졌으며, 이를 위해 권농정책과 관련하여 '無奪時'가 강조되고 있었던 것이다. 예컨대 太祖 26년 訓要十條에서 나타난 使民以時[99]나 成宗 5년의 기사에서 三農의 힘씀을 빼앗지 말라는 내용[100] 등을 통해 확인할 수 있다. 이는 결국 고려 전기의 농업생산방식이 1년 4계절의 常耕農法의 적용을 전제로 하고 있으며, 국가적 차원에서는 이를 기본 전제로 하여 農時를 빼앗지 않는 정책을 시행하고 있음을 나타내주는 것이라고 하겠다.

다음으로는 중농의 유교사상적 기반이 이미 갖춰지고 있었다는 점이 지적된다. 즉 經學의 발전이 상당히 이루어지고 있었다는 점인데, 그것은 신라 경주의 强首나 薛聰과 같은 6두품 계열, 최치원 등과 같은 唐 유학생층, 혹은 雙冀 등과 같이 중국에서 귀화한 계열 등이 주축이 되면서 심화되었을 것이라고 생각된다. 더구나 고려의 건국과 함께 태조는 많은 인재를 필요로 하였고 이에 따라 設官分職에 따른 인재 등용의 詔書가 반포되어 選賢之務와 歷試精選의 원칙을 제시한 바 있었다.[101] 또한 유교적 이념과 관계하여 白書省·元鳳省·內議

---

98) 天時의 이해와 順時를 위한 政令의 마련이라는 차원에서 王道政治의 내용을 담고 있는『書經』洪範篇·無逸篇 등이 주목되었고 나아가서는 이를 직접적으로 거론하고 있는『禮記』月令篇에 관심을 갖기에 이르렀다는 선행연구가 있었다.(韓政洙, 2000,「高麗前期 儒教的 重農理念과 月令」,『歷史敎育』74)

99)『高麗史』卷2, 世家2 太祖 26年 4月.

100)『高麗史』卷79, 志33 食貨 農桑 成宗 5年 5月.

101)『高麗史』卷1, 世家1 太祖 元年 6月 辛酉.

省 등이 설치되었는데, 이 가운데 원봉성은 직접 유교적 교육도 담당하였다. 태조 13년에는 西京에 學校를 세우기도 하였다.[102) 이 같은 지적 기반과 교육을 통하여 길러진 인재들을 바탕으로 광종대에는 과거제가 실시될 수 있었던 것이다.[103)

왕도정치의 실현은 결국 代天理物의 주체인 군주에 의해 좌우되는 것이며, 그 중요한 요소인 天時와 人事를 조절하는 주체 또한 군주가 된다. 天命이라는 계승의식과 함께 군주의 자질과 선악, 賢否 등은 군주를 평가하는 기준이 된다. 이를 본다면 군주의 존재야말로 매우 중요한 변수라고 할 수 있다. 『禮記』月令篇에 나타난 天時와 人事의 조화는 이러한 군주의 존재가 전제된다. 유교문화에 대한 이해를 갖고 있는 군주의 등장이 필요한 것은 이러한 이유에서이다.

최승로는 '五朝政績評' 속에서 태조에서 경종에 이르는 임금에 대해 평가를 내리고 이를 바탕으로 성종의 나아갈 길을 제시한 바 있다. 그것은 유교문화의 점진적 수용과 왕도정치의 실현이었다. 성종은 비록 16년밖에 재위하지 못했지만 최승로가 올린 시무 28조의 내용을 염두에 두면서 유교정치의 시행을 위해 노력하였던 것이다. 李齊賢이 평한 것처럼 宗廟社稷을 설치하고 선비를 양성하였으며 인재를 선발하였고 지방통치에 성과를 얻었다. 또한 풍속을 아름답게 하였으며, 이를 위해 많은 노력을 기울였다.[104) 이처럼 성종대의 정치적 안정과 학문적 발전은 매우 의미 있는 배경이 되었던 것이다.

이와 같이 고려 초 정치권에서는 왕도정치의 실현을 위한 천인합일론적 측면에서, 그리고 중농이념과 관련해서는 농시의 중요성을 인식

---

102) 『高麗史』 卷74, 志28 選擧2 學校, 太祖 13年.
103) 고려 전기의 교육과 관련해서는 다음을 참조. 申千湜, 1995, 『高麗敎育史研究』, 景仁文化社.
104) 『高麗史』 卷3, 世家3 成宗 16年 李齊賢贊.

하는 측면에서 天時와 天譴에 대한 이해가 자리 잡고 있었다.

고려 초에는 이러한 지적 기반과 유교이념의 이해 선상에서 군주의 수덕을 포함하면서 時令의 내용을 담고 있으며, 농사력으로서의 기능이나 군주 및 지방관의 정령, 시후의 변화 등을 갖춘 경전에 대해 주목하였다. 더불어 유교적 정치이념의 구체적 내용이 되는 제도 등을 차츰 구비하면서 이에 대한 관심은 더욱 커졌다. 성종 초에는 매우 주목할 만한 기사가 실려 있다. 즉 직접적으로 월령이 갖고 있는 가치를 인식하고 이를 고려의 현실에 맞게 행용할 것을 주장하는 내용이 보이고 있다.

먼저 성종 원년 6월 갑신에 있었던 최승로의 시무 28조[105] 가운데 관련 기록을 보면 다음과 같다.

우리 조정의 겨울 및 여름의 講會와 先王, 先后의 忌齋는 그 유래가 이미 오래되므로 가히 取捨할 수 없으나 그밖에 가히 감할 수 있는 것은 청컨대 감하소서. 만약 감할 수 없으면 『禮記』月令편에서 이른 바처럼 5월 중의 氣는 음양이 다투고 死生이 나눠지므로 군자는 齋戒하고 거처함에 반드시 몸을 덮고 조급함이 없어야 할 것입니다.……청컨대 1년 12월을 반으로 나누어 2월부터 4월까지와 8월부터 10월까지는 政事와 功德을 반반씩 행하고, 5월부터 7월까지와 11월부터 정월까지는 공덕을 除하고 오로지 정사를 닦아 날마다 정치를 보살펴 밤낮을 헤아리지 않고 治政을 도모하되 매일 오후에는 곧 군자의 四時의 예를 써서 令을 닦고 몸을 편안하게 할 것입니다. 이와 같이 하시면 곧 時令에 순응하고 聖體를 편안히 하며 신민의 노고를 덜 것이니 어찌 큰 공덕이 아니라고 하겠습니까?[106]

105) 『高麗史』 卷3, 世家3 成宗 元年 6月 甲申.
106) 『高麗史』 卷93, 列傳6 崔承老.

이처럼 월령은 불교행사를 줄이고 군주가 때에 맞춰 修身과 정치를
행하여야 한다는 의도에서 처음으로 제기되었다. 위 내용을 보면 성종
원년 군주의 修德 및 時令과 관련하여 직접적으로 언급되고 있다.
『예기』는 이미 통일신라 때부터 읽혀져 왔지만 실제 국가의례의 설행
이라는 면에서 본다면 매우 미흡했다. 고려 건국 초부터 五經의 하나
로 주목되고, 그 가운데 국가의례 및 군주의 때에 맞는 정치와 修德의
내용을 담은 월령은 최승로 등에 의해 유교적 정치이념의 지표인 왕
도정치의 실현과 관련하여 주목되었다.107) 月令편의 이해를 통하여
최승로는 성종에게 군주의 修德과 時令, 신민의 안정 등을 위한 구체
적 上書의 내용을 갖추었다.

　최승로의 상서문이 있은 뒤 성종은 나름대로 유교문화를 바탕으로
한 왕실 중심의 국가의례의 정비를 서둘렀다. 당시의 내용에 대해서는
구체적으로 알 수는 없지만 唐制를 모범으로 삼았을 것이라 생각되는
데, 그것은 唐代에 五禮 중심의 國家禮가 정비되어 『開元禮』로 정리
되었기 때문이다. 성종 2년 정월부터 이미 그러한 의례제도가 나타나
고 있는 것은 최승로의 상서문과 성종의 의지 및 이를 수행할 지적 기
반이 조성되어 있었기 때문에 가능했다. 예컨대, 辛未日에는 圓丘에
서 祈穀하고, 乙亥日에는 친히 藉田을 갈고 神農氏에게 제사를 하였

---

107) 이처럼 『예기』의 수용은 이미 일찍부터 이루어졌지만 月令의 경우 당시 사
　　회에서 이를 이해하고 적용하기 시작한 것은 고려 초 成宗代라고 할 수 있
　　다. 최승로의 상서문이 있은 이후 의례가 갖춰지기 시작했으며, 뒤이어 李陽
　　의 상서문까지 잇따라 나오고 있다. 따라서 월령의 적용 시기는 성종대부터
　　라고 할 수 있을 것이다.(金哲埈, 1965, 「崔承老의 時務二十八條」, 『趙明基
　　博士華甲記念佛敎史學論叢』/ 1975, 『韓國古代社會硏究』, 知識産業社 재수
　　록 ; 李熙德, 1984, 『高麗儒敎 政治思想의 硏究』, 一潮閣 ; 吳瑛燮, 1993,
　　「崔承老 上書文의 思想的 基盤과 歷史的 意義」, 『泰東古典硏究』 10, 태동
　　고전연구소 ; 韓政洙, 2000, 앞의 논문 참조)

126

으며, 丁丑日에는 后稷의 신위를 함께 모셨다.108)

최승로가 상서문에서 제기한 유교적 정치이념을 실현할 寬仁한 군주와 時令으로서의 月令의 체득 등은 앞에서 지적한 바처럼 성종의 군주상과 더불어 국가의례의 정비로 전개되었다. 하지만 의례제도와 관련해서는 중국과 고려의 상황이 달랐기 때문에 이를 쉽게 수용할 수 없었다. 따라서 더 많은 검토가 필요하였다. 이 과정에서 성종 7년 2월 壬子에 左補闕兼知起居注 李陽은 의례제도의 고증과 月令에 따른 時令의 행용을 주장하게 된다.109)

첫째로, 옛날 명철한 임금은 天道를 奉崇하여 삼가 人時를 敬授하였습니다. 그러므로 임금은 稼穡의 어려움을 알고, 백성은 農桑의 早晚을 알아서 가가호호 자급하고 사람마다 풍족하였으며, 해마다 풍년이 들어 곡식이 잘 익었던 것입니다. 月令을 살피건대 立春 전에 土牛를 내어 농사의 早晚을 보이게 하였다고 하니, 이 고사에 의거하여 때에 맞춰 이를 행하소서. 둘째로, 藉田을 친히 가는 것은 진실로 옛날 현명한 임금이 重農之意를 밝히는 것이고, 아녀자의 일을 몸소 실행하는 것은 현명한 왕후가 임금을 보좌하던 미풍이니, 이렇게 함으로써 천지에 정성을 들이고 국가에 경사를 쌓는 것입니다.『周禮』內宰職에 의하면 上春에 왕후에게 명하여 6궁 사람들을 거느리고 種稑之種을 내어서 왕에게 바치도록 한다고 하였으니, 이것으로 보면 왕의 하는 일을 왕후가 반드시 돕는 것입니다. 지금 바로 上春에 上帝에게 祈穀하고 吉日에 東郊에서 耕藉할 때입니다. 임금은 비록 藉田에서 일을 하지만 왕후는 獻種之儀에 벗어났으니, 바라건대『周禮』에 의거

---

108)『高麗史』卷3, 世家3 成宗 2年 正月 辛未・乙亥・丁丑.
109) 李陽의 封事文에 대한 연구로는, 李熙德, 1984, 앞의 책, 55~60쪽 ; 吳瑛燮, 1993,「崔承老 上書文의 思想的 基盤과 歷史的 意義」,『泰東古典研究』10 을 참조할 수 있으며, 본격적인 검토는 韓政洙, 2000, 앞의 논문에서 이루어진 바 있다.

하여 國風을 밝게 여소서. 셋째로, 성인은 아래로는 地理를 살피고 위로는 天文을 보아 天時에 통하게 하였습니다. 왕은 仁을 행하고 은혜를 베풀어 마침내 物情을 이루게 하는 것입니다. 月令에 의하면 正月 中氣 후에는 犧牲으로 암컷을 쓰지 말며 벌목을 금지하고 새끼 짐승과 알을 품은 짐승을 잡지 말며 대중을 모으지 말고 해골을 가려 묻는다고 하였으니, 바라건대 한 해의 첫 계절에 널리 春令을 행할 것을 포고하여 모두에게 때의 금령을 알게 하고 天常을 인식하게 하소서.110)

李陽이 위에서 제기한 세 가지의 내용을 정리하면 다음과 같다. 첫째, 農桑의 장려와 관련하여 절대적으로 필요한 것이 天道를 奉崇하고 人時를 받드는 군주의 모습이라 하면서 농사의 시작을 중요시하였다. 이에 따라 입춘 전에 토우를 내어 농사의 조만을 살펴야 한다 하였다.111) 둘째는 時候에 따라 군주의 躬耕帝籍와 왕후의 虔行女功의 행사를 행하여 致誠과 積慶을 해야 한다고 전제하였다. 그리고 이를 위해 上春에 祈穀한 후 군주는 東郊의 藉田에서 親耕하는데, 왕후는 군주의 耕藉 때 種稑의 종자를 내어 바쳐야 한다고 제시하였다. 셋째

---

110) 『高麗史』 卷3, 世家3 成宗 7年 2月 壬子.
111) 토우를 내어 농사의 조만을 보이게 하여야 한다는 기록은 『예기』 월령편에서 찾을 수 없으나 『唐月令注』(續修四庫全書 史部 時令類 885) 12월 중기에 '命有司出土牛以示農耕之早晚'이라 하여 동일한 기록이 찾아지며 여기에 註解가 이어지고 있다. 이 책은 당 현종 때 편찬된 『당월령』에 대해 李林甫 등이 주해한 것이며, 따라서 이양이 얘기하는 내용 속의 월령은 『唐月令』으로 보아야 할 것이다. 『당월령』은 앞서 지적한 『逐初堂書目』에 나오는 『唐刪定月令』과 같은 책으로 보이며 『당월령주』는 『唐註月令』이었을 것이다. 이 점을 밝히는 데에는 현종 9년 윤4월 劉瑨의 진언 속에 월령 관련 기사가 『예기』 월령편과 다른 것이 바로 『당월령주』에 따른 것이었다는 채웅석 교수의 지적이 있어서 가능했다. 이에 대해서는 한국학중앙연구원 2006년도 연구과제 발표문 「고려시대의 형법과 형정인식」 참조.

는 첫 번째 조항에서 제시한 전제보다 더 구체적으로 표현하고 있음
이 확인된다. 즉 성인은 아래로는 지리를 살피고 위로는 천문을 살펴
[俯察仰觀] 時候의 변화에 맞도록 해야 하며[以通時變], 王者는 行仁
하고 布惠하여 마침내 그 쓰임이 物情을 모두 이루도록 해야 한다[用
遂物情]고 하였던 것이다. 이양은 시후에 맞는 정령을 베풀어 만물이
자기 쓰임을 다하도록 하여 時禁과 天常을 모두가 알도록 해야 한다
고 하였다.

　이와 같이 이양은 天道와 人時를 살펴야 하며, 그에 따라 변화되는
時候에 따라 順行하도록 하여 만물의 쓰임을 다하도록 하는 것이 군
주의 책임이라고 보았다. 月令에 실린 時令은 바로 이를 이해하고 행
하는데 있어 중요한 규범이었다.112)

　성종은 같은 날에 내린 敎에서 이양이 청한 '出土牛', '왕후가 種穉
의 종자를 내어 바치는 것', '월령에 따라 春令을 행할 것' 등을 모두
받아들이고 시행토록 조치를 하였다.113) 더구나 성종은 이때 고려 초
부터 정비되기 시작하였던 兩京·十二牧 등 지방행정제도를 기초로
하여 지방관들에게 이를 널리 시행토록 하였다.

　실제 월령에 실린 時令을 주요 산업지대라 할 수 있는 농촌사회에
시행하는 것은 군주라기보다는 군주의 위임을 받은 지방관이었다. 따
라서 이처럼 지방관에게 月令에 대한 이해와 그 시행을 당부하고 있

---

112) 이양의 봉사문과 이어지는 성종의 敎書에서 제시되는 時令은 孟春에 해당
　　하는 것을 중심으로 논하고 있다. 『禮記』 月令에서 孟春之令에 해당하는 時
　　令을 제시하면 다음과 같다. 『禮記』 月令 孟春之月, "王命布農事 命田舍東
　　郊 皆修封疆 審端經術 善相丘陵阪險原隰土地所宜 五穀所殖 以敎道民 必
　　躬親之 田事旣飭 先定準直 農乃不惑 是月也 命樂正入學習舞. 乃修祭典
　　名祀山林川澤犧牲毋用牝 禁止伐木 毋覆巢 毋殺孩蟲胎夭飛鳥 毋麛 毋卵
　　毋聚大衆 毋置城郭 掩骼埋胔".
113) 『高麗史』 卷3, 世家3 成宗 7年 2月 壬子.

다는 점은 유교문화가 도입 정착되어가는 과정을 상징적으로 보여준
다고 하겠다.

이처럼 月令에 담겨져 있는 많은 '命有司 云云'으로 된 政令의 시
행주체는 군주가 아닌 관료였다. 즉 이는 통치의 대강을 이루는 항목
들이 관료에 의해 민과 만나는 현장에서 구체적으로 시행 관철되어야
하는 것임을 말해준다. 예를 든다면, "命祀山林川澤 犧牲無用牝 禁止
伐木 無覆巢 無殺孩蟲胎夭飛鳥"114)나 "無竭川澤 無陂池 無焚山
林"115)등을 통해 이를 알 수 있다.116) 이를 유념한다면 관료층의 역할
은 매우 중요하다는 것을 알게 된다. 한 걸음 더 나아가자면 天時와
人事의 주체가 군주만이 아닌 관료층에게도 확산되었음을 고려할 수
있다. 성종 5년 9월에 내린 敎에서 牧民官에게 제시된 "無滯獄訟 懋
實倉廩 賑恤窮民 勸課農桑 輕徭薄賦 處事公平"의 奉行六條117)와 더
불어 월령은 지방관이 유의해야 할 사항이 된 것이다.

월령은 이상에서 살펴보았듯이 광종대를 거쳐 국가운영의 체계가
자리 잡기 시작하면서 군주와 신료, 그리고 백성에 이르기까지 때에
맞춰 각기 무엇을 할 것인가에 대한 문제의식 속에서 논의되었다. 월
령에 나타난 時令의 행용 주체가 군주와 신료 특히 有司로 표현되는
지배층임을 유의한다면 관료제의 정착과 百官의 職務 분담 등에 따른
時令的 운영원리가 논의될 충분한 조건이 마련된 것이라 하겠다. 성

---

114) 『禮記』月令 孟春.
115) 『禮記』月令 仲春.
116) 李成九는 그의 저서에서 『呂氏春秋』十二紀의 분석을 통해 이상적 군주를
   제시하고 時令的 支配를 지향하면서, 그 政令의 시행주체로 관료를 설정함
   으로써 관료 및 士人層을 대상으로 제시된 통치의 대강이자 동시에 국가의
   동량인 그들 관료가 필수적으로 체득해야 할 행정의 기본지침서로 평가한
   바가 있다.(李成九, 앞의 책, 290~293쪽) 『禮記』月令篇을 놓고 볼 때 마찬
   가지 입장을 가질 수 있을 것이다.
117) 『高麗史』卷3, 世家 3 成宗 5年 9月 乙丑.

종대는 유교적 정치이념과 유교문화의 수용이 본격적으로 이루어졌던
시기이다. 時令의 내용을 담고 있는 월령은 바로 이 시기에 이르러 본
격적으로 논의되면서 고려왕조의 국가 운영에 있어 하나의 틀을 제공
하였다. 天時의 내용과 君主의 역할, 諸臣이 해야 할 일, 逆令에 따른
咎徵현상, 農事曆으로서의 기능 등이 분명하게 제시된 월령은 이 같
은 면에서 충분한 조명을 받을 수 있었다.118)

2) 월령적 국가운영

고려 초에 본격적으로 수용되기 시작한 月令의 내용은 고려사회에
서 유교정치이념과 유교문화가 자리를 잡아가기 시작하자 여러 면에
서 영향을 미치게 된다. 그런데 고려왕조에서 월령이 적용되는 양상을
살펴보면 특이한 점을 발견할 수 있다. 월령이 수용되던 고려 초와 그
이후에서 월령의 내용 전개에 차이점이 있다는 것이다. 이러한 점들을
염두에 두면서 고려왕조는 월령을 어떻게 이해하고 적용하였는가를
살펴보도록 하겠다.

먼저 유교적 정치이념의 이상적 실현으로서 王道政治와 관련한 수
용이다. 왕도정치는 聖哲한 君主와 賢臣의 보좌로 이루어지는데, 代
天理物의 천명을 받은 군주가 그 실현주체라고 할 수 있다. 그런데 군
주는 선천적으로 聖賢의 기질이 있는 것이 아니며, 더구나 왕위계승

---

118) 하지만 당시에는 월령에 대한 폭넓은 인식이 부족했던 듯하다. 이양의 봉사
문이 있은 뒤인 성종 7년 12월에 正・五・九月을 三長月로 삼아 屠殺을 금
하고 있는데(『高麗史』 卷3, 世家3 成宗 7年 12月 乙丑), 이는 월령에 대한
인식이 어려웠던 당시에 있어서 편법으로 三長月의 법을 내세워 공덕을 쌓
고자 한 것이다. 즉 월령과 공통되는 면을 가진 三長月을 씀으로써 儒佛의
교섭과 절충을 꾀한 것으로, 월령에 대한 이해를 보다 용이하게 한 것으로
볼 수 있다.(金哲埈, 1975, 『韓國古代社會研究』, 知識産業社, 374~376쪽 참
조)

에 있어서 부자계승으로 이어질 경우 그 賢否와 관련한 확신을 할 수
없었다. 그러나 여전히 군주는 천하 만물의 생사여탈권과 조화라고 하
는 현실적 권력과 天氣를 순조롭게 조절해야 한다는 이념적인 위상을
갖고 있다. 따라서 무엇보다 군주의 修德은 중요할 수밖에 없는 것이
다. 聖哲한 군주의 존재를 왕도정치의 제일 중요한 요소로 삼은 것은
이 같은 이유에서였다.

　최승로는 시무 28조 제20조에서 겨울과 여름의 講會와 忌齋로 인
하여 군주가 정사를 돌보지 않고, 또 경비가 많이 들어가고 있는 것을
지적하면서 월령에 의해 이를 감할 것을 청한 바 있다. 즉, 그는 5월
中氣(夏至)와 11월 中氣(冬至)에 음양이 다투고 死生이 나누어지는 때
이므로 신중히 거처하여 마음을 안정시킬 것 등을 제시하고 이에 따
라 정치와 교화를 닦을 필요가 있다고 한 것이다. 그리고 2월부터 4월
까지, 8월부터 10월까지는 政事와 功德을 반반씩 행하고 5월부터 7월
까지, 11월부터 정월까지는 오로지 정사만을 닦을 것을 청하였다. 이
처럼 하면 時令에 순응하고 聖體를 편안히 하며 臣民의 노고를 감할
수 있다는 확신을 피력하고 있기도 하다. 곧 이러한 내용은 최승로가
군주의 修養과 修德, 정치와 교화를 행하는데 있어 月令에 담긴 내용
을 토대로 제시하고 있는 것임을 알 수 있다.

　이러한 聖人的 군주의 위상은 재이를 면할 수 없다 하더라도 그것
이 天譴으로 발전하는 것을 막고, 하늘을 감동시켜 음양의 조화를 가
져올 수 있다고 믿었다. 천인감응론과 관련한 이해라 하겠다. 예컨대
정종 2년 6월 병인일의 기사를 보면 이 같은 이해가 잘 나타난다.

　　옛날 聖帝 明王 모두 災異를 면할 수 없었으나 오직 修德과 政事를
　　잘 돌봄으로써 재해를 바꾸어 복으로 만들었습니다. 금년에는 봄부터
　　가뭄이 몹시 심하여 성상께서 避殿 減膳 宵旰 憂勞 責躬 自省하시니

때에 맞추어 비가 내려 널리 전야를 적시어 풍년을 기다릴 수 있게 되었으니 엎드려 바라건대 正殿으로 돌아오시고 다시 常膳을 하시며 일을 보기를 전같이 하십시오.[119]

이처럼 군주의 修德은 매우 중요한 의미가 있었던 것이다. 이를 위해 군주가 어떻게 마음가짐을 가질 것이며, 어디에 거처할 것인가, 어떤 정령을 반포할 것인가의 문제는 여기서처럼 變災爲福할 수 있는 중요한 원인으로 생각하는 듯 보인다. 군주는 天時와 人事를 연결하고 조절할 수 있는 政令을 펴는 존재라는 인식이 깔려 있는 것이었다.

1년을 12달로 나누고 각각 음양의 성쇠에 따라 4계절로 나누고 있으며, 각 계절에 3개월씩을 배치하여 각기 孟·仲·季로 그 순서를 정하고 있는 월령은 일단 天時의 순환을 기록한 것이었다. 또한 오랜 기간에 걸친 정치와 농업경영의 경험을 바탕으로 각각의 때에 무엇을 해야 하는지를 상세하게 정리하였다. 군주된 자는 天心을 잘 이해하고 그 命을 수행하는 존재인 만큼 월령은 각각의 때에 맞는 時令으로서의 의미가 있었다.

군주의 이러한 역할 위상과 함께 월령에 나타난 時令의 면은 고려왕조의 국가운영에 반영되었다. 의례의 운영, 관료제의 운영, 농업정책, 형벌의 시행, 災異觀 등에서 이 면은 잘 나타나고 있다.

고려왕조는 유교적 의례제도를 차츰 정비해 나가기 시작하였다. 하지만 社稷·太廟·藉田·先農 등의 제도는 이전에는 경험한 적이 없는 것들이었다. 이들을 수용하여 설비하였지만 그 제도와 시행시기, 운영방법 등에 있어서는 어려움이 따를 수밖에 없었다. 유교문화의 수용에는 이러한 현실적인 문제들이 동반되었다. 이러한 유교문화의 수용은 성종대에 주로 정비되고 있었다. 대개는 국가의례로서 吉·凶·

---

119) 『高麗史』卷6, 世家6 靖宗 2年 6月 丙寅.

軍·嘉·賓의 오례 가운데 吉禮와 관련한 것이 주를 이루었다. 월령에서 길례와 관련한 행사의 시행시기와 그 운영방법 등에 대해 기록을 남기고 있었다는 것은 길례 중심의 유교문화의 수용에 관심을 기울이고 있던 고려왕조의 관심을 불러일으켰다. 성종 7년 2월에 있은 李陽의 봉사문[120]은 바로 이러한 관심과 연구의 결과였다.

군주의 수덕과 政事, 吉禮를 중심으로 한 유교 의례의 운영 등과 함께 고려왕조에서는 정치운영을 해 나가는데 있어서 天時에 따른 恒常的인 질서를 지키고자 노력했다. 관료제의 정착 및 지방행정제도 정비에 따른 지방관의 파견이 이루어지게 되자 고려왕조에서는 이를 어떻게 운영할 것인가 하는 문제의식을 가졌다. 이를테면 군주의 命이 아무 때나 마음 내키는 대로 내려지고, 관료들이나 지방관들이 아무 때나 公役을 실시하거나 농민들을 농번기에 동원하거나 한다면 혼란에 처할 수 있기 때문이다. 고려왕조에서는 이러한 점을 충분히 인식하였을 것이다.

더구나 고려왕조의 산업기반은 농업에 있었고, 정치 행정구조 등은 바로 이를 중심으로 이루어질 수밖에 없었다. 농업 중심의 정치를 행하는데 있어 고려해야만 하는 것은 바로 '時'였다. 時宜에 합당하여야 한다는 것이다. 그런데 이러한 時宜를 살피기 위해서는 이른바 天時와 天意를 깨달아야 한다. 陰陽五行論에 기초한 天人合一的 시각이 상당히 폭넓게 인식되고 있었다는 점을 고려한다면 고려에서는 天時의 움직임과 人事의 문제를 유기적으로 연관시켜 이해하고 있었을 것이다.[121] 天時와 人事는 政令을 통하여 연결될 수 있었다. 그것이 바로 때에 맞추어 人事를 다하는 政令인 時令이었다.

---

120)『高麗史』卷3, 世家3 成宗 7年 2月 壬子.
121) 李熙德, 1984, 앞의 책 ; 秦榮一, 1986,「高麗前期의 災異思想에 관한 一考 — 君王의 성격과 관련하여 —」,『高麗史의 諸問題』, 三英社.

134

고려왕조는 이 같은 이해 위에서 時令에 대해 주목하였다. 다음의
기사는 이러한 면을 잘 보여주고 있다.

"하늘을 본받고 때에 순응한 뒤에야 災沴를 막을 수 있고 和平을
다할 것인데 이제 내사문하성 및 여러 관사에서 올라오는 것들이 때
를 어기고 있으니 정사가 음양의 조화를 바란다고 한들 어찌 그릇됨
이 아니겠는가. 마땅히 각자가 마음을 다하여 힘써 월령을 지켜 나의
뜻에 맞도록 하라." 하였다.122)

이는 현종 16년 6월 己未에 있었던 敎이다. 요약하자면 法天順時를
위해서는 군주 및 관료가 모두 힘써 月令을 준수해야 한다는 이해로,
그 실천 위에서 和平이 이루어질 수 있다고 보았다.
그런데 현종이 이러한 교를 내리게 된 데에는 배경이 있었다. 같은
해 4월 갑자에 내려지는 교에 그 까닭이 잘 나타나 있는데 여기서 현
종은 "농사가 한창인 때에 亢陽하여 재해가 되고 있다. 백성들이 먹을
것이 모자랄까 염려되어 밤낮으로 이를 걱정하는 나의 마음을 둘 곳
이 없다."123)라고 하였다. 음양의 조화와 그 蘇息에 따라 계절의 변화
가 있으면서 時候가 적절하게 변해야 마땅한 것인데, 陽의 기운이 지
나치게 솟구쳐 가뭄으로 화하여 농사에 큰 지장을 주고 있다고 하였
다. 이를 해결하기 위해 法天順時와 월령의 준수를 강조하였던 것이
다.
이 같은 이해는 의종 22년 3월 戊子의 敎에서도 나타나고 있다. 의
종은 이때 서경의 관풍전에 거동하여 維新의 개혁책을 반포하였는데,
그 첫 번째로 "음양을 奉順하라. 근래 號令을 내려 실시함이 음양에

122) 『高麗史』 卷5, 世家5 顯宗 16年 6月 己未.
123) 『高麗史』 卷5, 世家5 顯宗 16年 4月 甲子.

어긋남이 있는 까닭에 寒暖이 뒤바뀌고 백성과 만물이 불안하니 이제
부터는 봄·여름에 賞을 주고 가을·겨울에 형벌을 내릴 것이며, 모
든 행사는 한결같이 월령에 의할 것이다.”[124]라고 하여 음양을 奉順하
는 데 있어 월령에 따른 時令을 적용할 것을 제시하였다. 또한 성종 7
년 2월 임자에 성종이 李陽이 올린 봉사문에 대하여 내린 敎[125]와 공
민왕 원년 2월 丙子의 즉위교서[126]를 보면 월령의 孟春之月을 써서
生氣를 북돋을 것을 말하고 있다. 즉 “犧牲으로 암컷을 쓰지 말며, 벌
목을 금지하고 새끼 짐승과 알을 품은 짐승을 잡지 말며 대중을 모으
지 말고 해골을 가려 묻는다.”는 時令의 내용을 행용할 것을 지시하고
있다.

　월령편을 통해 제시되는 시령은 이처럼 지방관으로부터 중앙의 백
관에 이르는 관료층이 유념하면서 지켜야 되는 규범이 되었다.[127] 또
한 군주 자신도 修德을 위해 유념해야 하는 대목이었으며, 더불어 天
과 人을 연결하는 政令을 살펴 반포하는 조정자로서의 역할도 여기에
담겨 있었기 때문에 그 중요성은 더욱 커졌다.

　군주는 農桑에 관심을 가져야 했다. 농사의 풍흉이 백성의 삶과 국
가의 흥성과 직접 관련되기 때문이다. 농사의 성패는 생산계층인 농민
의 근면함이 물론 절대적인 요소가 되겠지만 이와 함께 중요한 것은

---

124) 『高麗史』 卷18, 世家18 毅宗 22年 3月 戊子.
125) 『高麗史』 卷3, 世家3 成宗 7年 2月 壬子.
126) 『高麗史』 卷38, 世家38 恭愍王 元年 2月 丙子.
127) 肅宗 2年 3月 丁亥日에 있은 詔는 이러한 면을 더욱 잘 보여준다. 즉, “만물
　　이 발생하는 때가 되면 새끼 치고 알을 낳는 짐승을 해치지 말라는 것은 禮
　　典에 나타나 있으니 先王의 仁政이라 하겠다. 지금 諸道의 守令으로 이 令
　　을 따르는 자가 드물다.……이는 때를 맞추어 만물을 기르는 도리에 어그러
　　지고 천지의 和氣를 손상시키는 것이니 일절 금단할 것이며 위반자는 죄 줄
　　것이다.”(『高麗史』 卷12, 世家12 肅宗 2年 3月 丁亥)하여 수령들에게 時令의
　　준수를 강조하고 있는 것이다.

바로 국가적 차원의 농업에 대한 배려이다. 적극적인 국가의 지원이 보장되지 않고, 오히려 주생산층인 농민들에 대한 과다한 세금 수취와 役 동원 등이 있게 되면 農時를 잃은 농사는 필히 실패하기 때문이다. 農時를 살펴 時令을 반포하고 수행해야 한다는 인식은 바로 이러한 점에 기초한다.

농사에는 播種과 苗의 착근 등이 중요하다. 이는 봄에 이루어지는 과정이다. 김매기나 수확 등의 경우는 근면히 일하여 해결할 수 있지만 이 과정은 기후환경이 좌우하는 면이 크다. 즉 한해 농사의 풍흉이 여기에 있다고 해도 과언이 아닌 것이다. 고려의 경우 지정학적 위치 때문에 봄 가뭄을 많이 겪을 수밖에 없었다. 예컨대 고려시기 가뭄과 관련한 통계를 보면 2월이 6회, 3월이 14회, 4월이 55회, 5월이 55회, 6월이 21회, 7월이 7회 등으로 집계된 바 있다.[128] 『고려사』 오행지에서의 旱災에 따른 祈雨가 107회로 대략 5년에 2회 정도의 가뭄이 들은 것으로 계산된다.[129]

이러한 상황에 따라 고려왕조는 월령의 春令에 상당히 관심을 표명하였는데, 특히 농사가 시작되는 봄을 중시하였다. 靖宗 3년 정월에 내려진 判에서는 "立春 이후로는 諸道 外官은 모두 獄訟을 중지하고 오로지 農事에만 힘쓰도록 하며, 백성들을 시끄럽게 하지 말라. 만일 위반하는 자가 있으면 按察使가 규찰하여 다스리도록 하라."[130]라고 하였으며, 明宗 18년 3월에는 "때를 맞추어 勸農하는데 堤堰을 힘써 수축하고 저수하여 流潤하도록 하여 耗를 황폐하지 않게 할 것이며 백성들에게 먹을 것을 충족시킬 것이다."[131]라고 한 기사 등은 이러한

128) 김연옥, 1985, 『한국의 기후와 문화』, 이화여대출판부 참조.
129) 秦榮一, 앞의 논문, 503쪽.
130) 『高麗史』 卷79, 志33 食貨2 農桑 靖宗 3年 正月.
131) 『高麗史』 卷79, 志33 食貨2 農桑 明宗 18年 3月.

면을 보여준다.

『고려사』食貨志 農桑條에서 명종대까지 내려진 敎·詔·令을 살펴보면, 정월에 5회, 2월에 5회, 3월에 6회, 4월에 3회로 나타나고 있다. 전체 기사가 24회인데 이 가운데 79%인 19회가 봄에 집중되고 있는 것이다.[132] 이러한 점은『禮記』月令篇 孟春之月에서 政令으로 기록하고 있는 '布農事' 즉 농사의 시작을 포고한다는 인식과도 관련되는 것이라 하겠다. 또한 성종 7년 2월 이양의 봉사문에서 제기된 土牛를 만들어 農桑의 早晩을 살피자는 견해도 같은 측면에서 생각할 수 있다.

고려는 農時의 중요성을 인식하고 군주의 德政을 위하여 가뭄을 비롯한 많은 天災地變의 기록을 남겼다. 유교정치이념이 반영되면서 천문기록이 상세하게 기록되는 특징을 볼 수 있는 것이다.[133] 이는 董仲舒의 災異說[134]에 영향받은 바가 있다.

동중서의 天人相應論과 災異說은 그의 저서인『春秋繁露』에 잘 나타나 있다. 그는 여기서 자연현상의 변화와 인간사와의 결합관계를 설명하기 위해 음양오행설을 도입하였다. 또한 天은 의지가 있어 인간과 상응할 수 있으며 인간의 모든 행위의 선악은 天의 喜怒와 賞罰을 불러들일 수 있다 하여 천을 인간의 행위에 따라 감응할 수 있는

---

132) 한정수, 앞의 논문, 137쪽.

133) 이와 관련하여서는 이희덕 교수의 일련의 연구성과가 주목된다. 고대로부터 고려에 이르기까지의 自然觀 및 天文思想을 분석하고, 이를 유교정치이념 즉 왕도정치의 실현과 관련시켰던 것이다. 李熙德, 1999,『韓國古代 自然觀 과 王道政治』, 혜안 ; 1984,『高麗儒教政治思想의 研究』, 一潮閣 ; 2000,『高麗時代 天文思想과 五行說 研究』, 一潮閣.

134) 동중서의 재이설 및 재이설의 비판에 대한 연구로는 다음을 참고할 수 있다. 이희덕, 2000, 「董仲舒의 災異說과 高麗時代의 정치」,『高麗時代 天文思想 과 五行說 研究』, 一潮閣 ; 李明和, 1988, 「王充의 '災異說'批判」,『梨大史苑』22·23 合輯, 梨大史學會.

138

지각과 감정을 가진 主宰的 존재로 정립하였다. 즉, "天에는 陰陽이 있으며 人間에게도 또한 陰陽이 있어서 天地의 陰氣가 일어나면 人間의 陰氣도 이에 응하여 일어나며, 人間의 陰氣가 일어나면 天地의 음기도 이에 마땅히 응하여 일어나니, 그 道는 하나이다."[135]라고 하였던 것이다.[136]

국가가 장차 正道를 잃고 퇴폐에 빠지려 할 때면 天은 먼저 災異를 나타내서 이를 譴告하였다. 고려에서는 그 원인을 '天時失順'으로 이해하면서 그에 대한 대응으로 和氣를 일으키는데 주안점을 두는 면이 나타난다. 군주의 음양조화를 위한 消災의 의식과 여러 면에서의 구체적인 행사 및 정령의 반포 등이 잇따랐던 것은 이 같은 이유에서였다.[137]

여기서 흥미로운 것은 失順이라는 이해와 和氣를 중심으로 대책을 마련하고 있다는 점이다. 앞에서 지적한 바처럼 봄 가뭄이 심한 고려로서는 만물이 발생하는 때이자 농사가 시작되는 때인 봄과 관련한 대응책에 많은 관심을 기울일 수밖에 없었다. 和氣를 어떻게 일으켜 음양의 조화를 꾀할 것인가가 그 중심 과제였기 때문이다.

월령에는 각각의 天時에 맞는 政令이 기록되어 군주와 관료층이

---

135) 董仲舒, 『春秋繁露』 同類相動, 世界書局(臺北).
136) 李明和, 앞의 논문, 48~50쪽. 여기서 이명화는 동중서가 전통 유가의 관념적 천인합일사상에 음양론을 수용하여 知情意를 갖고 있는 主宰的 天의 이론을 정립하였는데, 災異는 人君의 행위에 대한 天의 의지적 譴告로서 그의 재이론 정립의 의의는 이를 통해 君主權의 견제를 의도한 것이라고 보았다.
137) 이희덕 교수는 이러한 면을 다음과 같이 정리한 바 있다. 즉, 왕 스스로 避正殿·減常膳·撤樂懸 등을 통해 責己修德하면서, 救日月食儀, 불교적 祭齋, 道敎의 醮齋 등을 거행하였으며, 현실적으로는 罪囚에 대한 赦免실시, 조세의 감면, 苛重한 工役의 중지, 人事處理의 시정, 반란음모 등에 대한 사전대비, 禁酒, 移市肆, 賑恤 등이 제시되고 있다고 본 것이다.(李熙德, 1984, 앞의 책 참조)

무엇을 해야 하는가를 제시해 놓았다. 그것은 상징적인 표현이 아니라 구체적인 정치내용과 관련된 것이었다. 또한 주목되는 것은 때에 맞는 정령을 펴야 함에도 때에 맞지 않는 정령을 펴는 잘못과 그 결과로 나타나는 현상에 대해서도 기록하였다는 점이다. 월령에 제시된 逆令에 따른 咎徵현상을 도표화하면 다음과 같다. (<표 6> 月令의 각 시기별 逆令과 그에 따른 咎徵 참조)

<표 6> 月令의 각 시기별 逆令과 그에 따른 咎徵에 실린 내용을 보면 각 계절에 맞는 時令이 정해져 있으며 그것은 天時와 天道에 따라 人事를 다하도록 하는 방향에서 정해진 것인데, 이를 어기고 잘못 적용하게 될 경우 그에 따른 경고가 咎徵의 현상으로 나타났음을 알려준다. 곧 봄에는 春令을 행해야 하고, 여름에는 夏令을, 가을에는 秋令을, 그리고 겨울에는 冬令을 행해야만 비로소 時令이 행해지는 것이라 할 수 있고, 이로 인하여 음양의 조화가 적절하게 이루어짐을 보여준다.

고려왕조에서 월령의 政令에 따른 정치의 시행을 강조하고 있는 것은 이와도 관계가 있다. 성종 7년 2월 임자일 성종의 敎에 보이는 春令의 시행 권장[138] 및 숙종 2년 3월 정해의 기사에 나타난 春令 시행 권장의 敎,[139] 현종 7년 7월 경신일 현종의 敎에 나타난 秋令에 따라 공평한 刑政을 시행할 것,[140] 현종 9년 2월 을해의 기사에 월령의 춘령에 따라 죄수들의 형을 경감하고 질곡을 벗겨주라는 敎[141] 등은 이러한 이해 속에서 나온 것이다.

---

138)『高麗史』卷3, 世家3 成宗 7年 2月 壬子.
139)『高麗史』卷12, 世家12 肅宗 2年 3月 丁亥.
140)『高麗史』卷4, 世家4 顯宗 7年 7月 庚申.
141)『高麗史』卷4, 世家4 顯宗 9年 2月 乙亥.

<표 6> 月令의 각 시기별 逆令과 그에 따른 咎徵

분류		行春令	行夏令	行秋令	行冬令
春	孟春		①雨水不時 草木蚤落 國時有恐	②其民大疫 猋風暴雨總至 藜莠蓬蒿並興	③水潦爲敗 雪霜大摯 首種不入
	仲春		③國乃大旱 煖氣早來 蟲螟爲害	①其國大水 寒氣總至 寇戎來征	②陽氣不勝 麥乃不熟 民多相掠
	季春		②民多疾疫 時雨不降 山陵不收	③天多沈陰 淫雨蚤降 兵革並起	①寒氣時發 草木皆肅 國有大恐
夏	孟夏	③蝗蟲爲災 暴風來格 秀草不實		①苦雨數來 五穀不滋 四鄙入保	②草木蚤枯 後乃大水 敗其城郭
	仲夏	②五穀晚熟 百螣時起 其國乃饑		③草木零落 果實早成 民殃於疫	①雹凍傷穀 道路不通 暴兵來至
	季夏	①穀實鮮落 國多風欬 民乃遷徙		②丘隰水潦 禾稼不熟 乃多女災	③風寒不時 鷹隼蚤鷙 四鄙入保
秋	孟秋	②其國乃旱 陽氣復還 五穀無實	③國多火災 寒熱不節 民多瘧疾		①陰氣大勝 介蟲敗穀 戎兵乃來
	仲秋	①秋雨不降 草木生榮 國乃有恐	②其國乃旱 蟄蟲不藏 五穀復生		③風災數起 收雷先行 草木蚤死
	季秋	③煖風來至 民氣解惰 師興不居	①其國大水 冬藏殃敗 民多鼽嚔		②國多盜賊 邊竟不寧 土地分裂
冬	孟冬	①凍閉不密 地氣上泄 民多流亡	②國多暴風 方冬不寒 蟄蟲復出	③雪霜不時 小兵時起 土地侵削	
	仲冬	③蝗蟲爲敗 水泉咸竭 民多疥癘	①其國乃旱 氛霧冥冥 雷乃發聲	②天時雨汁 瓜瓠不成 國有大兵	
	季冬	②胎夭多傷 國多固疾 命之曰逆	③水潦敗國 時雪不降 冰凍消釋	①白露蚤降 介蟲爲妖 四鄙入保	

*①·②·③의 순서는 四時에 맞지 않는 時令을 行한 월령의 기록 순서를 표시한 것이다.

더욱이 고려왕조에서는 월령의 내용을 이해하고 자세히 살펴 시행하기 위해 여러 차례 경연에서 강독하고 있음이 보인다.

군주를 중심으로 많은 儒臣들이 참여하여 講筵을 하는 자리에서 월령이 주목되었다는 것은 주목할 만한 일이다. 많은 경연 기록을 남기고 있는 예종과 인종대의 경우를 보면, 예종대에는 모두 4차례, 인종대에는 2차례가 기록되어 있다.[142] 이는 군주의 修德과 諸官의 時務의 내용을 확인하면서 法天順時의 왕도정치를 펴고자 하는 노력의 하나였다.

天人相應論의 전개 속에서 가뭄으로 대표되는 天譴에 대해 고려왕조는 군주의 修德과 백관의 時令에 따른 時務 등으로 順時로 전환할 수 있었다. 하지만 여전히 人事의 문제가 발생하고 있다면 災異 역시 계속될 것이었다. 고려왕조에서 人事의 문제로 가장 많이 꼽은 것은 賞罰의 공정한 시행과 刑政의 시행에 冤枉함이 없을 것 등이었다. 이로 인하여 생기는 것이 怨氣로서 곧 陰氣였으며, 이것이 上天에 닿으면 천의 陰氣가 감응한다는 것이다. 천인감응론의 이해로 본다면, 인간 세상에서 음기가 쌓이면 天도 역시 이에 감응하여 天譴 즉 災異를 보인다 하였기 때문이다.

음기를 만들어내는 것이 바로 이 같은 怨氣였다. 이것이 쌓여 和氣를 없애고, 음양의 조화를 부적절하게 한다는 것이다. 따라서 和氣를 북돋기 위해서는 怨氣가 나오는 근원을 없애면 될 것이라는 이해가

---

142) 예종대에는 원년 12월 경신, 15년 6월 기묘, 16년 3월 갑신, 같은 해 6월 계사일에 행해졌으며, 인종대에는 12년 6월 신사, 같은 해 7월 갑자일에 행해졌다. 예종 원년 12월 경신일은 일식이 있었으며, 나머지는 모두 앞서 가뭄이 있었음이 확인된다. 이외에도 이와 같은 측면에서 이용된 경전으로는 『尙書』(洪範・無逸・太甲・說命)・『詩經』(雲漢・七月)・『易經』(乾卦・泰卦)・『禮記』(中庸)이 있으며, 『金剛經』과 같은 불경도 포함되고 있다. 주로 군주의 責己修德과 時務를 살피는 목적으로 이용된 것으로 보인다.

142

나타날 수 있었다. 고려왕조에서 가뭄과 같은 재이가 발생했을 때
斬·絞의 二罪를 제외하고 죄수들을 석방하라고 한 많은 조치들은 이
를 반영한다.143)

　刑政의 운영에 있어서 月令에 따를 것을 강조하는 측면도 보인다.
이는 獄事를 처리하는 과정에서 군주의 仁政을 보여주는 대목이기 때
문이었다. 현종 9년 윤 4월 문하시중 劉瑨 등이 奏한 글을 보면 이와
같은 이해가 보인다.

　　"백성들이 疫癘를 많이 앓고, 陰陽이 愆伏한 것은 모두 刑政이 때
　에 맞지 않기 때문입니다. 삼가 月令을 살피건대 '3월에는 囹圄를 줄
　이고 桎梏을 없애며, 肆掠함이 없게 하고 獄訴를 그치도록 할 것입니
　다. 4월 중기에는 중죄수를 너그럽게 대하고, 경죄수를 내 보내며, 7월
　중기에는 囹圄를 수리하고 桎梏을 갖추며, 薄刑을 斷定하고 小罪를
　판결한다' 하였습니다.……청컨대 금후로는 내외의 所司에서 모두 月
　令에 의해 시행하도록 하소서."하니 이를 따랐다.144)

─────────
143) 예컨대 성종 10년 7월 가뭄이 계속되자 감옥을 열고 죄수들을 석방한 것(『高
　麗史』卷3, 世家 3 成宗 10年 7月)이나 현종 2년 4월 정미일에 역시 가뭄이
　계속되자 冤獄을 살피도록 한 조치(『高麗史』卷4, 世家 4 顯宗 2年 4月 丁
　未), 문종 14년 8월 무오일에 여름부터 가을에 걸쳐 장마가 계속되자 冤枉함
　이 있어서라고 진단하고 慮囚토록 한 것(『高麗史』卷8, 世家8 文宗 14年 8
　月 戊午) 등의 기록은 이러한 면을 보여준다.
144)『高麗史』卷85, 志39 刑法 恤刑 顯宗 9年 閏4月. 유진이 인용하여 말하고
　있는 월령은『禮記』월령편의 것이 아니었다. 그 내용을 본다면 현전하는
　『唐月令注』(續修四庫全書 史部 時令類 885)의 것과 동일하기 때문이다. 그
　러나 이는 앞서 밝혔듯이 이림보 등이『당월령』을 주해한 것이므로 유진이
　이용하여 말한 것 역시『당월령』으로 보여진다. 다만 여기서 말한 3월절의
　경우는 2월절의 것으로 보이므로 기록자의 착오로 보아야 할 것이다. 이 점
　에 대해서는 채웅석 교수의 2006년도 한국학중앙연구원 연구과제 발표문
　「고려시대의 형법과 형정인식」을 참조하였다. 다만 유사한 내용을 담고 있
　는 현종 9년 2월의 기록에는 계춘지월로 표기되어 있다.(『高麗史』卷4, 世家

유진은 음양이 순조롭지 않은 것에 대해 월령에 따라 형정을 시행하여 음양의 조화를 꾀하고, 生氣를 만들어 때에 맞게 하자고 청한 것이다.145) 예종 6년에도 역시 월령에 따라 4월에는 輕罪囚를 保放하고 5월에는 重罪囚의 형틀을 완화시켜 줄 것146)을 항식으로 삼은 바 있었다.

유진의 상서나 고려사에서의 형정 운영에 나타난 면을 보면, 한마디로 獄事를 월령에 따라 운영해야 한다는 것이었다. 이는 군주의 仁政과 연결되며 동시에 修德에도 해당하는 것으로 修德에 따라 음양조화가 이루어져 生氣가 있게 되어 天譴 등이 소멸된다는 이해의 소산이었다. 仁政을 베푸는 내면에는 농사로 바쁜 때에 옥송을 자주하지 못하게 함과 동시에 獄事가 있더라도 빨리 처결하고 또 죄가 가벼운 죄수들의 경우 이들을 내보내줌으로써 농사철에 필요한 노동력을 최대한 보장하기 위한 의미도 있었다.

이상에서 살펴보았듯이 고려왕조에서는 월령을 도입하여 이해하기 시작하면서 군주의 修德, 時令에 의한 君臣의 政治, 天時에 따른 勸農政策의 운영, 월령에 따른 刑政의 운영 등 전체 국가운영에 있어 많은 도움을 받았음을 알 수 있었다. 고려왕조는 유교정치이념에 바탕을 둔 왕도정치의 실현을 위해서는 天時와 人事를 연결하는 時令的 운영이 필요한 것으로 이해하였으며, 그 틀을 월령에서 찾고 있었던 것이다.

---

4 顯宗 9年 2月 乙亥)

145) 이보다 앞서 같은 해 2월 乙亥에도 月令에 따라 형정을 시행할 것을 항식으로 삼도록 한 바 있었다.(『高麗史』卷4, 世家4 顯宗 9年 2月 乙亥)

146) 『高麗史』卷85, 志39 刑法 恤刑 睿宗 6年.

3. 권농정책과 농서의 이용

1) 농민안정책과 권농정책

(1) 농민안정책

나말려초기 농민불안의 요소 가운데 하나는 경제적 인신적 수탈에 있었다. 대체로 수탈은 제도나 법에 의하지 않고 틀 외에서 이루어졌기 때문에 정치적 혼란의 와중에 있던 이 시기에는 해결하기 어려운 문제였다. 농민에게 있어 수탈의 가중화는 생존과 직결되는 것이었기 때문에 생활방도를 다각도로 찾을 수밖에 없었을 것이다. 농민의 어려움과 불안은 조세의 납부 저항으로부터 流亡으로까지 이어졌으며, 나아가 傭作을 하거나 혹은 유망을 하는 단계에도 도달하였다. 심한 경우 자식을 팔거나 노비가 되어 연명하고자 하는 민도 있었다.

태조는 이러한 상황에 처한 민을 안정시키고 이들이 자활할 수 있도록 방안을 강구할 것을 유념하였다.[147] 그러나 국초의 경우 전란의 상황과 국내 정세가 안정되지 않은 상태에서 반란 등이 자주 일어나 혼란한 상태였다. 그것은 태조 스스로 인식하고 있듯이 당시 시급히 필요한 軍國의 貢賦 때문이었던 것이다. 그럼에도 불구하고 태조는 즉위 초부터 민생의 어려움이 어디에 있는가를 인식하였고 이를 해결하기 위하여 노력하였다. 다음을 보자.

가-1) 짐이 깊이 과덕함을 부끄러워하면서도 王業의 터전을 열게 된

---

147) 고려초의 농민정책에 대해서는 다음의 연구가 참고된다. 河鉉綱, 1987,「高麗 太祖의 內外政策의 樹立背景과 그 性格」,『東方學志』54・55・56합집 ; 洪承基, 1990,「高麗時代의 農民과 國家」,『韓國史市民講座』6, 一潮閣 ; 金昌謙, 1992,「高麗 太祖代 對流移民政策의 性格」,『國史館論叢』35 ; 李文鉉, 1996,「高麗 太祖의 農民政策－租税制度와 流移民政策을 중심으로」,『高麗太祖의 國家經營』, 서울대학교출판부.

것은 하늘이 도우시는 위력과 백성의 추대에 힘입은 때문이다. (그러므로) 백성들이 안착하여 집집마다 부유해지기를 바라는 바이다. 그러나 前主의 衰運을 이어 받았으므로 만일 租稅를 면제하고 農桑을 권면하지 않는다면 무엇으로써 집집마다 넉넉하고 사람마다 풍족함에 이르게 할 수 있겠는가. 그 백성들에게 3년의 租·役을 면제하여 사방에 유리하는 자로 하여금 田里로 돌아가게 하고 大赦하여 이들에게 休息을 주도록 하라.[148]

가-2) ……마땅히 너희들 公卿將相으로 國祿을 먹는 자들은 내가 백성을 사랑하기를 아들 같이 여기고 있는 뜻을 잘 알아서 너희들 祿邑의 백성들을 불쌍히 여겨야 할 것이다. 만약에 家臣 無知輩를 祿邑에 보내면 오직 聚斂만을 힘쓰고 마음대로 빼앗아간들 너희들이 또 어찌 능히 이를 알 수 있겠는가. 비록 혹은 이를 안다하더라도 금하지 않고 백성 가운데 소송을 제기하는 자가 있는데도 관리가 사사로운 정에 끌려 숨기고 비호함으로써 원망과 비방하는 소리가 일어남이 대개 여기서 말미암는 것이다.……[149]

가-3) 임금이 臣民의 마음을 얻는다는 것은 심히 어려우며 그 마음을 얻고자 하는데 중요한 것은 諫言을 따르고 참소를 멀리 하는 데에 있다. 뿐만 아니라 諫言을 따르면 聖君이며 讒言이 꿀 같으나 믿지 않으면 참언이 스스로 그치게 된다. 또 백성을 부리되 때에 맞춰 하고 요역을 가볍게 하고 부세를 적게 하며 농사일의 어려움을 알면 스스로 민심을 얻게 되어 나라는 부유하여지고 백성은 평안해 질 것이다.……상벌이 올바르면 陰陽이 순조로워 질 것이다.[150]

---

148) 『高麗史』 卷80, 志34 食貨 賑恤 恩免制, 太祖 元年 8月.
149) 『高麗史』 卷2, 世家2 太祖 17年 5月 乙巳.
150) 『高麗史』 卷2, 世家2 太祖 26年 4月 癸卯.

　가-1)은 태조 원년 8월의 기사로 3년 조세와 역역의 면제 및 勸農桑을 주된 내용으로 하는 詔로서 백성의 안착을 도모하는 방향에서 내려진 것이었다. 가-2)는 태조 17년 예산진에 나아가서 귀족층과 그 가신 등에 의한 수탈의 상황을 염려하면서 이를 금하도록 하는 내용을 담고 있는 詔書이다. 가-3)은 태조가 만년에 후대 왕들을 위하여 남겼다고 하는 訓要 가운데 7번째의 것으로 신하들과 백성들의 마음을 얻는 방책을 제시한 것이다. 즉, 신하들의 마음을 얻는데 있어서는 諫言을 따를 것과 참소를 멀리할 것을 경계하고 있으며 때에 맞게 백성을 부리고 徭賦를 적게 하며 군주 스스로 농사의 어려움을 깨닫게 되면 백성들의 마음을 얻을 수 있다는 이치를 담고 있다.

　가-2)의 사례에서 태조가 밝힌 바처럼 농민층의 불안을 가져올 수 있는 요인 중의 하나가 지배층에 의한 과도한 수탈이다. 따라서 고려왕조로서는 이를 막으면서 지배층의 협조를 얻을 수 있는 방향으로 정책을 구상하여야 했다. 그것이 '以優朝士'[151] · '以養廉恥'[152]로 표현되는 토지분급제도인 田柴科와 祿俸제도였다.

　관료의 봉사에 대한 보상의 의미를 가지면서 경제적 보장을 하고자 한 토지분급제가 어떻게 시행되었는지에 대한 구체적 설명이 없기 때문에 그 지급형태와 경영에 대해서도 파악하기가 힘든 것이 사실이다. 하지만 위에서 밝힌 바와 같이 신라 말 후삼국기의 祿邑制 및 食邑 운영의 폐단으로 인하여 백성들이 수탈에 시달리고 유리걸식하거나 노비가 되는 상황을 목도한 태조로서는 시급히 田制를 정비해야 할 필요성을 느꼈을 것이다.[153] 가-2)를 본다면 祿邑을 사여하고 이에 대

151)『高麗史』卷78, 志32 食貨1 田制 祿科田.
152)『高麗史』卷80, 志34 食貨3 祿俸 序.
153) 나말려초기의 녹읍제와 관련한 연구 성과를 보면 다음과 같다. 姜晋哲, 1969, 「新羅의 祿邑에 대하여」,『李弘稙博士華甲紀念論叢』/ 1989,『韓國中世土地

한 수취권을 주었던 것으로 보인다.[154] 또한 태조 23년에는 人性과 善
惡과 功勞 등을 기준으로 그 고과를 살펴 役分田을 지급하였다.[155]
당시 녹읍제의 운영과 역분전이 동시에 적용이 되고 있었던 것인지
아니면 녹읍제를 소멸시키고 역분전을 지급했는가에 대해서는 분명히
알기 어렵다. 이 기사가 田柴科의 첫 기사로 등장하고 있는 만큼 양자
가 전혀 상관이 없는 것이라고 보기는 어렵다.[156]

  토지분급제의 마련과 실시가 갖는 의미가 과도한 수탈을 방지하고
관료들에 대한 경제적 보장을 해주는데 의의가 있다고 한다면 이를
보다 유념할 필요가 있다. 즉 고려왕조의 입장에서는 실제 토지 경작
자인 민과 경제적 보장을 해주어야 할 필요가 있는 관료들을 가능한
한 만족시켜 주는 방향에서 토지분급제를 설정했다고 보아야 하기 때
문이다. 태조가 인품과 선악, 공로를 보아서 역분전을 지급했다고 하
는 것이나 경종이 처음으로 전시과를 제정하면서 人品으로 급전했다

      所有研究』, 一潮閣 재수록 ; 姜晋哲, 1989, 「新羅의 祿邑에 대한 若干의 問
      題點」, 『韓國中世土地所有研究』, 一潮閣 ; 洪承基, 1977, 「高麗 初期의 祿
      邑과 勳田」, 『史叢』 21 · 22합/ 2001, 『高麗社會經濟史研究』, 一潮閣 재수록
      ; 盧明鎬, 1992, 「羅末麗初 豪族勢力의 經濟的 基盤과 田柴科體制의 成
      立」, 『震檀學報』 74 ; 김영두, 1996, 「高麗 太祖代의 祿邑制」, 『韓國史研究』
      94 ; 李喜寬, 1999, 「祿邑의 性格과 그 變化」, 『統一新羅土地制度研究』, 一
      潮閣 ; 李景植, 1999, 「新羅時期 祿邑制의 施行과 그 推移」, 『歷史教育』 72.
154) 『高麗史』 卷2, 世家2 太祖 17年 5月 乙巳. 이러한 녹읍제에 대해 洪承基는
      녹읍이 관료들에게 지급되어 그 주요 경제적 기반이 되었고, 그 지급은 일정
      한 지역에 대한 경제적 지배를 허용한 것이라 하면서 그 지배는 수조권 이
      상으로서 貢賦 力役의 수취도 포함되는 것으로 정리한 바 있다. 실제 녹읍
      의 지급은 원칙적으로는 일정한 액수의 곡식을 지급하는 녹봉제와 차이가
      없다고 보았다.(洪承基, 1977, 앞의 논문)
155) 『高麗史』 卷78, 志32 食貨1 田制 田柴科 太祖 23年.
156) 姜晋哲, 1980, 「建國 직후의 상태와 役分田의 設置」, 『高麗土地制度史研
      究』, 高麗大學校出版部.

고 한 것은 그러한 의미를 고려한 것이라 보여진다.

왕조 운영에 있어 가장 중요한 것은 역시 국가재정의 마련과 그 기반을 튼튼히 하는데 있다. 가-1)과 가-3)에서 태조가 가장 우려한 대목이었는데, 이를 그는 '取民有度'하는데 그 해결방향이 있다고 보았다. 따라서 고려왕조에 있어서 租稅와 貢賦의 수취는 이를 원칙으로 하여 '輕徭薄賦'를 실현하면서도 足國用・厚民生하는 정책을 마련하는데 원칙을 두었다고 하겠다.

고려 초 태조는 궁예의 실정을 거론하면서 백성들이 유리걸식하게 된 가장 큰 이유로서 과도한 징수를 꼽았는데, 舊制를 따르지 않고 1頃당 6碩을 거두어들임으로써 농민들이 이를 감당할 수 없었다는 것이다. 여기서 舊制의 내용에 대해서는 논란의 여지가 있으나『고려사절요』의 같은 기사에서 이를 '天下之通法'으로 기록하고 있고, 고려말 趙浚이 올린 토지개혁 상소에는 태조의 말임을 밝히면서 '自今宜用什一 以田一負出租三升'[157]이라 하였다. 이들 내용으로 본다면 고려시기의 기본적인 조세수취율은 1/10조로 보아도 좋을 듯하다.

고려 전기의 국가재정 수취의 기반인 조세는 기본적으로 租・布・役의 3稅로 되어 있었으며 군현단위로 수취가 이루어지고 있었다. 궁예 때의 1頃당 6석의 과도한 수취는 이들 조세를 모두 합친 규모로 여겨진다. 이러한 地代的인 수취구조는 농민층으로서는 감당하기 어려운 것으로 태조는 이러한 수취의 규모를 趙浚의 상서에서 인용되고 있는 것처럼 1負당 3승으로 조정하기에 이르렀다.[158] 성종대에 이르

---

157)『高麗史』卷78, 志32 食貨1 祿科田.

158) 다만 姜晋哲이 언급한 대로 이를 결당 수취로 환산하면 결당 2석의 租가 되며 1/10조를 적용하여 환산하면 결당 생산량이 20석이 되어 성종 때의 결당 최고 생산량인 18석보다도 많아진다.(姜晋哲, 1980, 앞의 책, 390~400쪽) 성종대의 수치상으로 볼 때 공전수조율로 환산되는 최고 생산량보다 많은 것은 사실이다. 그러나 여전히 궁예 때의 6석 수취보다는 1/3정도로 줄어들게

러서는 공식적으로 公田의 수취율을 1/4로 확정하였는데, 이는 地稅의 성격[159]보다는 공해전과 둔전 등 국공유지의 地代에 대한 규정으로 볼 수 있다.[160]

광종은 즉위하면서 元甫 式會와 元尹 信康 등으로 하여금 州縣의 歲貢額을 정하게 하였다.[161] 그러나 이때 정해지는 주현 세공액이 각 주현의 호구와 토지를 기준으로 하였을 것은 충분히 수긍이 되지만 실제 호구 및 토지의 파악이 광종 6년을 전후로 하여 양전사업이 전개되면서 이루어졌을 것으로 생각되기 때문에 이때의 세공액을 정한 기준은 신라나 태봉, 후백제 등에서 거두어들였던 貢賦와 각 군현에 대한 대략적인 파악 위에서 이루어졌을 것이다. 따라서 일시적으로 확정되었다기보다는 양전 및 호구의 파악, 특산물 등에 대한 조사가 이루어지면서 전개되었다고 하겠다. 이때 정해진 내용은 예종 3년 이전까지 약간의 변동이 있을 뿐 그대로 진행되었던 것으로 여겨진다. 예종은 경기 주현의 常貢徭役이 煩重하고 雜所의 別貢物色이 지나치게 많다하여 이를 조정토록 하였다.[162]

고려왕조가 국가재정의 규모를 정하고 조세제도를 운영하는데 있

되며 당시 민들에게 체감되는 폭이 컸다고 여겨진다. 또 당시의 전쟁비용을 감안할 필요도 있을 것이다. 다만 조준이 상서문을 작성할 때 당시의 조세부과 단위인 結을 쓰지 않고 負로 표시하였는가에 대해서는 의문이 든다.

159) 姜晋哲, 1965, 「高麗前期 公田·私田과 그의 差率收租에 대하여」, 『歷史學報』 29/ 1980, 앞의 책 재수록.

160) 金容燮, 1975, 앞의 논문 ; 金容燮, 1981, 「高麗前期의 田品制」, 『한우근박사정년기념사학논총』/ 2000, 앞의 책 재수록 ; 李成茂, 1981, 「公田·私田·民田의 槪念」, 『한우근박사정년기념사학논총』 ; 박종진, 2000, 『고려시기 재정운영과 조세제도』, 서울대학교 출판부, 84~92쪽 ; 安秉佑, 2002, 『高麗前期의 財政構造』, 서울대학교출판부 등 참조.

161) 『高麗史』 卷78, 志32 食貨1 田制 貢賦 (光宗 卽位年).

162) 『高麗史』 卷78, 志32 食貨1 田制 貢賦 睿宗 3年 2月.

어서 중요시 한 사항은 토지의 經理와 인구의 파악이다. 田制에 포함되지는 않지만 戶口는 이처럼 국가의 재정원 파악에 있어서 중요한 의미를 가질 수밖에 없다. 토지와 농민은 바로 국가의 주요 수취원이기도 하기 때문이다. 따라서 농민을 토지에 긴박시키고 농업에 전념할 수 있도록 하는 정책이 필요하다고 하겠다. 이를 어떻게 파악하여 재정 및 정치운영의 기초로 삼을 것인가가 호구정책의 원칙적 방향이라 할 수 있을 것이다. 고려왕조는 이를 戶籍의 작성과 本貫制 등을 통하여 파악하고[163] 호구를 計點해 나갔다.

고려시대의 경우 대표적인 농업기상재해인 水・旱・蟲・霜 등에 따라 농지가 유실되거나 혹은 수확이 줄어 경작자들이 생계를 꾸리기 힘들어질 때 이를 구체적으로 파악하여 재정정책에 반영하여 피해지역에 대한 적절한 조치 즉 조세 감면 등의 정책을 펴나갔다. 예컨대 문종 4년 11월 판에, 토지 1결의 수확을 10분으로 하여 피해액이 4/10 이상이 되면 租・布・役 등에 대한 감면을 취하였으며, 이와 함께 실제 피해상황을 파악 보고하는 체계까지 갖추었다. 즉, 촌민 가운데 촌락 내의 행정을 맡은 것으로 보여지는 村長 혹은 村正인 村典이 그 토지의 피해상황을 조사하여 수령에게 보고하고 이에 응하여 수령이 친히 답험하여 戶部에 보고하면 호부가 三司에 알려 三司가 그 허실을 조사하여 안찰사로 하여금 別員을 보내 실질적으로 그 내용을 파악하여 감면토록 하였던 것이다.[164]

이러한 면은 진휼정책에도 적용되었다. 진휼은 災害를 당하였거나

163) 이를 살펴볼 수 있는 연구 성과를 보면 다음과 같다. 許興植, 1981,『高麗社會史研究』, 亞細亞文化社 ; 金壽泰, 1981,「高麗 本貫制度의 成立」,『震檀學報』52 ; 權斗奎, 1992,「高麗時代 戶主의 機能과 地位」,『大邱史學』43 ; 金琪燮, 1993,『高麗前期 田丁制 研究』, 부산대학교 박사학위논문, 63~83쪽 ; 蔡雄錫, 2000,『高麗時代의 國家와 地方社會』, 서울대학교 출판부.
164)『高麗史』卷78, 志32 食貨1 踏驗損失 文宗 4年 11月.

혹은 생계를 꾸리기 어려운 鰥寡孤獨 등을 대상으로 이루어졌다. 진 휼정책은 일시적으로 피해를 입은 농민층을 대상으로 하기 때문에 농 민의 보호와 향촌사회의 안정을 꾀하면서 군주의 仁政・德政을 보여 줄 수 있다는 점에서 농민안정책 중 가장 선호되는 방식이었다. 그 선 별기준이나 보상기준, 賑貸기준 등에는 위에서 언급한 식화지 踏驗損 失條에 실려 있는 방식이 적용되었다.

고려시대의 賑恤政策은 크게 본다면『高麗史』찬자들이 분류하고 있듯이, 恩免, 災免, 鰥寡孤獨賑貸, 水旱疫癘賑貸 등으로 나눌 수 있 다. 이 가운데 災免과 水旱疫癘賑貸의 경우 그 성격이 겹치고 있는 점을 본다면 결국 恩免, 災免, 鰥寡孤獨賑貸로 크게 분류된다. 恩免 의 시기를 보면 즉위(5), 군주 및 왕태후책봉(5), 태묘제사(2), 巡幸(12), 전란(3), 팔관회(1), 불교행사(1), 유리도망민 안착(1), 이유불명(3) 등으 로 집계되고 있다.[165] 순행에 따른 은면조치가 가장 많이 내려지고 있 어 군주와 백성이 직접 만나는 자리로서 군주의 덕을 펴고자 하는 조 치로 이해할 수 있겠다.

또한 재해로 파악되는 내용을 보면 大水, 疾疫, 久旱, 水旱, 秋穀不 登, 震, 외적침입, 蝗災, 旱霜雨雹禾稼不登, 재변과 時雨愆期, 天譴 등이 있다.[166] 이를 정리하면 水・旱・蟲・霜・疫癘・戰亂・地震 등 이라 할 수 있다. 이들 진휼정책에 있어서의 조치 내용은 대체로 欠 債・欠負의 견감, 租調(田租)・力役의 감면, 赦, 恤孤獨賞耆舊, 遣使 發倉, 給種食 등의 형태로 이루어졌다.

이러한 농민안정책 등과 함께 주목되는 것은 향촌사회의 안정을 위

---

165) 괄호안의 수치 내용은『高麗史』卷80, 志34 食貨3 賑恤 恩免之制 중 고려 전기에 해당하는 기사만을 대상으로 한 것이다.
166)『高麗史』卷80, 志34 食貨3 賑恤 중 災免之制, 鰥寡孤獨賑貸之制, 水旱疫 癘賑貸之制의 내용을 토대로 하였다.

152

한 노력의 하나인 孝悌의 장려였다. 孝悌는 유교이념 가운데서도 인
륜의 근본이 되는 것으로 이에 대한 국가적 장려는 바로 향촌사회의
敎化와도 연결되었다. 이 점에 대해 주목하기 시작한 것은 성종대였
다.

성종대의 勸課農桑과 孝悌에 대한 장려가 이루어지고 있는 것을
보면, 농업정책의 기본방향의 하나로 孝悌力田을 구상했음을 알 수
있다. 예를 들면, 성종 9년 9월 국가를 다스리는데 있어서는 반드시
먼저 務本하여야 하며 務本을 장려하는 데는 孝가 가장 크다는 것이
다. 이러한 이해에 따라 당시 6도에 사신을 파견하여 孝子·順孫·義
婦·節婦 등에 대한 조사를 지시하였고 그에 따라 조사된 이들에 대
한 포상을 하고 있음이 나타난다.[167] 이는 결국 인륜을 이루는 근본이
효에 있다는 것이며 효제를 실천하는 자세가 곧 또 하나의 務本인 力
農에의 전념으로 연결된다는 이해에서 출발한 것이라 하겠다.

(2) 권농정책의 특징

고려 태조는 즉위한 뒤 농업과 농민의 안정을 위하여 輕徭薄賦를
통한 取民有度의 정책을 취함과 동시에 勸課農桑할 것을 밝힌 바 있
다. 태조가 밝힌 이러한 인식은 농업생산과 농민이 곧 정치의 근본이
된다는 데에서 나왔다. 그것이 이후 重農理念의 내용으로 농업정책이
전개되는 방향의 지침이 되었다. 하지만 태조대에는 권과농상의 구체
적 내용은 제시되지 않고 다만 知稼穡之艱難을 통한 군주의 농업에

---

167) 『高麗史』卷3, 世家3 成宗 9年 9月 丙子. 이러한 務本으로서의 孝悌와 力田
의 강조가 함께 이루어진 것은 이것이 정치의 근본으로 인식되어서이며, 이
를 통하여 농촌사회의 안정과 의식의 문제를 해결하고자 한 의지로 볼 수
있을 것이다. 실제 孝悌力田의 내용은 『漢書』卷4, 文帝紀 文帝 12年 3月의
기사에 "孝悌天下之大順也 力田爲生之本也"라고 한 바와 같다.

대한 이해 노력이 제시되었다. 다만 태조는 궁예의 취렴이 과도하여 백성들이 밭 갈고 베 짜는 일을 할 수 없어 유망하는 일이 많아졌다[168]고 하여 비판하는 가운데 男耕女織을 기본으로 하는 농업의 분업적인 생산구조를 염두에 두었다.

태조의 이러한 인식이 있은 뒤 고려왕조에서는 기본적인 권농정책의 방향을 重農에 입각한 務本力農·力田의 방향으로 전개하였다. 실제 고려 전기의 권농정책의 내용은 『高麗史』 食貨志 農桑條에 상당부분 실려 있으며, 연대기의 내용 및 기타 志 등에서도 이를 확인할 수 있는 부분이 있다. 『高麗史』에 실린 내용만을 정리하면 다음의 <표 7> 高麗前期 勸農 관련 기사와 같다.

농업생산구조를 안정시키고 농민들의 力農을 꾀하기 위하여 고려왕조는 농업을 근본으로 하는 務本力農을 정치의 근본으로 삼으면서 이를 위하여 여러 가지 조치를 취하였다. <표 7> 高麗前期 勸農 관련 기사를 분석하면 고려 전기 권농정책을 유형화할 수 있다.

첫째, 州郡의 병기를 거두어 농기구를 만든 것(2)이나 곡식 종자를 나누어주는 것(3, 5, 8, 19), 농기구 및 관우를 내려준 것(6, 7)이나 제언을 수리토록 한 것(21, 41) 등은 농업생산에 소요되는 종자와 농기구, 耕牛, 저수관개를 갖춤으로써 농업생산에 필요한 제반 여건을 안정시키려 한 의도였다.

둘째, 농사의 때를 지켜 使民토록 하여 농민들의 力田을 국가적 지방적 차원에서 장려하려 하고 있었다.(1, 11, 12, 13, 16, 20, 21, 27, 29, 32, 41)

셋째, 이와 함께 직접 농상을 장려하는 구체적인 조치로서 기록된 것을 보면, 桑苗를 심어 蠶事에 이바지하도록 한 것(10, 35, 41)이나

<hr>

168) 『高麗史』 卷78, 志32 食貨1 田制 租稅.

154

桑·栗·漆·楮를 심어 지력이 떨어지는 땅을 이용하도록 하였다.(35, 41)

넷째, 권농에 있어 가장 중요하다 할 農本·務本의 중농이념을 권농정책의 실현 주체인 지방관 등에게 제시함으로써 務本의 이해와 노력이 농업생산에 매우 중요함을 알리고 있기도 하다.(1, 4, 11, 22, 28, 32, 34, 39)

다섯째, 비록 중국 양잠서의 수입과 그에 대한 방언해석으로 나온 경우이긴 하지만 농서의 편찬과 보급의 사례가 확인된다.(31)

여섯째, <표 7> 高麗前期 勸農 관련 기사를 볼 때 『고려사』에서는 新田의 개간 장려와 같은 성격의 정책은 보이지 않지만 屯田의 운영을 통해 개간을 도모하고 있음을 엿볼 수 있다.(18, 23, 25, 26) 또한 지방관에 의한 권농 활동 기록이 12세기로 들어가면서 늘어나고 있고, 권농 내용도 火耕水耨의 방법을 이용한 新田의 개간과 堤堰축조 및 水路를 파서 관개하고 있음이 보인다.(24, 33, 36, 37, 40, 41) 더욱이 12세기 중엽으로 가면서는 低濕地나 海澤地로 개간의 방향이 전개됨을 알 수 있다.(33, 36, 37, 40)

<표 7> 高麗前期 勸農 관련 기사를 통해 볼 때 국가적 차원에서의 農書의 편찬이나 구체적인 農法 개발, 수리시설의 축조를 통한 灌漑 노력 등이 많이 나타나지 않는다. 다만 鄭穆(24항)·張文緯(33항)·林民庇(36항)·李文著(37항)·吳元卿(38항)·崔甫淳(40항) 등 지방관의 墓誌銘 사례에서 浚渠 및 堤堰 축조 관련 기록이 보이는 정도169)

---

169) 堤堰의 축조와 관련해서는 위의 자료 외에도 의종 24년 延福亭의 南川堤가 무너지자 坊里의 장정을 징발하여 축조하라고 한 기사(『高麗史』卷19, 世家 19 毅宗 24年 6月 庚戌), 豊德郡 남쪽 4리 쯤에 있었다고 하는 重房堤(『新增東國輿地勝覽』卷13, 豊德郡 古跡條), 明宗 때 司錄 崔正份이 다시 쌓은 恭儉池 관련 기사(『新增東國輿地勝覽』卷28, 尙州牧 山川條) 등이 있다.

로, 이를 본다면 仁宗대를 전후해서야 지방 사회에서 적극적으로 堤
堰 수축에 나서고 있는 것을 알 수 있다.[170]

　『고려사』에 나타나는 권농정책의 경향의 하나는 농민이나 지방관
등에게 務本力農을 권장하고 있지만 新田·荒田의 개간을 위한 면이
적다는 점이다. 그것은 새로운 경지의 개간 과정에 많은 노동력이 필
요하며, 또 이를 治田·熟田하는 과정이 매우 어렵기 때문이었다. 또
한 당시 開墾의 방법은 火耕을 통하여 행하는 것이 일반적이었다. 그
러나 이는 대규모 화재의 발생이나 山野를 불태움으로 해서 陰陽調
和의 生氣를 무너뜨릴 수 있다는 이해에 의해 금지된 측면이 많았
다.[171] 따라서 농민 개개인에 의해서는 이루어지기 힘든 면이 있었으
나 柴地를 이용한 토지개발이나 山田 등의 개발이 이루어지기도 하였
다.[172]

---

170) 그 이유에 대해 명확히 설명하기 어렵지만 고려의 경우 초기부터 山川裨補
　　에 많은 관심을 기울였고, 이에 근거하여 태조는 훈요10조에서 사찰의 남설
　　등을 막은 바 있다. 또한 문종 7년 8월에 "羅城東南隅 高岸者 所以補都邑之
　　虛缺 今爲川潦衰壞"하였다고 하는 기사(『高麗史』卷7, 世家7 文宗 7年 8月
　　丁酉)나 인종 말년 인종의 병세 호전을 위해 무당의 말에 따라 內侍 奉說을
　　보내 金堤郡에 신축한 碧骨池堰을 끊도록 한 것(『高麗史』卷17, 世家17 仁
　　宗 24年 2月 庚申), 豊德郡 남쪽 4리 쯤에 있었다고 하는 重房堤를 고려 때
　　에 重坊裨補라고 불렀다고 한 것(『新增東國輿地勝覽』卷13, 豊德郡 古跡
　　條)은 고려에서 풍수지리와 도참 등을 배경으로 산천을 종합적으로 관리하
　　려 했음을 보여준다.
171) 『高麗史』卷85, 志39 刑法2 成宗 6年 正月, "敎 自二月至十月 萬物生成之
　　時 禁放火山野 違者罪之 著爲常式"이라고 한 기사나 『高麗史』卷12, 世家
　　12 睿宗 2年 3月 丁亥, "詔曰 當萬物發生之時 不覆不卵者 實禮典之成規
　　而先王之仁政也 今諸道守令 鮮克循令 或托供膳 以要上賞 或厚饗使客 以
　　悅其意 田獵無時 或農夫火耕 延燒物命 有乖對時育物之義 足傷天地之和
　　一切禁斷 違者 罪之"라고 한 기사는 이를 보여주는 사례이다.
172) 홍순권은 田柴科가 지급되는 속에 柴地의 경우 개발 가능한 토지로 보고 있
　　기도 하다.(洪淳權, 1987, 「高麗時代의 柴地에 관한 고찰」, 『震檀學報』 64)

156

新田의 개발은 많은 노동력을 일시에 동원하고 토지를 관리할 수 있는 정부에 의해 주도되었는데, 屯田軍을 이용하거나 지방관 주도로 개간사업이 이루어진 것은 이러한 이유에서였다.

위에서 언급했듯이 12세기 중엽으로 가면서 수리시설을 수축하거나 도랑을 파서 관개하는 경향이 많아졌다. 海澤地나 低濕地 개발과 연결되는 면이라고 할 수 있는데, 이러한 경향이 많아진 데에는 山田 개발이 한계를 보이기 시작했다는 점과 水田 개발 경향의 확대라는 점 등이 그 이유로 설명되었다. 물론 이러한 이유도 컸지만 또 하나 고려해야 하는 것은 자연재해의 빈발과 기상의 변동이라는 점이다.

五行志의 災異를 편년적으로 통계화하여 기상의 변화를 측정했을 때, 12세기를 전후하여 기후는 급격히 한랭화하는 방향으로 진행되어 고려의 정치, 경제, 농업의 측면에 큰 영향을 미쳤다. 그 원인으로서 화산의 분화 특히 白頭山의 화산활동으로 인하여 화산재가 日射를 막아 寒冷化하였다는 설이 제기되었다. 즉, 12세기 전반 동아시아 전역에 걸쳐 일어났던 기후의 한랭화에 대해 그 발생의 급격한 면이나 『高麗史』五行志에 나타나는 기상기록을 통해 暖冬冷夏의 출현이나 기상이변의 빈발 등이 화산분화로 인한 것일 수 있다는 견해이다. 이를 위해 일본 群馬縣과 長野縣에 걸쳐 있는 淺間山(표고 2542m)의

이와 함께 고려 전기의 농경지 개간과 관련해서는 다음의 연구 등을 참조할 수 있다. 李平來, 1989, 「高麗前期의 耕地利用에 관한 재검토」, 『史學志』 22, 檀國大學校史學會. 고려 후기의 토지개간과 관련해서는 다음의 연구가 있다. 魏恩淑, 1988, 「12세기 농업기술의 발전」, 『釜大史學』 12 ; 李平來, 1991, 「고려 후기 수리시설의 확충과 수전(水田)개발」, 『역사와 현실』 5 ; 李宗峯, 1992, 「高麗後期 勸農政策과 土地開墾」, 『釜大史學』 15·16합집 ; 안병우, 1995, 「농업생산력의 발전과 상공업」, 『한국역사입문-중세편』, 풀빛 ; 위은숙, 1998, 「고려시기 韓·日 농업기술 비교」, 『高麗後期 農業經濟硏究』, 혜안.

화산활동(1108년 분출 가능성)도 참고가 되나 靑森縣에서 발견되는 火山灰層 중 일본에서 발견될 수 없는 성분이 나온 데 대해 그와는 다른 화산이 있었을 것으로 추정되었다. 靑森縣에서 발견된 화산탄층의 성분이 백두산의 것과 일치하는 점이 있어 당시 백두산의 화산활동 가능성도 매우 높았다고 하겠다.[173)]

어쨌든 화산활동으로 인한 결과였는지는 아직 더 조사해봐야 알 일이지만 당시 동북아시아의 기상은 12세기를 전후하여 한랭화하였다. 12세기 한랭화의 진전과 관련하여서는 宋의 기록도 참고가 된다. 즉 서기 1111년 장쑤(江蘇), 저장(浙江) 지방에 걸쳐 있는 타이후(太湖)가 전면 동결되고 전국적으로 유명했던 둥팅산(洞庭山)의 귤나무가 전멸되었으며, 또 항저우(抗州)에서는 평상시보다 눈이 많이 오고 서기 1131~1260년간의 입춘에도 눈이 내렸다는 기록 등을 통하여 남송(12세기)의 4월 평균 기온이 현재보다 1~2℃ 낮았음을 알 수 있다.[174)]

고려의 경우에도 寒冷回數가 급격히 높아져서 1150년대를 중심으로 달라지고 있음이 나타난다. 즉 전기의 경우 한랭회수가 48회인데 반해 후기에는 103회로 나타나고 있으며 寒暖指數 또한 12세기 이후에 높아졌다.[175)]

지방관의 제언축조 노력과 명종대 제언 수축에 힘쓰도록 교서를 내렸던 것은 이러한 기상 변동과 무관치 않았을 것이라고 생각된다.

<표 7> 高麗前期 勸農 관련 기사에 나타나는 중요한 특징의 하나는 정책의 반포 시점이다. 이는 각 왕대의 정책 반포나 지방관 및 해

173) 須長泰一, 1986, 「高麗後期の異常氣象に關する一試考」, 『朝鮮學報』119·120.
174) 김연옥, 1998, 『기후 문화-한국을 중심으로』, 민음사, 164쪽 인용.
175) 김연옥, 1985, 『한국의 기후와 문화』, 이화여자대학교 출판부, 374~375쪽 참조.

당 관사의 上奏 시기에서 나타난다. 식화지 농상조의 경우 현종 9년 11월 우산국에 농기구를 내려준 것(6)과 문종 3년 12월 동북로병마사의 주청에 대한 기록(18) 두 건을 제외하고는 대체로 고려 전기 농상조의 기사가 정월부터 6월에 걸쳐 있었다. <표 7> 高麗前期 勸農 관련 기사에서 이외의 경우로는 문종 7년 8월에 제방 축조를 수확한 후에 하자고 한 기사(21)가 있는 정도이다. 예컨대 정월(5, 10, 12, 13), 윤정월(25), 2월(3, 6, 14, 15, 27), 3월(4, 9, 11, 17, 30, 32, 41), 4월(8, 22, 25), 5월(1, 35), 6월(2) 등의 기사는 이를 반증한다.

<표 7> 高麗前期 勸農 관련 기사[176]

	시 기	내 용
1	成宗 5年 5月	教曰 國以民爲本 民以食爲天 若欲懷萬姓之心 惟不奪三農之務 咨爾十二牧諸州鎭使 自今至秋 並宜停罷雜務 專事勸農 予將遣使檢驗 以田野之荒闢 牧守之勤怠 爲之褒貶焉
2	成宗 6年 6月	收州郡兵 鑄農器
3	顯宗 3年 2月	教曰 西北州鎭 自經兵亂 民乏資糧 今當農作之時 無以墾植 其令本道官吏 給糧與種 毋使失業
4	顯宗 3年 3月	教曰 洪範八政 以食爲先 此誠富國强兵之道也 比者 人習浮靡 棄本逐末 不知稼穡 其諸道錦綺雜織甲坊匠手 並令抽減 以就農業
5	顯宗 7年 1月	教曰 江南郡縣 以去歲不登 民多饑饉 所在 官給糧種 以勸農耕
6	顯宗 9年 2月	都兵馬使奏 興化鎭 自經寇亂 民戶並無牛畜 乞借官牛 以助農耕 從之
7	顯宗 9年 11月	以于山國 被東北女眞所寇 廢農業 遣李元龜 賜農器
8	顯宗 10年 4月	以洞州管內遂安 谷州管內象山峽溪 岑州管內新恩等諸縣 民困於丹兵 官給糧種
9	顯宗 16年 3月	判 外人來京訴訟者 自三月初一日 並令歸農
10	顯宗 19年 1月	判 今諸道州縣 每年桑苗 丁戶二十根 白丁十五根 田頭種植 以供蠶事

---

176) 진휼 및 면세 조치 등으로 이루어지는 기사의 경우 勸農政策과 관련성은 있다하더라도 직접적인 농상의 장려와는 차이가 있는 것으로 보고 이는 제외하였다.

11	德宗 3年 3月	敎曰 農桑 衣食之本 諸道州縣官 勉遵朝旨 無奪三時 以寧萬姓
12	靖宗 2年 1月	御史臺言 諸道外官 使民不時 有妨農事 請遣使 審察黜陟 從之
13	靖宗 3年 1月	判 立春後 諸道外官 並停獄訟 專務農事 勿擾百姓 如有違者 按察使 糾理
14	靖宗 7年 2月	門下省論奏 郡縣 比年不登 民 常艱食 實由方岳官吏 政不合民心 刑不順天意 致傷和氣 以至於此 請下令 恤刑勸農 以救民瘼 制可 一
15	文宗 元年 2月	西北路兵馬使楊帶春奏 轄下連州防禦長吏軍民等八百餘人 告云 防禦副使蘇顯 自下車以來 勸課農桑 存恤民庶 政績茂著 理合升聞 制令吏部 准制量用一
16	文宗 2年 3月	庚子 御史臺奏……唯今大雲大安兩寺之役方興 丁匠廢農 一夫不耕 必有飢者 三時之務 安可奪焉……(卷7, 世家7)
17	文宗 3年 3月	東北路監倉使奏 交州防禦判官李惟伯 所部連城長楊吏民等言 惟伯上任已來 勸農恤民 雖秩滿當代 願得見借
18	文宗 3年 12月	東北路兵馬使奏 永興鎭軍成厚等三百二十餘人 狀告 鎭將尙舍直長丁作鹽 勸農桑 均賦役 修城郭 備戰具 又於沙石不耕之地 勸種雜穀 歲收二百餘斛 功課爲最 雖已考滿 願借留任 王嘉歎 並許之
19	文宗 4年 4月	中書省奏曰 關內西道州縣 前歲不登 民有飢色 請發司倉公廨粟 以助耕耘 其貧不能自存者 發義倉以賑 從之 (卷80, 志34 賑恤 水旱疫癘賑貸之制)
20	文宗 5年 4月	內史門下奏 重興大雲大安等寺 創新補舊 土木興役 凡所營爲……春夏以來 略無休息 况去歲不稔 生民乏食 力不能堪 應須興役 請俟農隙 從之(卷7, 世家7)
21	文宗 7年 8月	丁酉 御史臺上言 准尙書工部奏制 羅城東南隅 高岸者 所以補都邑之虛缺 今爲川潦蘘壞 宜徵役夫三四千人修防 當司 勘會其岸傍邊 皆是田疇 恐損禾稼 請待收獲 從之(卷7, 世家7)
22	文宗 20年 4月	制曰 書曰 食哉惟時 一夫不耕 必有受其飢者 郡牧之職 農桑爲急 諸道外官之長 皆令帶勸農使
23	文宗 27年 4月	西北面兵馬使奏 長城外墾田一萬一千四百九十四頃 請待秋收穫 以資軍儲 制可
24	宣宗 元年	(莅永淸縣 鄭穆) 之西德池原火燎 麥禾登熟(『高麗墓誌銘集成』鄭穆)
25	肅宗 4年 4月	許令州府郡縣 各耕屯田五結
26	肅宗 8年	判 州鎭屯田軍一隊 給田一結 田一結 收一石九斗五升 水田一結 三石 十結 出二十石以上 色員褒賞 徵斂軍卒百姓 以充數者 科罪(卷82, 志36 兵 屯田)

160

27	睿宗 3年 2月	制 近來州縣官 祇以宮院朝家田 令人耕種 其軍人田 雖膏腴之壤 不用心勸稼 亦不令 養戶輸粮 因此 軍人飢寒逃散 自今 先以軍人田 各定佃戶 勸稼輸粮之事 所司 委曲奏裁
28	睿宗 11年 3月	(乙卯) 沿路田地 有不墾者 必召守令 責之(卷14, 世家14)
29	睿宗 16年	制曰 官吏 因緣公法 苛刻作弊 或以腐朽之穀 强給取息 或徵荒田之租 或興不急之役者 令中外攸司 一切禁治(卷84, 志38 刑法 職制)
30	仁宗 5年 3月	詔 勸農力田 以給民食
31	仁宗 5年	(林景和) 孫氏蠶經方言釋之 興養蠶之法(『高麗墓誌銘集成』 林景和)
32	仁宗 6年 3月	詔曰 勸農桑 足衣食 聖王之所急務也 今守令 多以聚斂爲利 鮮有勤儉撫民 倉庾空虛 黎庶窮匱 加之以力役 民無所措手足 起而相聚 爲盜賊 甚非富國安民之意 其令州郡 停無用之事 罷不急之務 躋民安富 副朕憂勤
33	仁宗 12年	(知樹州 張文緯) 州民飢荒 公省力役 使民服公 田不關者 斬菱苑播 厥穀連歲大攘 以充賦貢 又municipal州之東郊 厥土泉濕 江水或決 農失歲功 公乃掘地二千五百許步 以等水行 民不受其害矣(『高麗墓誌銘集成』 張文緯)
34	仁宗 ?年	(金州判官 金臣璉) 勸農桑 輕徭役 一介不取於民(『高麗墓誌銘集成』 金臣璉)
35	仁宗 23年 5月	輸養都監奏 令 諸道州縣 地品 不成田畝 桑栗漆楮 隨地之性 勸課栽植 從之
36	毅宗 ?年	(守溟州 林民庇) 浚渠漑田 以廉勤稱(卷99, 列傳12 諸臣 林民庇)
37	毅宗 4年	(守洪州 李文著) 渠引水漑田五六千頃 以足民食 倉廩實 府庫充(『高麗墓誌銘集成』 李文著)
38	毅宗 14年	(倅靈光郡 吳元卿) 造戶郡內 人民復蘇 防築堤堰(『高麗墓誌銘集成』 吳元卿)
39	明宗 3年 閏正月	以七道按察使五道監倉使 皆兼勸農使
40	明宗 17年	(齊安書記 崔甫淳) 焚薔蔚 漑埠鹵 赤地千里 化爲良田(『高麗墓誌銘集成』 崔甫淳)
41	明宗 18年 3月	下制 以時勸農 務修堤堰 貯水流潤 無令荒耗 以給民食 亦以桑苗 隨節栽植 至於漆楮栗栢梨棗菓木 各當其時 栽以興利

* 괄호 안에 별도 전거 표시가 없는 사료는 모두 『高麗史』卷79, 志33 食貨2 農桑條의 자료를 토대로 작성한 것임.

이러한 검토 결과가 말하는 것은 무엇일까. 이를 살펴보기 위해 고려시대 작물재배 시기를 알아보면 다음과 같다. 고려시대의 주요 곡종은 五穀을 중심으로 하고 있었다.[177] 오곡에 대해서는 시대 및 농업 환경에 따라 달리 이해되는 면이 있으나 고려시대의 경우 곡식으로서의 오곡은 稻·麥·黍·稷·粟(梁)·豆의 범주라고 보아도 무리는 없을 것이다. 이들 곡물의 경우 파종시기를 『農事直說』을 통해 살펴보면 다음과 같다. 黍粟은 3월 상순에서 4월 상순, 大小麥은 白露節에서 秋分 후 10일 무렵, 大小豆는 3월 중에서 4월 중, 早稻는 3월 상에서 3월 중이지만, 水稻는 3월 상순에서 4월 중순에 걸쳐 파종하되 3월에 하는 것이 가장 좋은 것으로 보고 있다. 早稻의 경우 2월 상순에 해도 되는 것으로 알려져 있다. 대체로 이를 본다면 2월에서 4월이 파종기가 되며 그 이전은 起耕 및 熟田작업기가 된다. 이와 함께 파종후 수확 때까지 김매기를 수시로 해주는 力田이 필요하게 된다. 수확은 보리를 제외한다면 대체로 8월 중을 전후로 하여 끝난다.

위에서 나타나는 바와 같이 농업 생산에 있어 가장 중요한 것은 파종 전의 전답에 대한 起耕 및 熟田 작업, 적당한 시기에 파종, 그리고 除草한 후 수확에 이르는 각 단계에 있어 얼마만큼 노동력을 집중시키고 또 農時를 잘 맞출 수 있느냐에 달려 있다고 할 수 있다. 이처럼 권농기사가 소위 농번기에 많이 몰려 있는 것은 그만큼 농사에 더욱 매진할 것을 당부하고 군주 및 정부가 이를 적극 지원한다는 의미[務本力農]였다.

이를 토대로 권농의 방향을 살펴볼 수 있다. 農時의 중요성을 인식

---

177) 고려시대의 곡물의 종류와 관련해서는 다음의 연구가 참고된다. 李春寧, 1989, 「고려시대의 농업과 농학」, 『韓國農學史』, 民音社 ; 장국종, 1989, 「고려시기의 농업에 대하여」, 『력사과학』 1989년 2호 ; 李正浩, 1997, 「高麗時代 穀物의 種類와 生産」, 『韓國史研究』 96.

하고 이를 고려하는 정치를 행할 것을 지시하는 유형은 이미 농업을 기반으로 하는 왕조국가에서는 기본적인 농업정책이었다. '使民以時'[178]나 '三時失於農業',[179] '方今農時 天久不雨 恐州郡官吏 不體予意'[180] 등의 표현은 농시의 중요성을 유념하면서 제시된 기사라 보면 될 것이다. <표 7>에 제시된 권농 관련 기사에서는 이를 성종 5년 5월 '不奪三農之務' 혹은 덕종 3년 3월 '無奪三時', 정종 2년 정월 '使民不時 有妨農事'라 하였다.

이처럼 農時를 중요시 여기고 月令 즉 時令을 통하여 중앙과 지방에서 이를 유의하면서 봉행 6조[無滯獄訟 懋實倉廩 賑恤窮民 勸課農桑 輕徭薄賦 處事公平]나 時務 등에 힘쓰도록 한 것은 결국 농민들이 때에 맞춰 해야 할 일과, 이에 따라 지방관과 중앙에서 해야 하는 것을 유기적으로 연결시켜 농업생산구조를 안정시키려 한 노력의 일환이었다. 지방관이 그 임지에서 행하여야 할 임무는 성종대의 六事와 時令의 준수를 주 내용으로 하면서 그 중 民의 安集과 陳田의 墾田이 중요시되었음을 알 수 있으며 이를 위해 지방관에 대한 勸農使의 겸대를 지시하여 그 수행을 더욱 철저히 하고자 했던 것이다.

이상과 같은 분석의 결과를 토대로 고려 전기 권농정책의 특징과 한계를 종합하면 다음과 같다. 위에서 분석했듯이 권농정책의 특징을 보면, 農器具·農牛·種子 등을 대여함으로써 농업생산 조건을 갖추도록 하고, 農地의 起耕과 播種 시기에 적극 유의하여 무리한 公役을 피하도록 하면서 지방관의 勸農的 역할을 강조하였다. 곧 농업생산의 안정 기반과 農時의 중요성 인식, 백성으로 하여금 힘써 농사를 짓도록 하는 것[力農·力田]이었다. 한계점으로 지적할 수 있는 것으로는,

---

178) 『高麗史』 卷2, 世家2 太祖 26年 4月 癸卯.
179) 『高麗史』 卷1, 世家1 太祖 元年 6月 辛亥.
180) 『高麗史』 卷11, 世家11 肅宗 5年 6月 甲寅.

구체적인 農法과 農書와 관련한 다양한 정책적 제시가 없다는 것, 농민을 상대로 新田 개간을 적극 권장하지 않았다는 점,[181] 새로운 堤堰 등의 수축과 관련한 적극적 정책이 12세기를 전후해서야 많이 보인다는 점 등이다.

이렇게 본다면 고려 전기 권농정책의 기본적 성격은 농민들로 하여금 營農 기반을 갖추도록 하면서 農時를 국가적으로 적극 보장하여 농업생산구조를 안정화하는 데 있었다. 고려 전기 권농정책은 이처럼 최대한 농민 생활을 안정시켜 농민유망을 막고 새로운 토지 개간보다 時起田을 최대한 이용하면서 陳田의 발생을 막는데 주력하였던 것이다. 정책적으로 새로운 토지의 개간을 장려하지 않았지만 농민들의 경우 개발 가능한 산전의 개간에 노력하였던 것은 고려왕조의 권농정책의 방향과 일정한 차이를 보여주는 농민층의 자구적 노력이었다고 여겨진다.

2) 토지이용 확대노력과 농서의 활용

(1) 陳田·新田의 개발 노력

고려시대의 토지이용의 방향은 陳田의 발생을 억제하면서 時起田을 충실히 이용하는데 있었다. 이점은 위에서 살펴보았듯이 고려 정부의 권농정책 방향에서도 나타났다. 여기서는 이러한 토지에 대해 고려

---

181) 채웅석은 고려왕조에서 新田의 개간을 적극 장려하지 않은 데에는 陳田이 발생하면서 국가가 파악하기 어려운 새로운 경지가 개발되면 부세수취나 收租權的 지배에 어려움이 생기기 때문이라 하였다. 또한 산전 등 신전의 개간이 지속되는 추세가 확대되자 隱漏된 경지를 파악하고 수취강화를 시도하였는데, 量田을 통한 파악과 문종대 무렵부터 지방관이 권농사의 직책을 겸대한 것은 이를 반영하는 것이라고 보았다.(蔡雄錫, 2000, 『高麗時代의 國家와 地方社會』, 서울대학교 출판부, 208~210쪽)

정부가 어떻게 파악하고 관리하려 했는가를 중심으로 살펴보고자 한다.

　田野의 간전을 위한 고려정부의 노력이 기록에 보이는 것은 일단 광종대부터 본격적으로 나타난다. 그 이전의 경우에 있어서는 村主세력이 중심이 되어 촌민을 동원하여 개간 및 수리사업을 해 나갔을 것이다. 이들은 지방세력가로 성장하였으나 성종대의 지방통치제도의 정비가 이루어지면서 그 주도권은 지방 수령에 의해 통제되었다.[182] 성종대의 봉행 6조[無滯獄訟 懋實倉廩 賑恤窮民 勸課農桑 輕徭薄賦 處事公平]나 현종 9년 봉행 6조[察民庶疾苦 察黑綬長吏能否 察盜賊 姦猾 察民犯禁 察民孝弟廉潔 察吏錢穀散失]183)는 이 과정에서 나온 것으로 고려왕조가 지방 질서를 장악해가는 과정의 산물이라 할 수 있다.

　각 주군현에서의 개간사업은 지방관에 의해 주도되는 것으로 나타났다. 토지이용을 독려하기 위한 정책적인 배려는 정부차원에서 왕명에 의해서 이루어졌다. 이와 같은 내용은 예종 11년 3월에 왕이 서경에 행차하면서 "沿路의 田地에 墾田되지 않은 곳이 있으면 반드시 수령을 불러 그것에 대하여 문책하였다"184)는 기록으로 확인할 수 있다. 陳田에 대한 墾田은 실제의 경작자를 위한 정책이었으며, 私田보다는 公田에 우선적으로 배려되었다. 자연 재해, 地力 및 기타 농업기술 상의 제약, 불법적인 과중수탈, 경작자의 개인적 사정, 전란의 피해 등등으로 발생되는 陳田에 대한 배제와 이의 간전을 위한 노력이 먼저 요구되었다.185)

---

182) 姜世求, 1985, 「羅末麗初 村主地位의 變遷」, 『弘益史學』 2 참조.
183) 『高麗史』 卷75, 志29 選擧 銓注 選用守令, 顯宗 9年 2月.
184) 『高麗史』 卷14, 世家14 睿宗 11年 3月 乙卯, "……沿路田地 有不墾者 必召 守令 責之".

이에 대한 국가 정책으로 나타나는 것은 광종 24년과 예종 6년의 陳田開墾 稅制혜택에 관한 것과 公私田의 盜耕에 대한 차등 적용기 사이다. 다음을 보자.

가-1) 광종 24년 12월에 判하길, 陳田을 경작한 사람은 私田일 경우 初年에는 거둔 전부를 주고 2년째에 비로소 田主와 더불어 반분한다. 公田일 때에는 3년에 한하여 全給하고 4년째부터 법제에 따라 비로소 收租한다.[186]

가-2) 예종 6년 8월에 判하길, 3년 이상의 陳田을 경작하면 2년간은 佃戶 등에게 全給하고 3년째에는 田主와 반분한다. 2년 이상의 陳田인 경우 4등분하여 1분은 田主가 갖고 나머지 3분은 佃戶가 갖는다. 1년 陳田인 경우 3분하여 1분은 田主가 갖고 2분은 佃戶가 갖는다.[187]

가-3) 公私田을 몰래 경작했을 경우 1畝에 笞刑 30에 처하고 5畝에 40, 10畝에 50, 15畝에 杖刑 60, 20畝에 70, 25畝에 80, 30畝에 90, 35畝에 100, 40畝에 徒刑 1年, 50畝에 1年 반이고 荒田을 盜耕했을 경우 한 等을 감해주며 강제로 경작하게 했을 경우 한 等을 더한다.[188]

가-1)의 光宗 24년과 가-2)의 睿宗 6년의 기사를 보면 진전경작에 대한 조세혜택을 주고 있는 것을 알 수 있다. 가-3)의 禁令의 내용에서는 荒田 및 時起田을 몰래 경작할 경우 이의 형벌을 차등있게 내려

---

185) 姜晉哲, 1989, 『韓國中世土地所有硏究』, 一潮閣, 234쪽.
186) 『高麗史』卷78, 志32 食貨1 田制 租稅.
187) 위와 같음.
188) 『高麗史』卷85, 志39 刑法2 禁令.

166

참작해 주고 있음이 보인다.

가-1)과 가-2)의 자료를 보면 陳田의 상황 즉 1년, 2년, 3년 등의 기간까지 정부에서 파악하고 그 耕墾에 대해서도 얼마나 지속적으로 이뤄지는가 등에 대한 파악이 있음을 알 수 있다. 이러한 내용 파악을 위해서는 정확한 量田이 필요하였다.

經理條에는 명확히 기록이 되고 있지 않지만 고려시대에는 태조대부터 양전사업이 진행되었던 것으로 나타난다.[189] 주목되는 것은 광종 6년을 전후로 하여 대규모 양전사업이 단행되어 토지대장으로서의 量案이 만들어졌다는 점이다. 「淨兜寺五層石塔造成形止記」를 통해 볼 때 여기에는 田主와 토지의 형태, 量田의 방향, 면적 등을 기록하였던 것으로 나타나는데 이러한 양전의 과정은 대체로 각 지역에 존재하는 향리나 지방관 등에 의해 먼저 양전되고, 그 후 중앙에서 算士를 대동한 量田使가 이를 확인하여 양안을 작성하는 방식으로 이루어졌을 것이다. 하지만 광종 6년에 전국에 걸친 양전사업이 완결되었다고 보기는 힘들며, 군현을 단위로 중앙을 중심으로 하여 점차 확대하는 방향으로 시기를 달리하면서 실시되었다고 볼 수 있다.[190]

---

189) 고려 초의 양전사업과 관련하여 주목된 자료는 若木郡淨兜寺五層石塔造成形止記의 "司倉上導行審是內乎矣 七十六是去 丙辰年量田使前守倉部卿藝言下典奉休算士千達等 乙卯二月十五日 宋良卿矣結審是乎 導行乙用良 顯德三年丙辰三月日練立作良中……"와 식화지 경리조의 "尙書戶部奏 楊州管內見州 置邑以來 已百五年 州民田畝 累經水旱 膏塉不同 請遣使均定 制可"(『高麗史』卷78, 志32 食貨1 經理 文宗 13年 2月) 등으로서 모두 광종 6년에 전국적인 양전이 이루어졌음을 직간접적으로 밝혀주고 있다. 이러한 고려시대의 量田과 관련해서는 다음의 연구가 참고된다. 金容燮, 1975, 「高麗前期의 量田制」, 『東方學志』16/ 2000, 『韓國中世農業史研究』, 지식산업사 재수록 ; 浜中昇, 1986, 「高麗前期の量田制について」, 『朝鮮古代の經濟と社會』, 法政大學出版局(東京) ; 李宗峯, 2001, 『韓國中世度量衡制研究』, 혜안, 226~233쪽.
190) 浜中昇(浜中昇, 1986, 앞의 논문)의 경우는 전국적인 양전이 동시에 이루어

문종 13년 2월 상서호부에서 楊州 관내의 見州 지역이 置邑 이래 105년이 되는 동안 水旱을 겪으면서 토지의 비척이 달라졌기 때문에 再量田을 청한 것[191]을 볼 때 이미 광종 6년을 전후로 하여 개경 및 경기지역 일대에서는 양전사업이 완료되었고, 若木郡과 같은 지방으로 확대되어 갔던 것을 알 수 있다. 가-1)의 광종 24년의 기록은 진전 개간 장려 및 그에 따른 수확물의 분배와 관련한 내용을 담고 있다.

양전 후 만들어지는 田券 혹은 量案에는 陳田 여부까지 기록토록 되어 있었다. 그렇다면 광종은 이때를 전후하여 전국적인 墾田 및 陳田數에 대한 파악을 하였다고 보아도 되지 않을까. 그리고 이에 따라 진전의 개간을 장려했으며, 양전사업을 토대로 하여 경종 원년 人品에 따라 職散官의 田柴科가 정해질 수 있었을 것이다. 이후의 양전은 이를 원본으로 하여 풍흉과 토지의 다소, 비척도를 다시 살피면서 조정해 갔던 것이다.

하지만 이러한 재양전이 필요한 지역이 많아지게 되어 그에 따른 發使量田이 잇따르게 되면 결국 전국적으로 일시에 실시되는 양전은 아니더라도 결국은 재차 전국적 규모의 양전 결수에 대한 파악이 이루어지는 결과를 가져올 수 있다. 문종 23년 이후 어느 시점에서 양전

졌을 것으로 보고 있으나 이종봉의 경우는 시기를 달리하면서 점진적으로 실시되었을 것으로 보고 있다.(李宗峯, 2001, 앞의 책, 228~231쪽) 광종 6년 양전의 실시가 전국에 걸쳐 이루어졌는지에 대한 것을 연대기 기사로는 확인할 수 없으나 양전사업에 필요한 인원, 예컨대 量田使와 算士를 확보할 수 있었을까에 대한 점과 각 지역의 富强勢力 즉 호족세력을 억압하면서 그들의 경제기반이라 할 전장에 대한 파악이 가능했을까 하는 점, 이들에 대한 양전 비용을 각 지방 관청에서 감당하기 어려운 점 등등을 본다면 양전은 전국적으로 일시에 이루어졌다기보다는 순차적으로 일정한 지역별 권역을 정해 실시되었다고 보는 것이 타당하리라 생각된다.

191) 『高麗史』 卷78, 志32 食貨1 田制 經理 文宗 13年 2月, "尚書戶部奏 楊州界 內見州 置邑已百五年 州民田畝 累經水旱 膏堉不同 請遣使 均定 制可".

사업이 다시 완료되었다고 생각되는데, 문종 30년 양반전시과를 다시 정할 수 있었던 것[192]은 이것이 바탕이 되었던 것이라고 보아도 좋을 것이다.

光宗 24年(973)과 睿宗 6年(1111)의 기록을 살펴볼 때 그 내용 상의 변화가 눈에 띈다. 이를 표로 정리하면 다음 <표 8> 高麗前期 陳田 耕墾 稅制 혜택과 같다. 陳田은 경작자의 자의적 혹은 재난 등의 요인에 의해 경작이 포기된 땅을 말하며, 특히 토지대장인 量案에는 등록이 되어 있으면서도 실제로는 경작을 하지 않고 묵히고 있는 땅을 말한다. 당시에는 작부체계 상 경작지를 쉬게 하는 것은 진전에 포함시키지 않았을 것이라 생각된다.

그런데 가-1) 광종대의 경우 公田과 私田을 막론하고 어느 정도의 陳田인지에 대한 기록이 없이 일괄하여 陳田으로 분류하여 이에 대한 경작자의 혜택을 제시하였다. 반면에 가-2) 예종대의 경우는 私田을 중심으로 1년 진전, 2년 진전, 3년 이상의 진전 등으로 분류하여 보다 상세하게 그 세 혜택의 적용비율을 정하고 있음을 알 수 있다. 광종 24년의 진전에 대한 조사가 정확하지 않았기 때문에 이러한 규정이 나왔던 것은 아니었다. 그것은 후삼국의 통일이 이루어지면서 폭넓게 발생했던 많은 진전 개간을 장려하기 위해 광종대의 경우 陳田 기한을 명시할 필요 없이 진전이라 할 수 있는 토지를 전부 간전하기 위한 일환이었기 때문이었다.

고려 초의 양전사업은 광종 6년을 전후로 시작하여 광종 24년을 전후로 하는 어느 시점에서 1차적으로는 완결되었을 것이다. 광종은 그러한 보고를 有司로부터 받고 時起田의 상황과 陳田의 상황 등을 파악하였으며[193] 이에 따라 광종 24년 陳田 개간에 대한 장려책을 제시

---

192) 『高麗史』 卷78, 志32 食貨1 田制 田柴科 文宗 30年.
193) 고려시대 田券 연구를 위해 海印寺 田莊文書, 開仙寺石燈記, 玄化寺住持闡

하였다.

<표 8> 高麗前期 陳田耕墾 稅制 혜택

光宗 24年				睿宗 6年			
私田	陳田	1年	耕作者(1)	私田	3年 以上 陳田	2年間	耕作者(1)
		2年	田主(1/2) 耕作者(1/2)			1年	耕作者(1/2)
公田	陳田	3年限	耕作者 全給		2年 陳田	1년	耕作者(3/4)
		4年	依法收租		1年 陳田	1년	耕作者(2/3)

* 괄호안의 숫자는 수확량을 나눌 때 해당자가 갖는 몫임.

이상을 본다면 광종 24년에 제시되고 있는 公田과 私田에서의 진전 장려 규정은 연한을 물론하고 양안에 진전으로 파악된 전지를 기준으로 하였으리라고 보여지며 그것은 대체로 1년 이상의 진전이었을 것이다. 광종 24년 이후 140여 년의 시간이 지나면서 고려의 토지 이용도는 매우 높아졌다. 양전할 때에도 진전으로 토지가 묵혀지고 있는 데 대해 그 내용 및 기간을 파악하기 시작하였다. 예종 6년의 私田에서의 陳田 장려 규정이 1년 진전 단위에서 시작하고 있는 것은 그러한 발전 과정에서 나왔던 것이다.

이러한 방향은 농업생산의 안정과 향상이 필요하다는 점에서 더욱 적극 고려되었을 것이라고 여겨진다. 가-3)의 기사에서 보여준 公私田에서의 盜耕禁止 조항은 이처럼 田主 및 時起田의 유무를 국가에서

祥墓田券, 僧世賢墓田券, 高城三日浦埋香碑 등을 분석한 旗田巍는 고려시대 田券의 기재사항을 土地設定의 목적, 施納者, 토지소재지, 면적, 토지의 종류, 四標, 年月으로 파악한 바 있다.(旗田巍, 1972,「新羅·高麗の田券」,『朝鮮中世社會史の研究』, 法政大學出版局) 전권의 기재사항 가운데 시기전과 진전의 유무까지도 파악하고 있었다고 보고 있는데, 이를 받아들인다면 고려왕조에서는 이미 일찍부터 量田 때에 그러한 사항까지도 상세하게 기록으로 남겨 稅收의 자원으로 삼았다고 할 수 있겠다.

상세하게 파악한 선상에서 이루어진 것으로 보아야 한다. 예컨대 시기
전이 아닌 荒田이었을 경우는 혜택이 있지만 시기전이었을 경우는 처
벌될 수 있었던 것이며, 혹 荒田이었다고 하더라도 이를 田主와의 협
의 없이 혹은 국가에 대한 허가 없이 사적으로 했을 경우는 무거운 처
벌을 받았던 것이 이를 반영하는 것이었다.

진전에 대한 개간 장려와 함께 고려 전기에서는 시기전의 경작을
더욱 독려하였다. 이미 성종 5년 5월 敎를 보면 勸農과 관련하여 지방
관들로 하여금 農時를 빼앗지 말 것을 주의시키고 그와 함께 田野의
荒闢으로써 관원의 勤怠를 檢驗하여 포폄하겠다는 지시를 내린 바
있었다.[194] 이러한 노력의 결과를 보여주는 것이 성종 9년 10월의 서
경 巡幸 때 내린 敎이다. 성종은 선조의 법도를 따르고 時令의 마땅
함을 따라 친히 關河를 둘러보고 백성들을 돌아보는 西京巡幸을 하
면서 農桑이 풍년이 들었음을 보고 기뻐하였던 것이다.[195] 앞서도 언
급했듯이 예종 11년 3월 서경으로 가는 길에 경작 가능한 토지가 墾
田되지 않았을 경우 해당 수령을 문책하였다는 것[196]은 시기전의 경
작을 독려함과 동시에 진전의 발생을 억제하기 위한 의도에서 나왔다.

같은 선상에서 본다면 고려정부의 권농정책과 농민층의 力田이 이
루어짐에 따라 토지의 집약적 이용이 가능해졌고, 결과적으로 상당한
농업생산력의 향상을 가져왔다. 이 점은 동시에 많은 계층이 토지에
대한 관심을 증폭시키는 계기로도 작용하였다. 따라서 농지로 전용할
수 있는 새로운 땅에 관심을 돌리게 되기 마련이다. 그것은 일차적으
로 전혀 새로운 땅을 개척해 들어가는 것은 아니었다. 현재의 경작지
와 그리 멀지 않으면서 개간에 유리한 곳이 일차적인 관심의 대상이

---

194) 『高麗史』卷79, 志33 食貨2 農桑 成宗 5年 5月.
195) 『高麗史』卷3, 世家3 成宗 9年 10月 甲子.
196) 『高麗史』卷14, 世家14 睿宗 11年 3月 乙卯.

되었다. 당시 주 경작지가 平田이었다는 점을 염두에 둔다면, 그리고
그러한 평전이 開析谷 주변에 형성되는 퇴적평야 등이었다면 그러한
평지와 산야가 만나는 접점이나 그 위쪽으로 눈을 돌렸을 것이다.[197]
新田의 개간은 그러한 방향으로 진행되었을 것이며, 다음의 자료들은
그러한 상황을 잘 보여준다.

　나-1) 御史臺에서 上言하기를, "尙書工部에서 받은 制旨에 의하면 羅
　　　城 東南隅의 언덕을 높인 것은 都邑의 虛缺을 裨補하고자 한 것
　　　인데 지금 냇물이 차서 평평하게 무너졌으니 마땅히 役夫 3·4천
　　　인을 징발하여 제방을 수리하라고 하였습니다. 當司에서 조사하여
　　　보니, 그 언덕 부근은 모두 田疇가 되어 있으므로 禾穀을 損傷할
　　　까 두렵습니다. 청컨대 수확할 때까지 기다리소서."라고 하니 이를
　　　듣고 따랐다.[198]

　나-2) 문종 8년 3월 判하길, "무릇 田品은 不易之地를 上으로 하고, 一
　　　易之地를 中으로 여기며, 再易之地를 下로 삼는다. 그러하니 不易
　　　의 山田 1結은 平田 1결에 준하는 것으로 하고, 一易田 2결은 平
　　　田 1결, 再易田 3결은 平田 1결에 준하도록 한다." 하였다.[199]

　나-3) 나라의 강토가 동해에 닿아 있고 큰 산과 깊은 골이 많아 험준
　　　하고 평지가 적기 때문에 밭들이 산에 많이 있는데, 그 지형의 높

---

197) 고려 전기 山田의 개발과 관련하여서는 다음의 연구들이 참조된다. 李景植,
　　1986, 「高麗前期의 山田과 平田」, 『李元淳教授華甲紀念史學論叢』; 洪淳
　　權, 1987, 「高麗時代 柴地에 관한 고찰」, 『震檀學報』 64 ; 魏恩淑, 1988, 「12
　　세기 농업기술의 발전」, 『釜大史學』 12 ; 李平來, 1989, 「高麗前期의 農耕地
　　開墾과 그 意味」, 『車文燮教授華甲紀念史學論叢』 ; 魏恩淑, 1998, 「고려시
　　기 韓·日 농업기술 비교」, 『高麗後期 農業經濟研究』, 혜안.
198) 『高麗史』 卷7, 世家7 文宗 7年 8月 丁酉.
199) 『高麗史』 卷78, 志32 食貨1 經理.

고 낮음에 따랐으므로 경작하기가 매우 힘들며 멀리서 바라보면
사다리나 충계와 같다.200)

　나-1)와 나-2)는 문종대의 기록이며, 나-3)은 송의 사신 서긍이 고려
의 풍속 등을 보고 기록한 것으로 당시 고려의 농민들이 이미 산전을
많이 개발하였음을 알게 해주는 귀중한 자료이다.
　나-1)의 기록을 보면 都邑의 虛缺을 裨補하고자 羅城 東南隅의 언
덕을 쌓았던 것인데 오히려 이로 인해 냇물이 불어 둑이 무너졌다는
것을 알 수 있다. 이 제방의 경우 山谷間에서 흘러나오는 물을 둑을
쌓아서 막고 그 물길을 돌리거나 혹은 수문을 설치하여 관개하거나
한 것으로 보인다. 그런데 이 岸의 주변에 田疇가 많이 개발되어 농사
를 짓고 있었다는 것이다. 따라서 다시 제방을 쌓을 경우 주변에 있던
전답이 피해를 보게 되므로 수확 후에 하자고 청하였다.
　나-2)의 기록은 고려시대의 田品 구분 및 농업생산력 발전의 정도,
세역농법과 상경농법 등과 관련하여 많은 주목을 받았었다. 사실 나
-2)의 기록에 나오는 不易山田, 一易田, 再易田 등의 용어는 문종 8년
3월 判 외에는 어디에도 나오질 않는다. 이것이 經理조에 실려 있는
규정이기 때문에 당시의 생산력 수준을 기준으로 하여 산전에 대한
수취를 위하여 보다 세밀한 규정이 필요하였기 때문이라는 것이 현재
의 연구 성과이다. 그러나 이는 당시의 耕地의 開墾이 이미 平田에서
다수의 山田 개발로 들어가고 있었던 상황을 염두에 두고 山田의 생
산력을 국가적으로 파악하기 위한 것임이 분명하다.
　나-3)의 기록은 이러한 산전 개발이 완료된 모습을 보여준다. 서긍
은 이를 멀리서 보니 사다리나 돌계단[梯磴] 같다고 하였다. 인종대
고려에 왔던 사신 서긍이 묘사한 梯磴의 비유는 송·원 때의 梯田의

---

200)『高麗圖經』卷23, 雜俗2 種藝.

개념을 차용하여 표현한 것으로 볼 수 있다.[201]

    <표 7> 高麗前期 勸農 관련 기사에서 鄭穆(24항)·張文緯(33항)·
崔甫淳(40항) 등 지방관의 墓誌銘 사례를 보면 新田을 개간하고 있음
이 나타난다. 정목의 경우는 德池原 주변을 개발하였으며, 장문위는
樹州의 동쪽 천습한 지대에 수로를 파서 개발하였다. 최보순의 경우
역시 火耕水耨의 방법을 이용하여 초지를 불사르고 물을 대어 염분을
없애 토지로 바꾸고 있다. 이들 기록들은 모두 12세기 초와 중엽의 기
록이기는 하지만 이미 山田개발과 함께 저습지나 해택지 등 新田의
개발이 지방관을 중심으로 하여 이루어지고 있음을 보여준다.

    이처럼 고려왕조는 量田을 통하여 토지에 대한 파악을 시도함과 동
시에 과중한 수취로 인한 경작자의 유망과 離農轉業, 자연재해 및 전
란의 발생 등으로 인해 생길 수 있는 陳田을 최대한 억제하면서 그
경작을 독려하였다. 토지 소유주의 소유권을 보장하고 陳田化를 막기
위하여 진전 개간 장려책을 내놓은 것은 力田論에 따른 것이었다. 고
려시기의 경작자들은 진전의 경간을 해 나가는 한편으로 생계를 도모
하기 위해 山田 등을 개간해 나가기도 하였다. 또한 지방관 등이 중심
이 되어 海澤地나 低濕地를 중심으로 하는 新田 개발에 관심을 기울
인 점도 주목된다. 이때 고려정부에서는 산전 등의 신전 개발이 많아
지자 이에 대한 농업생산력의 파악을 시도하고 이를 수취체제 속에
넣기 위해 量田을 시도하여 국가재정의 충실화를 기하였다.

---

201) 元代에 편찬된 『王禎農書』 農器圖譜1 梯田에서는 이를 山鄕의 細民이 주
    로 이를 만든다 하면서 그 형태 및 만드는 방법, 위치 등에 대해 "夫山多地
    小之處 除磊石及峭壁例同不毛 其餘所在土山 下自橫麓 上至危巓 一體之
    間 裁作重磴 卽可種藝 如土石相半 則必疊石相次 包土成田 又有山勢峻極
    不可展足 播殖之際 人則傴僂蟻沿而上 耨土而種 躡坎而耘 此山田不等 自
    下登陟 俱若梯磴 故總曰梯田"이라 설명하고 있다.

(2) 농서의 이용과 農法의 전수

고려왕조가 농업 생산의 증진에 대하여 지대한 관심을 기울였고 많은 정책을 구상하고 실현하려 했음은 주지의 사실이다. 그러나 그럼에도 불구하고 고려시기의 경우 왕조차원에서 각지의 농업기술 및 농업 관련 기록들을 수집하여 보다 선진농법을 보급하려는 노력이 좀처럼 찾아지지 않는다.

농서의 편찬이야말로 왕조의 務本力農의 노력을 보여주는 상징물이라는 점을 염두에 둔다면 고려왕조에서도 농서를 편찬 이용했을 가능성은 높을 것이다.202) 이는 국가적 정책 사업으로서 唐에서『兆人本業』을 편찬 반행하고 있는 것203)과 元代에 大司農司를 통하여『農

---

202) 고려 전기 농서의 이용과 관련해서는 다음의 연구가 참고된다. 金容燮, 1976, 앞의 논문, 76쪽 ; 魏恩淑, 1990,「高麗時代 農業技術과 生産力 研究」,『國史館論叢』17, 22~25쪽 ; 李宗峯, 1992,「高麗後期 勸農政策과 土地開墾」,『釜大史學』15・16합집, 326~327쪽. 다만 최근에 이르러서는 고려 말에 이르러 간행된 元 大司農司 撰의『農桑輯要』가 고려에서 다시 간행되는 것을 검토하고 또 이 중 耕地條와 播種條를 뽑아 만든『農書輯要』에 대한 고찰과 함께『養蠶經驗撮要』를 鄕言 즉 이두로 편찬하고 있는 상황에 대한 연구가 있어 고려시기의 농서에 대한 이해를 도왔다. 먼저『農桑輯要』에 대해서는, 다음의 연구가 있다. 金容燮, 1990,「高麗刻本 元朝正本『農桑輯要』를 통해서 본『農桑輯要』의 纂者와 資料」,『東方學志』65 ; 李宗峯, 1991,「高麗刻本 元朝正本『農桑輯要』의 韓國史上에서의 위치」,『釜山史學』21.『農書輯要』에 대해서는, 김용섭, 1987,「농서즙요의 농업기술」,『세종학연구』2/ 1988,『朝鮮後期農學史研究』, 一潮閣 재수록 ; 이호철, 1990,「농서즙요의 農法과 그 歷史的 性格」,『經濟史學』14 ; 吳仁澤, 1993,「朝鮮初期『農書輯要』刊行에 대하여」,『釜大史學』17이 있으며,『養蠶經驗撮要』에 대해서는, 李光麟, 1965,「養蠶經驗撮要에 대하여」,『歷史學報』28 ; 金泰均, 1975,「養蠶經驗撮要의 吏讀註解」,『京畿大論文集』3 ; 金泰均, 1978,「(續) 養蠶經驗撮要의 吏讀註解」,『京畿大論文集』4 ; 李喆洙, 1989,『養蠶經驗撮要의 吏讀研究』, 仁荷大學校出版部 등의 연구가 있어 참고된다.

203)『兆人本業』3卷 : 則天武后의 집정 때인 太和 2年(828)에 편찬 반행된 官農書로 모두 12편으로 되어 있어 農俗과 四時의 種蒔之法을 기재한 것이다.

桑輯要』를 반행하는 과정,204) 그리고 조선 초에 이루어진『農事直說』
등의 농서보급 노력과 비교해보면 알 수 있다.205) 하지만 아직까지는
송과의 서적 교류를 통하여 고려왕조에서도『齊民要術』이나『氾勝之
書』등의 이용가능성이 높았다고만 추정할 수 있을 뿐이다.

　　고려 전기의 경우 중국으로부터 많은 經史子集의 서적을 수입하였
고, 이에 대한 이해 노력도 있었다. 성종 9년에, "과인이 왕위를 이은
뒤부터 유학을 숭상하여 지난날의 보수사업을 계속하고 당대에 보충
하던 일을 계승하여 왔으므로, 沈隱士의 2만여 권은 麟臺에 필사되어
있고, 張司空의 30수레 서책은 虎觀에 보관되어 있다. 그리고 다시 四
部의 典籍을 수집하여 兩京의 장서를 풍부히 하려고 한다."206)라고
한 기사를 통하여 그 대강을 짐작할 수 있다.

　　여기에서는 이처럼 고려에서 수용된 경적과 중국 正史 등에 보이는
농가류 서목을 비교 검토하고 실제 고려왕조에서 이용되었던 農桑書
와 고려의 향촌 사회에서 농법을 어떻게 개발하고 전수하려 했는가를
살펴보도록 하겠다.

　　고려는 중국측의 사료를 통해 농서 관련 정보를 먼저 취하였을 것

　　관찬농서인『兆人本業』은 전국의 지방행정관에게 반포되어 이용되었다. 명
　　대 이후에 산실된 듯하다.(王毓瑚, 1981,『中國農學書錄』, 明文書局印行(臺
　　灣)과 石聲漢 著, 渡部武 譯, 1984,『中國農書が語る2100年』, 思索社(東京),
　　63~64쪽)
204)『元史』卷6, 本紀6 世祖 三 至元 6年 8月 己卯, "詔 諸路勸課農桑 命中書
　　省 采農桑事 列爲條目 仍令提刑按察司與州縣官 相風土之所宜 講究可否
　　別頒行之".
205)『農事直說』序, "恭惟 太宗恭定大王嘗命儒臣 掇取古農書切用之語 附註鄕
　　言 刊板頒行 敎民力本 及我 主上殿下 繼明圖治 尤留意於民事 以五方風土
　　不同 樹藝之法 各有其宜 不可盡同古書 乃命諸道監司 逮訪州縣老農 因地
　　已試之驗 具聞".
206)『高麗史』卷3, 世家3 成宗 9年.

이다. 농서관련 서적을 찾기 위해 우선 주목될 수 있는 것으로는『漢書』·『隋書』·『唐書』의 藝文·經籍志가 있다.[207] 농서 및 농업연구 기관 등이 나타나고 있지 않은 상황에서 이들 史書의 농가류 서목과 식화지의 내용을 고려에서 참고하였을 가능성이 있기 때문이다. 사서에 나타난 농가류를 정리하면 다음 <표 9> 중국 正史 藝文志·經籍志 중 農家類 書籍과 같다.

위의 농가류 서적들 가운데『고려사』에 언급되고 있는 것이 있어 주목된다. 즉, 선종 8년에 송에서 보낸 구서목록 중에『王方慶園亭草木疏』27卷·『蔡邕月令章句』12卷·『氾勝之書』3卷·『計然子』15卷이 보이고 있다.[208] 이러한 서적들은 중국 史書 藝文志의 내용과 다른 점이 보이고 있다. 먼저 唐의 王方慶이 찬한『園亭草木疏』27卷은『新唐書』에서는『園庭草木疏』21卷[209]으로 되어 있다. 이는 그 제목에서 볼 수 있듯이 초목의 재배와 관련하여 찬한 것으로 생각된다. 또한『氾勝之書』3卷의 경우는 2卷[210]으로, 춘추시대의 范蠡와 計然

---

207)『高麗史』卷7, 世家7 文宗 10年 8月 戊辰, "西京留守報 京內進士 明經等諸業 擧人所業 書籍率皆傳寫 字多乖錯 請分賜秘閣所藏九經 漢 晉 唐書 論語 孝經 子史 諸家文集 醫 卜 地理 律算 諸書置于諸學院 命有司 各印一本 送之".

208)『高麗史』卷10, 世家10 宣宗 8年 6月 丙午.

209) 王方慶,『園庭草木疏』21卷 : 唐의 關中 咸陽人인 王方慶이 찬하였다. 송대의 公私書目 중에 나타나고 있지 않은 것으로 보아 일찍 산실된 것 같다. 그러나 明代 陶宗儀가 쓴『說郛』속에 王方慶의『園林草木疏』가 있는데 다만 여기에는 花木을 기록한 것이 10種에 불과하다. 따라서 이는 佚本을 집록한 것으로 생각된다.(王毓瑚, 앞의 책)

210)『氾勝之十八篇』:『漢書』藝文志 原注에는 成帝 때 議郎을 지내었다고 하였다.『通志』氏族略의 氾氏條에서 漢代에 범승지가 黃門侍郞이 되어 농서 12편을 찬하였다고 하였으며,『太平御覽』에서『氾勝之書』를 설명하길, 衛尉로 앞서 蠶法을 올리고 지금 農法을 올렸다고 하였다. 송 초기에 실전된 것으로 보인다. 이를 淸의 馬國翰이『齊民要術』중에서 16편을 輯錄하고 또한

의 일문일답으로 된 『計然子』15卷은 『范子計然』15卷(范蠡問, 計然答)으로 되어 있어 차이[211]를 보이고 있다.

<표 9> 중국 正史 藝文志·經籍志 중 農家類 書籍

史書	農家類書目	총 권수
漢書 藝文志	神農(20篇)·野老(17篇)·宰氏(17篇)·董安國(16篇)·尹都尉(14篇)·趙氏(5篇)·氾勝之(18篇)· 王氏(6篇) 蔡葵(1篇)	9家 114篇
隋書 經籍志	氾勝之書(2卷)·四人月令(1卷)·禁苑實錄(1卷)·齊民要術(10卷)·春秋濟世六常擬議(5卷)	5部 19卷
舊唐書 經籍志	氾勝之書(2卷)·四人月令(1卷)·齊人要術(10卷)·竹譜(1卷)·錢譜(1卷)·禁苑實錄(1卷)·種植法(77卷)·兆人本業(3卷)·相鶴經(1卷)·鷙擊錄(20卷)·鷹經(1卷)·蠶經(1卷)·相馬經(1卷)·又(2卷)·又(2卷)·相馬經(60卷)·相貝經(1卷)·養魚經(1卷)	20部 192卷
新唐書 藝文志	范子計然(15卷)·尹都尉書(3卷)·氾勝之書(2卷)·崔寔四民月令(1卷)·賈思勰齊民要術(10卷)·宗懍荊楚歲時記(1卷)·杜公瞻荊楚歲時記(2卷)·杜臺卿玉燭寶典(12卷)·王氏四時錄(12卷)·戴凱之竹譜(1卷)·顧烜錢譜(1卷)·浮丘公相鶴經(1卷)·堯須跋鷙擊錄(20卷)·相馬經(3卷)·伯樂相馬經(1卷)·徐成等相馬經(2卷)·諸葛潁種植法(77卷)·又相馬經(60卷)·甯戚相牛經(1卷)·范蠡養魚經(1卷)·禁苑實錄(1卷)·鷹經(1卷)·蠶經(1卷)·又(2卷)·相貝經(1卷)·武后兆人本業(3卷)·王方慶園庭草木疏(21卷)·孫氏千金月令(3卷)·李淳風演齊民要術(卷亡)·李邕金谷園記(1卷)·薛登四時記(20卷)·裴澄乘輿月令(12卷)·王涯月令圖(一軸)·李綽秦中歲時記(1卷)·韋行規保生月錄(1卷)·韓鄂四時纂要(5卷)·歲華紀麗(2卷)	19家 26部 235卷(失姓名 6家, 王方慶以下 不著錄11家 66卷)

『藝文類聚』, 李善의 『文選注』 및 『太平御覽』 등의 책에서 단편을 뽑아 雜篇 上下를 만들어 18편을 완성하였다. 특히 『제민요술』에서는 『氾勝之書』를 耕田·收種 등에서 많이 인용하였고 '區種法'에 관한 내용이 남아 있다. (王毓瑚, 앞의 책)

211) 이러한 차이의 원인으로는 첫 번째로는 중국과는 다른 異本의 존재를 들 수 있고, 둘째로는 중국에서 散逸되어 그 정확한 권수와 제목을 파악하지 못하였을 경우, 셋째로는 목록파악시의 중국측의 기재오류 등을 들 수 있을 것이다.

다수의 농서 또는 이에 관련된 서적이 수입되었다면 그것은 단순히 서고에 보관되는 書目으로서가 아니라 실제 고려의 농업을 위해 읽혀지고 鄕言으로 번역되어야 했다. 위에 언급된 농서들의 경우 『高麗史』에서는 그 이용 사실과 관련하여서는 알기 어렵다. 다만 이를 통해 고려사회의 경우 중국 농서에 대한 지식을 가지고 있었다는 점은 분명할 것이다.

12세기 초의 인물인 林景和(1103~1159)의 묘지명에 나타난 기록은 이를 말해준다.

> 丁未年(仁宗 5年, 1127) 봄 京山府通判의 정적이 저명하여 그 고과함에 1등이 되었다. 임기가 차자 景靈殿判官 雜織署令 都兵馬錄事 太府注簿 太府丞을 더하였다. 이때 『孫氏蠶經』이 비로소 고려에 전해졌으나 읽는 자가 그 뜻에 통박함이 없자 공이 방언으로 그것을 해석하였는데 奏하여 朝旨로 취하여서 제 중외에 반포하니 마침내 養蠶之法을 일으켰다.[212]

이 내용을 보면 京山府通判을 지내고 景靈殿判官 雜織署令 등을 역임한 임경화가 『孫氏蠶經』을 보고 이를 方言으로 해석하자, 조정에서 이 양잠서를 중외에 반포한 것을 알 수 있다.

여기서 『孫氏蠶經』이라 함은 五代宋初 때의 사람인 孫光憲[213]이

---

212) 金龍善, 1993, 『高麗墓誌銘集成』 林景和墓誌銘, "丁未年 春 通判京山府 政術著明 考績居一等 秩滿加景靈殿判官雜織署令都兵馬錄事大府注簿大府丞 是時孫氏蠶經 始行于世 然讀者 莫曉其意 公以方言釋之 奏取 朝旨頒諸中外 遂興養蠶之法".

213) 孫光憲의 자는 孟文이며 자호는 保光子로 荊南 高總海那里에서 벼슬하여 북송초에 黃州刺使가 되었다가 얼마 안되어 졸하였다. 그의 저작으로는 이외에 『北蒙鎖言』 20卷 등이 있다. 그의 활동무대는 대개 사천・호남・호북이었으며 『蠶書』는 이때 찬한 것으로 서술된 대부분의 내용이 이 지역의 양

찬한 『蠶書』로 총 2권으로 된 전문 양잠서였다. 중국 호남·호북 중심
의 蠶書인 『孫氏蠶經』을 이두로 번역한 목적이 직접 잠업을 행하는
사람들에 대한 기술전수의 목적에 있었다는 것을 염두에 둔다면, 잠서
의 간행은 상당한 파급효과를 가져왔을 것이다. 이에 따라 정부는 그
효과를 인정하고 방언 혹은 향언으로 해석한 『蠶書』를 諸郡에 반포케
하여 이를 이용하게끔 한 것이다.

　여기서는 양잠서의 예를 들어 농상서의 이용과 관련하여 설명하였
지만 勸農하는 과정에서 이러한 방식으로 중국에서 수입된 농상서의
방언으로의 해석, 혹은 印刊이 있었을 것이다. 그 대상으로서는 중국
농서 중 선종대의 구서목록에서 보였던 『氾勝之書』와 농가류의 서적
들, 그리고 『고려사』에서는 보이지는 않지만 賈思勰의 『齊民要術』이
있다. 또한 四時의 월령에 관심이 깊었던 고려왕조에서 崔寔의 『四民
月令』[214]·韓鄂의 『四時纂要』[215] 등에도 관심을 가졌을 가능성이 높
다. 이를 감안한다면 농서의 방언해석 노력을 통한 농업기술의 전수는

잠상황을 서술한 것으로 생각된다. 이 지역은 수원이 풍부하고 온난한 지역
으로 양잠이 일찍 이루어졌다.(華德公 編著, 1990, 『中國蠶桑書錄』, 農業出
版社(中國), 6쪽)

[214] 『四民月令』1卷 : 前漢 말에 崔寔이 쓴 월령식 농서로 전한시기의 유일한
종합농서이다. 월령에 따라 士農工商의 생산과 생산활동을 서술하였으며 주
로 洛陽지역의 경제와 문화생활을 반영하고 있다. 소농경제사회를 반영한
것이며 특히 『제민요술』에서 많이 인용되고 있다. 그러나 대략 북송대에 산
실된 것으로 보인다.(王毓瑚, 앞의 책)

[215] 韓鄂, 『四時纂要』5卷 : 9세기말 10세기 초에 唐의 韓鄂이 저술한 것이다.
그러나 史書에는 어떠한 기록도 없다. 『사시찬요』는 여러 서적을 撰錄한 것
으로 月로 나누어 농가의 각각의 해당사항을 열거한 농가월령서이다. 그 내
용은 6가지로 개괄된다. (1) 占候 禳鎭 (2) 농업생산기술 (3) 農副産品의 加工
製造 (4) 농구 공구와 가정용 기물의 修造. 그 농기구로는 收連加·犁·耬·
磨·鏵·鑿·鋤·鎌·刀·斧가 있다. (5) 재화증식경영과 고리대 (6) 의약위
생과 문화교육 등으로 이루어졌다.(王毓瑚, 앞의 책)

180

매우 활발하였을 것이다.

고려에서의 중농이념의 기반이 바로『예기』월령편에 있음과 또 농가에서의 四時에 하는 일들을 시로 노래하고 있는 것을 보면 충분히 월령식 농서의 존재를 상정할 수 있다. 가령 12세기 때 사람인 金克己는「田家四時」216)에서 각 계절마다의 일들을 목가적인 시로써 표현한 바 있다. 고려시기 중농이념의 성립과 전개에 있어서『예기』월령편이 갖는 의의나 사시의 농사일을 기록하여 때를 잃지 않도록 하려는 노력을 생각하면, 월령식 농서의 존재나 이후 이러한 종류의 농서의 출현을 예측할 수 있다.217)

한편 지금까지는 그 이용 가능성에만 그쳤던『齊民要術』의 도입과 유통에 대해서도 좀더 검토할 필요가 있다. 이규보가 쓴 고율시 중「이시랑이 시 두 수와 함께 토란 보낸 것에 차운하여 시 세 수로 화답하다」218)에서 "청오새끼 오글오글 와 앉은 듯[靑鳥雛多來已壓]"이라고 표현하고 그 細注로 보통 토란은 네 가지로 대표되는데 車聲鉅子旁巨靑鳥219)가 있다고 한 것과 "열 네가지 이름220) 중에 이것이 몇 째

216)『東文選』卷9, 五言律詩 田家四時.
217)『농가월령』과『향약채취월령』, 월령에 따른 형벌의 추이 등을 볼 때 그러하다.
218)『東國李相國集』後集 卷7, 古律詩 次韻李侍郎以詩二首送土卵予以三首答之. 여기서의 李侍郎은 韓山 사람으로 政堂文學 太子小傅를 지낸 文平公 李知命의 아들 李唐髦를 말한다. 이는 次韻李侍郎見和二首에서 "距我登科二紀餘 成龍牓上欻飛起"라고 한 것과『高麗史』卷73, 志27 選擧 明宗 18年 6月에 內侍中尙令으로서 과거에 급제하고 있는 점으로 보아 분명히 알 수 있다.
219)『齊民要術』種芋 第16에서『廣志』의 芋種에 대한 설명을 보면 車聲의 경우는 車轂, 靑鳥의 경우는 靑邊으로 하고 있다. 이는 글자가 비슷한 관계로 착각한 듯하다.
220)『齊民要術』種芋편에서『廣志』을 인용하여 14가지의 토란의 종류를 설명하고 있다. 즉 君子芋·車轂芋·鋸子芋·旁巨芋·靑邊芋·談善芋·蔓芋·

든가[十四名般斯第幾]"라는 내용을 통해 그 이용을 짐작할 수 있다. 이러한 토란에 관한 설명의 출전은 그 문구를 볼 때 『廣志』 혹은 『齊民要術』로 압축할 수 있다.

물론 이규보가 『廣志』를 보고 서술하였다고도 생각되지만 계속되는 시구에서 토란을 심고 그 가지의 색과 모습, 그리고 음식으로서의 유용함을 노래하고 있는 점을 보면, 오히려 『齊民要術』의 種芋편을 보고 시를 써 내려갔다고 하는 것이 옳다고 생각된다. 특히 "똥을 굽는 선사 마음 오만해서일까[煨糞禪師心豈傲]"라는 구절과 『齊民要術』에서 『氾勝之書』를 인용하여 "區上의 溼土를 취하여 糞과 섞어 區에 엷은 층을 만들고 위에 물을 주고 밟아나가면 수분이 보존되어 이 糞層이 썩게 되면 芋가 발아한다"[221]고 한 구절을 연결시키면 그 이용 가능성은 더 명확해진다.

또한 「이시랑이 다시 화답해 온 일곱수에 차운하다」[222]에서 "그대가 전해주는 재배법을 받았건만[縱受君傳栽養法]"이라고 한 구절을 보건대 이시랑은 이규보에게 토란의 재배법과 그 먹는 법 등을 전해주었다. 당시 李侍郎은 新醫였다.[223] 따라서 李侍郎의 신분과 재배법 등에 대하여 자세하게 알고 있는 것을 보면 단순히 재배를 통하여 습득한 기술수준 이상임을 알 수 있는데, 이를 재배하는데 참고한 것이 『齊民要術』 혹은 나름대로 고려의 오랫동안의 재배를 통해 얻어진 재배방법이 있었다고 여겨지는 것이다.

　　　　雞子芋・百果芋・早芋・九面芋・象空芋・靑芋・素芋가 그것이다.
221) 『齊民要術』 種芋 第16, "氾勝之書曰 種芋區……方深皆三尺 取豆其內區中
　　　足踐之 厚尺五寸 取區上溼土 與糞和之 內區中其上 令厚尺二寸 以水澆之
　　　足踐令保澤……其爛芋生 子皆長三尺 一區收三石".
222) 『東國李相國集』 同上, 「次韻李侍郎復見和七首」.
223) 『東國李相國集』 後集 卷7, 古律詩 「李侍郎見和三首以四首答之」, "……子
　　　作新醫曰補精……".

李奎報의 古律詩 중「강가마을에서 자다(宿瀨江村舍)」에 다음의 내용이 보이고 있다. "묵은 서적은 다 흩어지고 약보만 남았고[散盡舊書留藥譜] 남은 저축을 점검해 보니 다경이 있네[檢來餘畜有茶經]"[224]에서 唐의 陸羽가 찬한『茶經』이 보인다. 이는 종합 농서가 아닌 茶에 관한 전문서적이다.『茶經』에서는 항목을 모두 10개 부문으로 나누어 茶의 근원·도구·만들기·그릇·달이기·마시기·茶의 옛일·茶産地·茶의 생략·그림 등을 싣고 있다. 이『茶經』이 고려사에서 보이는 것은 이규보의 시에서 처음으로 나타나고는 있으나 당대뿐만 아니라 前時期에도 文人 및 僧侶들 사이에서 많이 읽혀졌음을 짐작할 수 있다.[225]

이상의 내용은 중국 농서의 수용과 그 이용 가능성에 대하여 살펴본 것이다. 하지만 실제 고려에서는 고려의 농업환경에 맞추어 농업기술을 적용 발전시켜 나간 면도 있었다. 임경화가『잠서』를 방언으로 해석하여 번역할 수 있던 것은 임경화 개인의 잠업에 대한 지식도 있었을 터이지만 실제 잠업을 하는 농민들의 이해를 바탕으로 가능한 일이었다고 여겨진다. 즉 방언 해석이 현실과 동떨어진 중국의 언어로만 이루어질 경우 그것은 현장에 도움이 안 될 수 있기 때문이며, 실제로『잠서』의 방언해석이 있은 뒤 각 지역에 보급하였다는 기록을 참고한다면 이를 확인할 수 있다.

군주의 권농정책 속에는 농법의 개발 등과 같은 면이 언급되지 않았지만 실제 농촌사회에서는 생산력과 직결되는 문제이기 때문에 지대한 관심을 가지고 이를 공유하면서 발전시켜 나갔다. 즉, 영농과 관

---

224)『東國李相國集』前集 卷6, 古律詩 宿瀨江村舍.

225)『茶經』의 고려에서의 이용에 대해서는 陸羽 撰, 金明培 譯, 1982,『茶經』太平洋博物館, 119~120쪽 참조.『茶經』의 찬자인 陸羽는 이외에도 농서로서『未經』을 남겨 唐代의 쟁기의 구조와 형태를 기록하기도 하였다.

련하여 농민들은 현재의 농업상황이나 공동작업해야 할 사항, 작물의 재배 현황, 재배 기술 등을 중심으로 정보를 공유했다고 여겨지는데 이는 12세기 사람인 金克己가 남긴 시를 통해서 알 수 있다. 즉, "농부들 각기 모여 방안에 드니, 농사 얘기에 방 안이 와자지껄 하구나 / 웃고 떠드는 소리 고기 꿰듯 잇달았고, 제각기 지껄이니 새 소리처럼 시끄럽다"[226]라고 하여 산골마을인 香村의 그러한 광경을 묘사하였던 것이다. 또한 겨울이 되어서는 이듬해의 농사를 계획하는 모습도 그려지고 있는 것이 보이는데, "한밤이 다하도록 잠들지 못해[竟夜眼不得] / 농사 이야기로 새벽에 이르렀네[農談逮明發]"[227]라고 한 부분에 나타난다. 이처럼 자연촌락 단위에서도 자체적인 農會와 같은 것을 실시하고 이를 영농에 반영하고 있었다.

또한 이러한 상황에서 공동노동, 즉 두레와 같은 공동작업도 실시되었다. 예컨대 촌락사회 내부에 있었던 保·契조직 등이 그러한 자치조직의 기능을 하였다.[228] 이러한 공동작업은 起耕과 播種, 除草, 收穫에 이르기까지 지속되었으리라 생각되는데, 이규보는 이 같은 상황을 "서로 이끌어 밭 둔덕에서 노래 부르니 / 호미 메고 구름같이 모여드누나 / 힘쓰리라 내 여기서 글을 읽으며 / 농사일도 철을 따라 어김없도록"[229]이라고 한 바 있다.

이처럼 농업기술과 관련한 이해는 누구보다도 농민 자신과 관련한 문제이기 때문에 그들은 나름대로 농법을 발전시켰던 것으로 이해된

---

226) 『東文選』 卷4, 五言古詩 宿香村, "耕夫各入室 四壁農談誼 碎礎作魚貫 咿喔紛鳥言".

227) 『東文選』 卷4, 五言古詩 田家四時.

228) 金琪燮, 1987, 앞의 논문, 139쪽 ; 李宗峯, 1992, 「高麗後期 勸農政策과 土地開墾」, 『釜大史學』 15·16합, 325쪽.

229) 『東國李相國集』 前集 卷2, 古律詩 遊家君別業西郊草堂 二首, "相攜唱田隴 荷鉏如雲圍 勉哉趍菖杏 耕穫且莫違".

다. 다만 이들의 경우 문자로 이를 정리 기록할 수 없었기 때문에 그들만의 전문적 지식 혹은 상식으로 전수되었으며, 이로 인하여 조선 초『農事直說』이나『衿陽雜錄』의 편찬이 있기 전까지는 정리되지 못했다. 예를 들어 이규보는 어려서 겪은 과일 접붙이기의 추억을 기록으로 남기고 있다.

일에는 시작할 때는 허망하고 터무니없고 괴이쩍기 그지없어 보이던 것이 나중에는 참말로 되는 것이 있으니 接菓하는 것을 두고 그렇게 말할 수 있는 것이다. 나의 부친이 살아 있을 때에 키꺽다리 田氏라는 사람이 있었는데 접과를 아주 잘하였다. 부친이 시험삼아 그에게 접붙이기를 시켰다. 동산에 못 쓸 배나무 두 그루가 있었는데 전씨는 그것을 톱으로 모두 베어버리고는 좋은 품종이라고 이름난 배나무를 얻어다가 몇 개의 가지를 잘라내어 잘라버린 줄기에다 붙이고 잘 이긴 진흙을 바르고 싸매주었다. 그때 당시에는 허망하고 터무니없어 보였다. 심지어는 움이 돋고 잎이 퍼졌을 때조차도 괴이쩍게 생각되며 믿어지지 않았다. 여름이 되어 잎이 무성해지고 가을에 열매가 맺힌 다음에야 나중에 참말로 되는 것임을 믿게 되었고 허망하고 터무니없고 괴이쩍기 그지없는 것이라고 생각하던 의심이 비로소 마음 속에서 없어지게 되었다.[230]

이 내용은 農書에 정리되었던 접과 기술이기보다는 농민들이 농사를 지으면서 체득한 농업기술이었음을 알려준다.

고려 후기의 인물인 李穡은『農桑輯要』後序를 쓰면서 고려의 농가에서는 하늘만 쳐다보므로 水旱을 만나게 되면 언제나 해를 입는다고 기록[231]하여 고려의 농법이 매우 뒤떨어졌다 하였다. 하지만 농촌

---

230)『東國李相國集』前集 卷23, 記 接菓記.
231)『牧隱文藁』卷9, 序 農桑輯要後序.

에서는 그러한 농업환경에 순응하면서도 농업생산을 향상시키기 위한
노력을 기울였다. 이를 본다면 李穡이 평한 고려의 농업은 儒者의 입
장에서 『農桑輯要』를 높이 평가하기 위한 일종의 예찬용 수사였다고
하겠다.

　고려에서 중국 농서의 이용과 관련해서는 자료가 드물지만 중국의
손광헌이 찬한 『蠶經』이나 陸羽가 찬한 『茶經』의 이용은 확실하다.
다만 『四民月令』·『四時纂要』 등의 월령식 농서나 중국 최초의 종합
농서라고 할 수 있는 『齊民要術』의 유통 및 이용 가능성도 추정할 수
있다. 중국 농서의 이용이 고려의 농업생산력의 발전 기준이 될 수는
없지만 적어도 고려왕조에서는 중국의 농업기술 개발에 대해서는 끊
임없이 관심을 기울였다. 고려의 지방사회에서도 농업생산력을 높이
기 위한 농법 개발이나 종자 개량 등의 노력을 전개하였다. 그것은 지
식인층에 의해서라기보다는 실제 耕作層에 의해 이루어졌으며, 이것
이 조선 초기 전통 농법을 모은 농서의 편찬으로 이어지게 된다.

제3장 국가적 농경의례의 운영

1. 祈穀的 農耕祭儀의 운영과 그 실태

1) 기곡적 농경제의의 시행 배경

국가의 근본은 민에 있으며 민은 食을 하늘로 여기는데 食은 農桑으로부터 나온다는 農本의 이해는 정치의 요체였다. 국가재정 및 국가운영이 여기에 달려 있다는 重農的 인식이라 할 수 있다. 이를 위하여 국가에서는 務本力農을 위주로 하는 권농정책을 실현하여 厚生에 힘쓰고자 하였다. 중농이념 및 권농정책과 함께 고려왕조에서 籍田·先蠶의 농경의례를 국가적 차원에서 마련한 것도 그러한 차원에서였다.

농업생산의 증대는 국가나 민 모두가 바라는 것이었다. 농업은 時候의 변화에 민감하여 이미 농업기술이 상경농법을 적용하는 수준에 이르렀다고 하더라도 그 영향을 피하기 어렵다. 통치자도 농민도 이러한 사실을 염두에 두면서 권농정책과 力農 등을 통해 수확량을 극대화하기 위하여 노력하였다. 時候의 순조로움을 바라고 풍년을 기원하고 수확에 대한 감사를 올리는 것은 국가나 민의 입장에서 볼 때 정치적 농업적 노력으로 해결하기 어려운 부분에 대한 이해에서 나왔다.

時候의 조절 능력을 통해 왕실의 역할과 위상을 높이고 나아가 고려 초 지방사회에 세력을 구축했던 호족과의 차별성을 부각시키면서 民을 국가 지배체제 속으로 융화시키기 위해 고려왕조가 구상했던 것 중의 하나가 군주를 주체로 하는 국가제사였다. 여기서는 이러한 국가 제사 전체를 다루기보다는 고려왕조가 의도했던 고려 왕실의 신성성과 절대성을 확인하면서 국가재정과 민의 생계에 가장 중요한 농업생산 장려를 위한 국가적 의례를 살펴보고자 한다.

신라의 사전체계에 대한 검토는 고려왕조 이전 단계에서 중농과 의례의 문제를 어떻게 인식하였는가를 살펴보는 데 의미가 있다. 또한 그러한 경험은 고려왕조의 국가제사 수용과 정비에 영향을 미쳤다고 볼 수 있다. 이러한 관점에서 먼저 신라의 사전체계를 정리하면 <표 10> 唐·新羅·高麗의 祀典 體系 비교와 같다.

신라 하대 국가제사는 (別祀)-大祀-中祀-小祀-(雜祀)의 체계[1]를 갖는 것이었다. 이러한 사전체계는 국가체제의 정비와 짝하면서 이루어졌는데 기존의 始祖神·祖上神이나 山川神的 제사를 국가체제로 합하고 서열화했다는 점에서 의미가 있었다. 이를 통하여 지배층은 中外에 대한 지배력을 강화하고 왕실의 존엄성을 일깨우면서 국가의식을 고취하려 하였다.[2] 가령 唐의 大祀-中祀-小祀 체계를 받아들여 지역신 및 부족신적 요소를 강하게 가지고 있는 山川을 중심으로 그 중요도에 따라 분류하고 있다는 점은 신라가 가지고 있는 독특한 면이라 할 수 있다. 그러나 신라왕실의 노력에도 불구하고 신라 하대 사회의 혼란은 이러한 신라 왕실이 의도한 목표를 어렵게 하였다.

---

1) 辛鍾遠, 1984,「三國史記 祭祀志 硏究」,『史學硏究』38, 40~42쪽.
2) 이러한 신라 하대의 祀典체계의 정비와 관련한 연구는 다음과 같다. 金杜珍, 1999,「新羅의 宗廟와 名山大川의 祭祀」,『韓國古代의 建國神話와 祭儀』, 一潮閣 ; 辛鍾遠, 1984,「三國史記 祭祀志 硏究」,『史學硏究』38 ; 최광식, 1994,『고대한국의 국가와 제사』, 한길사 ; 최광식, 1996,「新羅와 唐의 大祀·中祀·小祀 비교연구」,『韓國史硏究』95.

신라의 사전체계에서 별사로 분류되고 있는 것은 始祖廟(五廟)·神宮·社稷壇·八禖·先農·中農·後農·風伯·雨師·靈星이다.   시조묘나 신궁과 함께 사직단 이하 영성까지의 제사가 병렬되어 기록되고 있는 점을 주의 깊게 생각할 필요가 있다. 시조묘와 신궁이 신라왕실과 직접 관련되는 것이라고 본다면 나머지의 것은 그렇지 않다. 사직단 이하 영성까지의 제사는 그 명칭으로 볼 때 농경제의적 성격을 갖고 있다. 다음의 기록은 이러한 성격을 보여준다.

 12월 寅日에는 新城 북문에서 八禖에 제사지냈는데, 풍년에는 大牢를 쓰고 흉년에는 小牢를 썼다. 立春 후 亥日에는 明活城 남쪽 熊殺谷에서 先農에 제사지내고, 立夏 후 亥日에는 新城 북문에서 中農에 제사지내고, 立秋 후 亥日에는 蒜園에서 後農에 제사지냈다. 立春 후 丑日에는 犬首谷門에서 風伯에 제사지내고, 立夏 후 申日에는 卓渚에서 雨師에 제사지내고, 立秋 후 辰日에는 本彼遊村에서 靈星에 제사지냈다.[3]

 위의 제사조 내용을 볼 때 八禖[4]나 先農 등이라 하여 중국의 제사체계의 용어를 받아들여 쓰고 있는 것을 알 수 있다. 제사장소를 보면 新城의 북문이나 熊殺谷·蒜園 등지가 祭場이 되고 있는데, 대체로 그 방위 및 장소가 중국의 경우와 비슷한 것이다.[5] 또한 팔자나 선농,

---

 3) 『三國史記』卷32, 雜志1 祭祀.
 4) 韓國精神文化硏究院, 1992, 『譯註 三國史記』. 팔자에서 제사지내는 대상은
   ①先嗇(농업의 시조신, 즉 神農), ②司嗇(곡물의 파종과 수확을 맡은 신, 즉 后稷), ③百種(모든 곡물의 種子의 신), ④農(농업을 관장하는 관리의 신, 즉 田畯), ⑤郵表畷(田畯이 백성을 독려하던 處所의 신), ⑥猫虎(곡식을 해치는 들쥐나 멧돼지를 먹어치우는 고양이와 범의 신), ⑦坊(논물을 막아 가두는 둑의 신), ⑧水庸(논물을 끌어들이고 빼내는 도랑의 신)이라 하였는데, 신라의 경우도 이와 동일한지는 알 수 없다.

풍백·우사·영성의 경우도 그 제사시기가 唐과 일치하고 있다.[6]

신라의 사전체계는 신문왕과 선덕왕대를 전후해 재편되었다. 神文王 6년(686) 측천무후로부터 필사한 『吉凶要禮』를 받아 중국식 예제를 수용하려 한 것이나 선덕왕이 사직단을 세운 데서 이를 짐작할 수 있다.[7] 이때 신라는 산천신을 그 규모와 중요도에 따라 대·중·소로 나누고 제후국으로서 그 체제에 넣을 수 없는 경우[8]는 別祀로 하면서 四城門祭·部庭祭·四川上祭·日月祭·五星祭·祈雨祭·四大道祭·壓丘祭·辟氣祭 등의 경우는 대·중·소의 분류 체계에 넣지 않았다.[9] 이렇게 본다면 『三國史記』의 찬자가 신라의 사전이 境內의 山川이고 天地에 미치지 못하였다고 한 지적은 비록 당시의 국가제사적 관점에서 본 것이기는 하지만 타당한 면이 있다 할 것이다.

5) 이에 대해서는 최광식, 1996, 앞의 논문, 5~8쪽 ; 余昊奎, 2002, 「新羅 都城의 空間構成과 王京制의 성립과정」, 『서울학연구』 18 참조.

6) 唐에서는 팔자의 경우 12월 上寅에 남교에서 百神에 제사하였다.(『唐令拾遺』 13조) 先農은 孟春 吉亥(『唐令拾遺』 25조)이며, 風伯(立春 後 丑日)·雨師(立夏 後 申日)·靈星(立秋 後 辰日) 역시 같다.(『唐令拾遺』 16조·17조·18조 ;『大唐開元禮』 卷28, 吉禮) 다만 중농·후농의 경우 唐에서는 없지만 제사일을 亥日로 잡고 있다는 점에서 농사의 계절적 순서에 따라 이루어진 것임을 추정할 수 있다. 그러나 金杜珍은 신라의 전통적 성격을 보다 유념하면서 이에 대해 팔자나 선농 등의 제사가 여러 지역에 분거한 부족 단위의 조상신에서 유래했기 때문에 나타나는 현상이며, 위의 인용기사에서 나타나는 신격이 동등한 신격으로 나열되고 있음도 그러한 때문에서라고 밝힌 바 있다.(金杜珍, 1999, 『韓國古代의 建國神話와 祭儀』, 一潮閣, 351~352쪽 참조)

7) 『三國史記』 卷8, 新羅本紀8 神文王 6년 2月.

8) 『禮記』 王制, "天子祭天地 諸侯祭社稷 大夫祭五祀 天子祭天下名山大川 五嶽視三公 四瀆視諸侯 諸侯祭名山大川之在其地者".

9) 이에 대해서는 신종원, 1984, 앞의 논문과 최광식, 1996, 앞의 논문 참조. 특히 신종원은 이들 제사에 별도의 등급을 붙이지 않은 것은 唐令에서 '州縣社稷釋奠及諸神祠 亦准小祀禮'라고 정한 것을 따른 것 같다고 하였다.(신종원, 같은 논문, 36쪽)

신라의 祭天 祈穀은 사직이나 팔자, 선농 등보다도 神宮에서 올려졌을 가능성도 있다. 시조 赫居世나 閼智 신화에 天降한 穀靈적 요소가 내재해 있었다면[10] 신라에서 볼 때 시조묘나 신궁에 대한 제사가 곧 제천과 기곡에 다름 아니라는 생각도 가능하다. 신궁과 시조묘에 대한 제사가 주로 정월과 2월에 致祭되고 있는 것은 이를 뒷받침하는 내용이라 생각된다.

결국 신라의 사전체계를 보면, 당의 사전체계를 수용하면서도 이를 적용하는데 있어서는 양면적이었다. 『吉凶要禮』나 『唐令拾遺』나 『開元禮』, 『禮記』 등이 참조되었을 것이지만 그 내용이 주로 천자국 체제로 정리되어 있었다는 점에서 어려움이 있었다. 따라서 신라로서는 국제관계 속에서 신라의 위상에 맞는 사전체계를 고민할 수밖에 없었고, 나름대로 이를 수용하면서 大祀－中祀－小祀의 체계로 정리하였던 것이다. 또 한편 신라 나름대로 이어져 내려 온 각종 제사를 모두 이러한 체계 속에 넣기에는 신라적 성격이 강한 제의 등이 있었다. 예컨대 중농·후농과 같은 농경제의나 신궁 및 시조묘 등이 그러하다. 따라서 이에 대해서는 별도로 정리할 수밖에 없었다. 결국 신라의 사전체계는 이러한 당시 문제의식의 소산이라 할 수 있다. 그리고 고려의 경우 역시 이러한 문제의식 속에서 출발할 수밖에 없었다.

지금까지는 신라의 사전체계를 다뤘지만 이를 고려의 사전체계와 연관하여 살펴보기 위해서는 당·신라·고려의 사전체계에 대한 비교 정리가 필요하다. 이를 정리하면 다음과 같다.

<표 10> 唐·新羅·高麗의 祀典 體系 비교에서 정리한 내용을 보면, 몇 가지 특징적인 면이 나타난다. 먼저 전체적으로 볼 때 고려의 경우 그 용어의 유사함이나, 大祀·中祀·小祀의 구분이 시도되고 있

10) 이에 대해서는 三品彰英, 1973, 「高麗王位と收穫祭」, 『古代祭政と穀靈信仰』, 平凡社(일본 : 東京), 231~240쪽 참조.

어 중국적 제사 체계를 수용하면서도 독립성을 유지하고자 했음을 알
수 있다.

<표 10> 唐・新羅・高麗의 祀典 體系 비교[11]

	唐(大唐開元禮)	新羅(祭祀志)	高麗(禮志)
(別祀)		始祖廟(五廟)・神宮・ 社稷壇 八禩・先農・中農・後 農・風伯・雨師・靈星	
大祀	昊天上帝・五方上帝 皇地祗・神州 宗廟	三山(奈歷・骨火・穴禮)	圜丘・方澤 社稷・太廟・別廟・景 靈殿・諸陵
中祀	日月・星辰 社稷・先代帝王・孔宣 父・齊太公・諸太子廟 嶽・鎭・海・瀆 帝社・先蠶	五嶽・四鎭・四海・四 瀆	籍田・先蠶 文宣王廟
小祀	司中・司命 風師・雨師・靈星 山林・川澤	俗離岳 이하 西述까지	風師・雨師・雷神・靈 星・馬祖・先牧・馬社 ・馬步・司寒・諸州縣 文宣王廟
(雜祀)		四城門祭・部庭祭・四 川上祭・日月祭・五星 祭・祈雨祭・四大道祭 ・壓丘祭・辟氣祭	醮祭・壓兵祭・老人星 祭嶽海瀆・山川神祭 城隍祭・五溫神祭・歷 代帝王廟・纛祭 등

11) 참고로 宋의 祀典체계를 소개하면 다음과 같다.『宋史』卷98, 志51 禮1, "歲
之大祀三十 正月上辛祈穀 孟夏雩祀 季秋大享明堂 冬至圜丘祭昊天上帝
正月上辛又祀感生帝 四立及土王日祀五方帝 春分朝日 秋分夕月 東西太一
臘日大蠟祭百神 夏至祭皇地祗 孟冬祭神州地祗 四孟季冬薦享太廟后廟 春
秋二仲及臘日祭太社太稷 二仲九宮貴神 中祀九 仲春祭五龍 立春後丑日祀
風師 亥日享先農 季春巳日享先蠶 立夏後申日祀雨師 春秋二仲上丁釋奠文
宣王 上戊釋奠武成王 小祀九 仲春祀馬祖 仲夏享先牧 仲秋祭馬社 仲冬祭
馬步 季夏土王日祀中霤 立秋後辰日祀靈星 秋分享壽星 立冬後亥日祠司中
司命司人司祿 孟冬祭司寒 其諸州奉祀 則五郊迎氣日祭岳鎭海瀆 春秋二仲
享先代帝王及周六廟 並如中祀 州縣祭社稷 奠文宣王 祀風雨 並如小祀".

둘째, 嶽·鎭·海·瀆에 대한 祀典은 당과 신라의 경우 中祀로 분류했지만 고려의 경우 雜祀로 편제하였다. 사실 嶽·鎭·海·瀆의 경우 유교적 길례 의례 가운데 가장 地域神적인 요소가 강하다. 그렇기 때문에 그 신격에 대하여 군주가 勳號를 더하여 주거나[12] 消災를 위해 그 때마다 효험이 있을 장소에서 사신을 보내 제향을 치렀다. 고려는 바로 이러한 인식하에 嶽·鎭·海·瀆을 다른 잡사와 함께 배치하였다.

셋째, 社稷祭의 경우는 고려와 신라·당이 모두 그 격을 달리하고 있다. 사직은 토지신과 농업신에 대한 春祈秋報의 성격이 강하였다. 신라에서 당의 길례 체계를 수용하고자 한 면이 보이긴 하지만 이를 완전히 소화하지는 못하였다. 길례의 성격상 왕권 및 정치질서의 안정이 필요한데, 사직단을 설치하는 신라 하대의 경우는 그렇지 못하였다. 그렇기 때문에 당의 길례에 따른 대사·중사·소사의 체계를 꾀하였으나 차이가 분명하게 드러나고 있다. 고려의 경우 唐이 社稷을 中祀로 놓고 있는데 반해 大祀로 승격하여 의례를 행하고 있다. 宋의 경우 社稷은 大祀로 분류되고 있어[13] 고려와 송의 예제 정비의 연관성을 엿볼 수 있다. 이는 유교적 중농이념의 의례적 실현이라는 성격을 갖는 춘기추보를 의식한 데 따른 조치의 성격이 짙었다.

넷째, 고려는 국가제사를 정비함에 있어 독자적으로 행하지 않았다. 의례의 의미나 절차, 대상 등에 대해서는 신라나 唐 등 중국의 예를 참조로 하면서도 고려의 자주성과 왕실의 위상을 갖추고자 하였다. 이를 통해 고려 역시 圓丘 및 社稷 등의 祭儀를 정비하기 시작하면서 더 나아가서는 國家禮的 성격을 갖는 五禮의 구조를 갖추었다.

---

12) 예컨대 현종 5년 12월에 현종은 악진해독의 神祇에 훈호를 가한 바 있었다. (『高麗史』卷4, 世家4 顯宗 5년 12월 丁巳)
13) 『宋史』卷107, 志60 禮10 吉禮10 禘祫.

194

祭儀는 天神·地祇·人鬼를 대상으로 하면서 길례 체계 속의 대사
·중사·소사의 체계와 雜祀로 정비되었다. 고려에서 정리되고 있는
길례 체계는 신라와는 달리『周禮』나『唐書』등에 보이는 내용을 토
대로 하고 있었으며, 신라로부터 전래되어 온 吉禮的 요소는 배제하
였다. 신라와의 가장 중요한 차이는 체제와 내용만이 아닌 운영 면에
서도 고려 왕실 중심적 특징을 갖고 있었다는 점이다.[14] 고려의 국가
제사 체계는 유교적 제사로서 대사·중사·소사로 구분되고 있지만
『高麗史』에서 제사의 실제 행사 빈도 등을 검토하면 오히려 국가제사
로서는 잡사가 주류를 이루어 고려적 특징을 보여준다.[15]

고려가 신라 하대 이래 지속되어 왔던 祀典 체계를 수용하지 않은
데에는 그럴 만한 이유가 있었다. 신라의 祀典은 그 주체가 신라왕실
이었고, 名山大川 등 제사 대상 또한 신라의 地域神 내지 守護神이기
때문이었다. 말하자면 크게 볼 때 제사의 목적이 호국안민과 왕실보호
라는 점은 일치하지만 그 대상과 주체, 제향신은 고려의 입장에서는
받아들이기 곤란한 문제였다.

고려 초에 국가사전이 정비되기 전까지는 소위 '陰祀'[16]가 무분별하
게 올려지고 있었다. 따라서 고려의 경우 신라적 요소와 陰祀的 제사
를 제거하면서도 일정 부분은 국가적 체계에 받아들이는 방향에서 국

---

14) 李範稷, 1991,『韓國中世禮思想研究』, 一潮閣, 68~107쪽.
15) 고려의 국가 祀典에 대한 연구 성과 등에서 특히 雜祀를 분석한 연구를 들
    면 다음과 같다. 李世賢, 1984,「麗代의 雜祀와 그 信仰性에 대한 研究」,
    『群山大論文集』7 ; 金海榮, 1994,「詳定古今禮와 高麗朝의 祀典」,『國史館
    論叢』55 ; 金澈雄, 2001,『高麗時代 '雜祀'研究-醮祀, 山川·城隍祭祀를
    중심으로-』, 高麗大學校 博士學位論文. 이외에도 雜祀 및 고려의 국가제
    사 관련 기록을 통해 도교적 영향이 검토되기도 하였다.
16)『禮記』曲禮 下, "天子祭天地 祭四方 祭山川 祭五祀 歲徧 諸侯方祀 祭山
    川 祭五祀 歲徧 大夫祭五祀 歲徧 士祭其先 凡祭 有其廢之莫敢擧也 有其
    擧之莫敢廢也 非其所祭而祭之 名曰淫祀 淫祀無福".

가적 사전체계를 구상하였다. 이 같은 점에서 본다면 고려왕조는 지금
까지와는 다른 사전체계에 대한 인식이 필요했다. 經學의 연구가 심
화되고 있던 고려왕조에서 중국 여러 왕조에서 실현되고 있던 吉禮체
계에 관심을 집중한 것은 이러한 배경에서였다.

  성종 원년 6월 최승로가 지적하고 있는 다음의 내용은 그 같은 상
황을 보여준다.

> 『論語』에 이르기를, '그 귀신이 아닌데 제사함은 아첨함이라' 하였
> 고, 『傳』에는 이르기를, '귀신은 그 族類가 아니면 받지 않는다.' 하였
> 으니 이른바 淫祀는 복이 없다는 것입니다. 우리나라 종묘 사직의 제
> 사는 아직도 법답게 하지 못함이 많은데 그 山嶽의 祭祀와 星宿의 醮
> 祭는 번잡하고 폐단이 많은 것이 도를 넘습니다.……제사의 비용은
> 모두 백성의 고혈과 그 力役에서 나옴이오니 어리석은 신의 생각으로
> 는 만약 民力을 쉬어서 환심을 얻으면 그 복이 반드시 기원하는 복보
> 다 더할 것입니다. 바라건대 성상은 別例 祈祭를 없애고 항상 몸을 공
> 손히 하고 스스로를 책하는 마음으로써 上天에 이르게 하면 재해가
> 스스로 가고 福祿이 스스로 올 것입니다.[17]

  산천제사와 성수의 초제는 각기 지역신앙적 요소가 강하다. 또한
국가에서 佛舍를 많이 짓고 공덕을 비는 상황 등은 최승로의 입장에
서 볼 때 국가제사로서는 모두 음사에 속하는 것이었기 때문에 국가
와 왕실에 도움이 안 된다는 것이다. 따라서 음사를 바로잡으면서 길
례의 국가제사 체계를 세워야 한다는 것이 최승로 등 고려 초 儒臣들
의 국가제사에 대한 이해였다고 하겠다.

  각 왕조에서는 왜 이처럼 다양한 국가제사를 올리기 위해 노력하였

---

17) 『高麗史節要』 卷2, 成宗 元年 6月.

을까. 이는 제사의 목적과도 연결되는 문제인데, 그것은 크게 祈願·祈福·祈禳·感謝 등이었다. 이러한 국가제사를 통하여 天命의 확인을 통한 왕실의 존엄성과 군·신·민의 화합, 국가의 안정을 도모하였던 것이다.

고려왕조의 건국과 함께 태조 및 신료들은 왕실의 절대성과 신성함을 갖추기 위해 노력하였다. 고려 태조는 天命에 따른 왕조의 개창이라는 점을 의식적으로 강조하였다. 즉, 天命에 의한 군주이니만큼 그에 따라 왕조 통치의 정당성을 가지려는 의도라고 볼 수 있다. 태조 원년 6월 布政殿에서 즉위하고 연호를 '天授'라고 한 것[18]이나 같은 달 辛酉에 내린 詔에서 景命 즉 천명을 이어 큰 계획을 밝게 운영하려 한다고 하는 표현[19] 등은 태조의 즉위가 천명에 따른 정당한 것임을 합리화하는 것이었다. 더구나 재이의 발생과 그에 대한 대응을 강구하는 노력 속에서 제시된 天人感應論은 군주가 '法天順時'를 통한 敎化의 주체임을 밝히고 있었고, 고려왕조는 이를 적극 수용하기에 이르렀다.

天命에 따라 順天하면서 德을 베풀어야 한다는 天人感應論을 통해 王道政治의 실체를 확인하였다면, 고려왕조는 그러한 정치가 농업생산에 기반하고 있음도 고려하여야 했다. 농업국가인 고려에서 농경제의에 대한 이해를 표명하는 것은 일면 당연했다. 이상과 같은 관점에서 볼 때 고려왕조는 다양한 국가제사를 행하면서도 그 중심으로 重農理念의 祭祀的 실현이라는 면을 감안하였다. 따라서 고려왕조에서 풍년을 기원하고 풍년에 대한 감사를 위하여 '春祈秋報'적 祭儀를 설정하고 이를 정기적으로 행한 것은 그러한 이유에서였다.

農桑과 관련하여 고려시대에도 時候不順 즉, 기상재해로 피해를 입

---

18) 『高麗史』卷1, 太祖 元年 6月 丙辰.
19) 같은 책, 辛酉.

는 경우가 대단히 많았다. 물론 이에 대해 군주 및 지배층은 많은 예
방과 대응 노력을 기울인 것이 사실이다. 고려왕조는 농상에 피해를
끼치는 자연재해를 크게 水・旱・虫・霜과 雨雹・台風을 합하여 여
섯 가지로 보고 있었다. 疫癘의 경우 직접적으로 농작물에 대해 피해
를 주는 것은 아니지만 역시 사회 안정 및 농업노동력의 손실을 가져
온다는 점에서 재해의 하나로 여길 수 있는 면이 있다. 이러한 인식은
식화지 진휼조에 제시되는 災免之制와 水旱疫癘賑貸之制에서 정리
하고 있는 항목 등을 통해 알 수 있다.

재해를 포함하는 천변재이의 발생에 따라 국가에서는 消災의 노력
을 기울였다. 五行志의 내용을 통하여 이를 확인할 수 있기도 하지만
각각의 재이 발생에 따른 消災 조치가 구체적으로 제시되어 있지 않
다는 한계가 있다. 따라서 이 측면에 대해서는『高麗史』世家의 기록
을 참조할 수밖에 없다. 이 측면을 고려하면서 고려시대에 취해진 소
재의식의 내용[20]을 보면, 君主의 責己修德, 修德을 위한 德政, 仁政
의 실시, 消災를 위한 祭儀 및 道場 등이 있었다.[21]

이 내용을 본다면 消災를 위하여 修德과 消災儀式으로서의 祭儀가

---

[20] 李泰鎭의 경우 五行의 金에 해당하는 旱災의 발생에 대한 消災를 중심으로
하여 그 消災 조치를 검토하였다. 모두 15항목으로 나누어 서술하고 있는데
이를 다시 정리하면 다음과 같다. ①醮祭(14), ②佛道場(64), ③神祠・山川
(69), ④巫覡(28), ⑤宗廟・社稷・七陵(31), ⑥雩祀・圓丘, ⑦祈雨・祈晴(28),
⑧避正殿・減尙膳(12), ⑨斷扇(8), ⑩徙市(24), ⑪寬刑・釋放(19), ⑫工役中斷
(3), ⑬求言, ⑭人事 ⑮기타(10) 등으로 나누어 살펴보고 있다.(李泰鎭, 1997,
앞의 책, 100쪽 참조) 물론 消災가 이러한 것만은 아니었다. 예컨대 가장 중
요한 것으로 責己修德이나 유교경전의 講經 등의 부분이 있었음에도 이에
대한 언급을 하지 않았다는 점을 본다면 이러한 오행지만의 消災 조치에 대
해서는 좀더 폭넓게 봐야 하지 않는가 하는 생각이 든다.
[21] 이에 대해서는 韓政洙, 2003,「高麗前期 天變災異와 儒敎政治思想」,『韓國
思想史學』21, 66~68쪽 참조.

함께 이루어진 것을 알 수 있다. 고려왕조의 소재 노력의 대부분은 다양한 형태의 祈禳을 위한 祭儀에 있었던 것이다. 즉, 祭祀儀式이나 道場·法席의 설치 등 부처나 도교의 제신, 名山大川, 宗廟·社稷·七陵, 神祠 등에 대한 기도와 제사가 그 내용이었다. 이는 儒臣 등에 의해 實이 없는 의식으로 비판되기도 하였다.

仁宗代 林完은 董仲舒의 천인감응론을 인용하면서 이른바 '應天以實 不以文'이라 하여 實은 德이며 이른바 文은 道場, 齋醮의 종류와 같은 것22)이라 보았다. 그는 도량 초제보다는 덕을 기름에 있어서 태조의 遺訓과 문종의 舊典을 실천하는 것이 중요하다고 하였다. 이러한 내용은 다음의 기사를 통해 확인된다.

> 天譴이 이와 같으니 족히 天心이 폐하를 仁愛하사 부모가 그 자식을 譴告하여 간절히 부지하여 안전케 하고자 함을 보이는데 폐하께서 어찌 가히 勤勉하여 實로써 응하지 아니하겠습니까. 實로써 힘씀은 지금의 폐해를 고치는 데 있고, 지금의 폐해를 고침은 태조의 遺訓을 따름에 있고 文宗의 舊典을 擧行할 뿐입니다.23)

이처럼 군주의 修德이 이루어지고 天時에 순응하는 政令이 군주와 百官에 의해 이루어지면 백성들은 생업에 종사할 수 있어 태평의 시대를 맞이할 수 있다는 것이 당시 고려인들의 인식이었다. 고려왕조에서 재이의 원인을 군주의 부덕과 실정, 신하의 반란 기도, 時令에 따르는 仁政이 이루어지지 않는다고 한 것 등에서 찾았다고 했을 때 그것은 유교적 정치 내용에서 크게 벗어나지 않는다.24) 따라서 원인이

---

22) 『高麗史』 卷98, 列傳11 林完.

23) 위와 같음.

24) 이에 대해서는 한정수, 2002, 「高麗前期 天變災異와 儒敎政治思想」, 『韓國思想史學』 21, 46~55쪽 참조.

이러하다면 그에 대한 대응도 또한 유교적 내용, 바로 임완이 말하고 있는 修德을 위한 정책이 뒤따라야 했다. 이러한 이해와 현실의 消災 노력은 이와 달랐다. 임완 등은 바로 이를 일치시켜야 한다고 보았던 것이다.

그러나 여전히 消災를 위한 道場과 醮祭 등 제사가 이루어지고 있었다. 이는 대부분의 재이 원인을 군주의 부덕과 실정 등으로 돌리고 있는데서 그 배경을 찾을 수 있다. 군주의 경우 재이로 인해 부정될 수 있는 권위를 회복하기 위해 많은 시간의 노력이 필요한 修德보다 각종 제사를 선호하였다. 消災와 祈禳을 위해 다방면으로 노력하고 이를 신민과 함께 공감대를 형성하고자 했다. 그것이 바로 천견으로 상실된 왕실의 신성성을 재확인하고 시후조절자로서의 왕실의 권위를 회복하면서 신민과의 화목을 도모하기 위한 祈禳儀禮였고, 이것이 '實'이 아니더라도 '文'이 시행된 배경이라 할 수 있다.

이상을 통해 본다면 고려왕조는 신라와 차별되는 사전체계를 가지면서도 왕실의 신성함을 과시할 수 있는 국가제사를 필요로 하였다. 이러한 점에서 祈穀의 국가적 祭儀는 天命을 대신하는 군주가 順天을 통해 시후조절자로서의 기능을 회복하고 농본에 기초하고 있는 重農理念의 실현을 기도하기 위한 농경제의로서의 성격을 띠고 있다는 점에서 고려왕조가 주목할 수 있는 것이었다. 또한 시후의 조절과 농업을 제의를 통하여 직접 연결함으로써 농업생산에 대한 군주의 관심을 직접적으로 반영하고자 하였던 것이다. 이 점이 고려가 籍田의 농경의례를 행하면서 유교적 국가의례에 기초하는 祈穀 祭儀의 성격을 강화 확대하는 국가제사 설행의 배경이 되었다고 볼 수 있다. 祈穀이 또한 동시에 祈禳을 위한 祭場으로 이용되었던 것은 기곡의 對象 神 역시 護國安民的 성격을 띠고 있다는 이해 속에서 나온 것이라 하겠다.

왕조의 통치질서, 지배체계가 완성이 되고 안정이 되자 유교적 정
치이념을 어느 정도 받아들인 고려 왕실은 이에 대한 검토와 정비를
하기 시작하였다. 이는 天命을 받은 군주로서 혹은 왕조로서 천하를
통치해야 할 때 갖춰야 하는 상징이기도 했기 때문이다. 따라서 農本
－民本－國本으로 연결되는 통치 기반을 天과 연결하는 의식으로서
제례의 형태와 직접적인 農耕儀禮를 갖추려고 노력하게 되었던 것이
다. 祀典體系로만 본다면『高麗史』禮志 吉禮조는 唐보다는 宋과 가
깝다.『고려사』예지가 의종 때 정리된『詳定古今禮』를 토대로 하고
있다는 점을 생각하면 송의 제도를 많이 참고했을 가능성이 높기 때
문이다. 하지만 고려 전기에 성립되어 운영되었을 고려의 사전체계는
현재로서는 알기 힘든 면이 있지만 唐制를 참고했을 가능성이 훨씬
크다.

2) 祈穀祭儀의 성립과 운영

(1) 祈穀의 의미와 祈穀祭

국가적 祈穀祭儀는 농업을 주된 산업기반으로 하는 국가에서 한
해의 농사가 잘되기를 천·지·인의 신명에게 기원하며 올리는 제사
의례였다. 한 걸음 더 나아가서는 곡식이 豐登했을 때에 그에 대한 감
사의 제사를 올리거나 그렇지 않고 곡식이 不登했다 하더라도 신에
대한 제사를 올려 위로와 감사하는 것이라고도 하겠다.

대체로 祈穀이 처음 행해지는 시기는 정월 입춘 혹은 上辛, 啓蟄
등이며 祭天은 12월 冬至의 臘祭로 하는 것이 隋와 唐에서의 祭天于
圜丘의 시점이었다.[25] 동지와 정월로 제천과 기곡의 제사시기로 잡은

---

25)『隋書』卷6, 志1 禮儀1, "圜丘自是祭天 先農則是祈穀 但就陽之位 故在郊
也 冬至之也 陽氣起於甲子 旣祭昊天 宜在冬至 祈穀時可依古 必須啓蟄 在

것은 天時 및 時候를 하늘이 주관하고 있다는 인식 하에서 그러한 하늘 昊天에 제사를 올려 시후의 순조로움과 풍년을 빌기 위한 것이었다. 또한 이 시기에 대해 주목한 것은 12월 동지와 정월이 모두 한 해의 시작으로서 陽氣가 일어나 즉 인간 및 만물이 활동하기 시작하는 때이기 때문이었다.[26]

天時의 보살핌을 받아 곡물은 토지에서 생산된다. 정치의 근본인 농본은 食에 달려 있으므로 정치는 곧 食貨에 있다고 해도 과언은 아닐 것이다. 祭天과 祭地, 곡물의 신에 대한 제사 등은 결국 제사로서만이 아니라 군주의 신성함이 바로 농사의 풍흉을 조절할 수 있다는 생각에서 나온 것이기 때문이었다.

고려왕조에서는 왕조 개창의 의의에 대해 농민의 보호와 궁예의 무도함을 방벌하는데 있다고 보았으며, 새로운 왕조에서는 천명에 따라 順天의 令을 세워 적극적으로 愛民하겠다는 점을 밝혔다. 이후 태조는 治民敎化의 방도를 農本에 두었다. 농민보호와 농업진흥의 방안을 마련하는 한편, 왕실에서 농상의 어려움을 실천하도록 한 것은 이러한 까닭에서였다. 이를 본다면 祈穀의 의의와 고려왕조가 표방한 중농이념에 기반하는 왕도정치의 실현이라는 면은 밀접한 관련이 있었다.

그러나 경종대까지만 하더라도 불교 및 도교, 민간의 산천신 제사 등이 오히려 많은 실정이었고, 유교적 국가제사의 정비는 거의 이루어지지 않았다고 해도 과언이 아니었다. 최승로는 상서문 가운데 음사와 당시 제사의 폐단을 지적하길, 淫祀는 無福하고 山嶽之祭와 星宿之醮가 煩瀆過度하며 제사의 비용이 민에게 막중한 부담이 되고 있어 오히려 원망이 쌓인다고 하였다.[27]

一郊壇 分爲二祭".

26) 朴美羅, 1997, 『中國 祭天儀禮 硏究』, 서울대학교 박사학위논문, 184~192쪽 참조.

최승로의 상서문이 받아들여지면서 성종은 곧바로 최승로를 중심
으로 국가제사에 대한 체계적인 정비를 진행토록 한 것으로 생각된다.
최승로가 이때 사전체계를 세우는데 중요한 원전으로 여겼을 것은 당
시에 폭넓게 수용되어 공부되고 있던 『周禮』와 『禮記』 및 『開元禮』
로 대표되는 唐制 등이었을 것이다.[28]

위에서 논의해 온 바에 따라 유교적 길례의 사전 체계에 입각하고
있으면서 祈穀祭儀로 의미가 있어 고려왕조에서 수용된 것은 祈穀于
圜丘, 社稷壇祭, 先農·先蠶[29] 등이라 할 수 있다. 여기서는 祈穀于
圜丘, 社稷壇祭, 先農·先蠶 등을 중심으로 살펴보면서 風師·雨師
·雷神·靈星 및 기타 道場 등에 대해서도 그 제도 및 운영 등을 검
토하고자 한다.

(2) 祈穀祭儀의 내용

가. 圜丘

圜丘는 다음 기록에서 보듯이 성종 2년 정월 上辛에 처음으로 설치
되고 제사가 시행되었다.[30]

---

27) 『高麗史節要』 卷2, 成宗 元年 6月.
28) 이에 대해서는 李範稷, 앞의 책, 68~71쪽 참조.
29) 先農의 경우 籍田制와 밀접한 관련이 있으며, 다른 祭儀와는 달리 親耕 등
    의례가 포함되어 있어 국가 중심의 農耕儀禮로서의 성격을 갖고 있다. 선농
    이 祈穀의 성격을 갖고 있다는 점을 고려하면서 보다 상세한 고찰을 위해
    절을 달리하여 살펴보고자 한다.
30) 고려시대의 원구에 대해서는 다음을 참고할 수 있다. 李範稷, 1991, 앞의 책,
    68~107쪽 ; 金海榮, 1994, 앞의 논문 ; 奧村周司, 1987, 「高麗の圜丘祀天禮
    について」, 『早稻田實業學校研究紀要』 21(일본 : 東京) ; 桑野榮治, 1996,
    「高麗から李朝初期における圜丘壇祭祀の受容と變容－祈雨祭としての機
    能を中心に－」, 『朝鮮學報』 161. 圜丘의 설치와 운영에 대해 이범직은 호천
    상제와 함께 태조를 배위하여 원구제를 지내는 것에 대해 천명을 받은 고려

成宗 2년 정월 辛未에 왕이 친히 圜丘에서 제사하여 祈穀하고 太祖
를 配位로 모셨다. 祈穀의 禮는 이로부터 시작되었다.[31]

실제로는 이보다 앞서 최승로의 시무 28조가 받아들여진 시점으로
부터 그 상세한 제도와 운영 절차에 대한 내용이 정리되었고, 圜丘壇
의 설치는 늦어도 季秋인 9월까지는 마련되었을 것이다.[32] 그러나 이
때 설치 운영된 환구에 대한 정보는 성종 2년 정월의 기록 외에는 전
해지지 않는다. 祭日이 正月 上辛이라는 것과 祈穀을 함에 있어 配位
를 太祖로 하였다는 것 정도이다.

당시 圜丘의 위치와 규모, 절차, 神主, 祝板, 牲牢 등 전반에 대한
자료가 전해지지 않고 있어 그 실체를 알기 어렵다. 그러나 이 가운데
神主와 관련해서는 일단 추정할 수 있는 근거가 있다. 앞서 지적했듯
이 성종대의 국가제사는 『周禮』와 『禮記』가 기본 자료로 이용되고 있
다고 보았으며, 여기에 중국의 『隋書』 禮儀志나 『大唐開元禮』, 『新唐
書』・『舊唐書』 禮樂志 등이 이용되었다. 이들 자료를 보면 원구에서
祈穀할 때의 주신은 대체로 上帝 혹은 昊天上帝라고 하고 있으며, 최
승로의 시무 28조 가운데에서는 上天이라 하고 있다. 이를 정리한다

왕실의 권위를 관료와 백성에게 과시하는 것이며 나아가 당・송과도 대등한
국가관과 왕실관을 형성한 것으로 보았다.(이범직, 앞의 책, 71~72쪽) 반면
奧村는 고려의 원구단제사가 맹춘상신의 기곡과 맹하우사만을 갖추어 원구
단 제사에서 가장 중요한 동지제천이 빠지고 있다는 점과 원구단의 규모가
당・송보다 적다는 점을 들어 당시 국제관계상 고려가 중국과 대등한 국가
관 왕실관을 형성했다기보다 중국 중심의 책봉체제 종속관계를 부정하지 못
하였다고 하였다. 이에 대해서는 桑野榮治, 위의 논문, 2~3쪽 참조.
31) 『高麗史』 卷59, 志13 禮1 吉禮大祀 圜丘.
32) 제도에 대한 연구를 마치고 이를 정리하여 청사진이 마련된 뒤 壇을 설치하
는 데 걸린 시간과 또 겨울에는 役事를 하지 않는다는 점을 생각한다면 늦
어도 9월까지는 이루어졌을 것이다.

면 성종 2년 정월 祈穀에서의 神主는 昊天上帝임이 틀림없을 것이
다.[33]

　　다음으로 원구의 위치를 보자. 성종 2년 정월의 기사나 길례 대사
圓丘에서도 그 위치에 대한 언급이 없다.『開元禮』이후 중국에서는
圓丘를 南郊에 두고 있으며,[34] 당의 길례를 수용한 고려의 경우도 이
와 다르지 않았을 것이다. 이를 확인시켜주는 것이 다음의 기록들이
다. 宣宗 5년 4월 南郊에 나아가 雩祀를 올렸다는 기록이 눈에 띈
다.[35] 이는 孟夏雩祀于圓丘라는 정기적 치제와도 연결된다.[36] 또한
仁宗 22년 정월 辛酉에 원구에서 제사했다는 기사가 있다.[37] 辛酉일
이 上辛이기 때문에 이때 인종은 祈穀을 하였던 것으로 생각되는데,
그 하루 전에 인종은 南郊에서 齋宿하고 있었다.『新增東國輿地勝
覽』開城府 古跡條를 보면 會賓門 밖에 고려의 郊祀地가 있다[38] 하
였다. 이를 본다면 고려의 圓丘는 일단 개경의 남교 회빈문 밖에 있었
던 것으로 정리된다.[39]

────────────

33) 당의 제천의례 중 冬至의 祀天에서는 그 대상이 昊天上帝로 변함이 없지만
　　正月祈穀 때의 경우 武德令이나 貞觀禮에서는 感生帝로 하고 있으나 唐代
　　에 정월의 기곡, 孟夏의 雩祀, 季秋의 大饗, 冬至의 圓丘로 하는 四時祭祀
　　가 성립되면서 그 주신은 昊天上帝로 정립되었고 이는 이후 중국 왕조에 그
　　대로 전승되고 있다.(朴美羅, 1997, 앞의 책, 85~89쪽 참조) 이를 본다면 전
　　체적으로 고려 성종 때의 경우 주신을 호천상제라고 보아도 무리는 없다고
　　여겨진다.
34)『漢書』郊祀志에서 王莽은 남쪽에서 天을 제사하는 것은 陽의 자리에 나아
　　가는 것이라 하였다.
35)『高麗史』卷10, 世家10 宣宗 5年 4月 丙申.
36) 唐의 경우 圓丘에서의 정기적인 致祭는 冬至祀와 正月上辛祈穀, 孟夏雩祀
　　이며, 이 중 季秋大享의 경우는 明堂에서 행하도록 정하고 있다.
37)『高麗史』卷17, 世家17 仁宗 22年 正月 辛酉.
38)『新增東國輿地勝覽』卷5, 開城府 下 古跡條, "圓丘 在會賓門外 高麗郊祀
　　之地".
39) 이외 고려의 제천단으로 주목할 수 있는 것으로 鹽州 동쪽 甄城에 오래된

<표 11> 高麗와 唐의 圓丘制度 비교

	唐(新唐書)	高麗(禮志)
위치	南郊	南郊
규모	四成 成高八尺一寸 下成廣二十丈 而五減之 至于五丈 而十有二陛 燎壇 廣一丈 高一丈二尺 戶方六尺	周六丈三尺 高五尺 十有二陛 三壇 每壇二十五步 周垣四門 燎壇 在神壇南 廣一丈 高一丈二尺 戶方六尺 開上南出
常祀	冬至 正月上辛 孟夏 季秋(明堂)	正月上辛 孟夏擇吉
神主	冬至祀昊天上帝 以高祖神堯皇帝配 五方帝(東方青帝 南方赤帝 中央皇帝 西方白帝 北方黑帝) 正月上辛祈穀祀昊天上帝 以高祖神堯皇帝配 五帝四方之陛 孟夏雩祀昊天上帝 以太宗文武聖皇帝配 五方帝在一等 五帝在二等 季秋祀昊天上帝 以睿宗大聖眞皇帝配 五方帝在五室 五帝各在其左	上帝 以太祖(神聖大王)配 五方帝(東方青帝 南方赤帝 中央皇帝 西方白帝 北方黑帝)
祝文	子嗣天子臣某 敢昭告(大唐開元禮 卷4)	高麗國王臣王某 敢明告
玉幣	冬至祀昊天上帝以蒼璧 上辛明堂以四圭有邸 與配帝之幣皆以蒼… …青帝以青圭 赤帝以赤璋 黃帝以黃琮 白帝以白琥 黑帝以玄璜 幣如其玉	上帝以蒼璧 四圭有邸 幣以蒼 青帝以青圭 赤帝以赤璋 黃帝以黃琮 白帝以白琥 黑帝以玄璜 幣如其玉 凡幣之制 皆長一丈八尺
생뢰	昊天上帝 蒼犢 五方帝 方色犢	上帝及配主 用蒼犢各一 五方帝各用方色犢一 若方色難備者 以純色代之 攝事 上帝配主 各用羊一 五方帝 各豕一
절차 (親祀時)	齋戒 陳設 省牲器 鑾駕出宮 奠玉帛 進熟 鑾駕還宮(大唐開元禮)	齋戒 陳設 鑾駕出宮 省牲器 奠玉帛 進熟 鑾駕還宮

제천단(『高麗史』 卷63, 志17 禮5 雜祀)과 강화의 마니산 참성단(『高麗史』 卷56, 志10 地理 楊廣道 江華縣)이 있으나 정기적으로 제천행사가 국가에 의해 이루어졌는지에 대해서는 알 수 없다. 다만 고려 말 牧隱 李穡이 조정의 명을 받고 摩尼山 齋宮에서 분향을 올리면서 남긴 시가 전해지고 있어 참고할 수 있다.(『牧隱詩藁』 卷3, 摩尼山紀行 次韻齋宮二首)

206

이러한 기본적인 인식을 토대로 실제 원구단의 규모와 절차의 내용을 『고려사』 예지를 통해 확인할 수 있다. 이를 唐制와 비교하면서 정리하면 <표 11> 高麗와 唐의 圓丘制度 비교와 같다.

위의 원구단 관련 <표 11> 高麗와 唐의 圓丘制度 비교를 보면 규모나 常祀 등의 면에서 唐과 차이가 있음을 확인할 수 있다. 그러나 牲牢나 玉帛, 節次 등은 거의 비슷하게 짜여져 있다. 이를 본다면 길례 대사 원구의 경우 당의 예제를 참고하되 고려의 국가 규모에 맞게 구성하여 진행하고자 한 노력을 알 수 있다. 동시에 고려의 경우 당과 달리 정월 상신의 기곡과 맹하의 우사 중심으로 常祀가 이루어졌다는 점에 대한 해석이 필요하다.

당에서는 四時祭天을 행하고 있지만 고려의 경우 원구제사는 正月과 孟夏 중심으로 이루어졌다. 圓丘에서의 제사가 祭天과 祈穀, 祈雨(雩祀) 등을 목적으로 하고 있다면 동지의 제천이 빠져 있다는 점에 대한 검토가 있어야 한다.

이에 대해 몇 가지 가능성을 생각할 수 있다.[40] 첫 번째는 고려왕조에서 실제 동지에 祭天을 행하였으나 『고려사』 찬자들이 이를 참람하다 하여 삭제했을 가능성이 있다. 이에 대한 근거로는 직접적으로 이를 밝혀주는 사료는 없으나, 다음 기록들은 주목할 만하다.

가-1) 甲子는 日南至(冬至)인데 왕이 元和殿에 거동하여 하례를 받고 신하들에게 思賢殿에서 잔치를 베풀었다.[41]

가-2) 庚午는 冬至여서 制하여 대략 이르기를, "하나의 陽이 氣를 펴

---

40) 奧村周司의 경우 고려에서는 당의 『開元禮』와 비교할 때 冬至祭天이 없다고 보았다.(奧村周司, 1987, 앞의 논문)
41) 『高麗史』卷3, 成宗 2年 11月 甲子.

고 萬物이 懷生하도다. 마땅히 含養함을 더하여 天性을 完遂하도
록 할 것이니 州府郡縣으로 하여금 漁獵을 금하도록 하고 위반하
는 자는 죄주도록 하라." 하였다.[42]

가-1)은 성종 2년 11월의 기사로 이미 같은 해 정월 상신에 원구에
서 祈穀을 행한 뒤였다. 고려의 역사에서 冬至라고 하여 군주가 하례
를 받은 것은 이때가 처음으로 기록된다. 정월 상신의 기곡과 11월 동
지의 受朝賀에 圓丘라는 공통분모가 자리 잡았을 가능성이 엿보인다.
가-2)의 기사는 고려왕조에서 冬至에 대해 어떻게 인식하고 있는가를
보여주는 기사라고 할 수 있다. 즉 동지가 1년 중 처음으로 陽이 시작
되는 때임을 이해하고 있다는 것이다. 이러한 이해 속에서 흥미를 끄
는 것은 충렬왕 6년의 기사인데, 이를 보면 충렬왕이 일관에게 冬至
元正曆을 앞으로 바치지 말라고 하고 있다.[43] 즉 관행상으로 동지가
되면 일관들이 다음 한 해의 정사와 관련하여 曆을 바치고 있었다는
것을 알려준다.[44]

이를 본다면 고려왕조에서 길례 원구에는 밝혀놓고 있지 않지만 동
지에도 제천을 했을 가능성을 생각해 볼 수 있다.

이러한 내용을 방증해 줄 수 있는 대목으로 여러 가지 가능성을 추

---

42) 『高麗史』卷9, 文宗 30年 11月 庚午.
43) 『高麗史』卷29, 世家29 忠烈王 6年 11月 己未. 이듬해 7년 정월에 원으로부
   터 授時曆이 반포되고 있어 원정력을 바치지 말라고 한 6년 11월의 명이 내
   려진 이유를 추정할 수 있다.
44) 조선 초기의 기록이지만 삼국 이래 祀天·祈穀·祈雨가 행해져 왔다고 한
   다음의 기록도 참고가 된다. 즉, 태조 3년 8월에 우리나라에서는 삼국시대
   이래로 圓丘壇에서 祀天하고 祈穀과 祈雨를 행한 지 이미 오래 되었는데
   경솔하게 폐할 수 없으므로 祀典에 기록하여 옛날 제도를 회복하되 이름을
   圓壇이라 고쳐 부를 것을 청하자 이를 따른 바 있었다.(『太祖實錄』卷6, 太
   祖 3年 8月 戊子)

208

정할 수 있다. 먼저 의도적 삭제가 아닌 생략을 했을 가능성이다. 이에 대해『고려사』의 찬자들은『고려사』찬수 범례에 圓丘・籍田・燃燈・八關 등과 같은 상례적인 일은 처음 보이는 것만 써서 그 例를 나타내고 왕이 친사하는 경우에만 반드시 기록으로 남겼다고 하였다.[45) 바로 이 과정에서 동지에 행해진 제천이 攝事로 행해지자 이를 의도적으로 생략했다는 이해가 가능하다.

그러나 동지 제천의 경우 다른 형태로 대신 이루어졌을 가능성이 크다. 그 까닭은 시기가 仲冬이라는 점 때문이다. 고려에서 가장 큰 국가 행사는 燃燈會와 八關會[46)였다. 이 가운데 팔관회가 열리는 때가 바로 중동이며, 그 성격이 天靈 및 五嶽, 名山大川과 龍神을 섬기는 것이라고 하는 이해[47)를 고려하면 원구에서의 동지 제천과 팔관은 중복되는 면이 크다고 할 수 있다. 그런데 명종대 있었던 팔관회 관련 기사는 고려왕조에서 팔관회를 어느 정도로 중요시 했는가를 보여준다. 다음의 기사를 보자.

"太祖께서 처음 八關을 설한 것은 대개 神祇를 위함이라 後世의 왕들은 다른 일로써 이를 진퇴할 수 없습니다. 하물며 태조께서 神明에

---

45)『高麗史』纂修凡例.
46) 팔관회는 본래 불가에서 속인들이 一日一夜 동안 殺生・偸盜・飮酒・淫行・거짓말 등을 행하지 않는 등의 八戒를 지키는 불교의식의 하나였으나 신라나 고려에서는 여기에 산천신앙적 수확제적 요소 등이 가미되어 국가적 행사가 되었다. 이러한 팔관회에 대한 연구로는 다음을 참조. 安啓賢, 1956,「八關會攷」,『東國史學』4 ; 二宮啓任, 1956,「高麗の八關會について」,『朝鮮學報』9 ; 奧村周司, 1979,「高麗における八關會的秩序と國際環境」,『朝鮮史研究會論文集』16 ; 김종명, 2001,『한국 중세의 불교의례 : 사상적 배경과 역사적 의미』, 문학과지성사 ; 安智源, 1999,『高麗時代 國家 佛敎儀禮 研究-燃燈・八關會와 帝釋道場을 중심으로-』, 서울대학교 박사학위논문.
47)『高麗史』卷2, 太祖 26年 4月.

기도하기를 '원컨대 대대로 仲冬에는 國忌가 없도록 하소서. 만약 불행하게도 忌가 있다면 國祚가 장차 중지될까 두려워합니다.'고 하였으므로 統合 이래로 仲冬에는 國忌가 없었거늘 이제 忌가 있음은 나라의 災殃입니다. 또한 孟冬에 팔관을 설행함은 진실로 태조의 뜻이 아니오니 禮官이 아뢴 바는 가히 허락하지 못할 것입니다."라고 하니 이를 듣고 따랐다.[48]

위의 기사는 팔관회와 명종의 왕태후인 仁睿太后의 國忌가 仲冬으로 겹치게 되자 그 일자에 대한 조정을 논의하는 가운데 나온 내용이다. 즉, 명종 14년 11월 仲冬의 八關과 왕태후의 忌日이 겹치게 되자 禮官은 팔관회를 孟冬으로 옮겨 행할 것을 청하였다. 이에 대해 당시 재상으로 있던 參知政事 文克謙은 태조의 유훈에 따라 仲冬 팔관회를 지켜야 할 것을 주장하였고, 명종은 이를 우선적으로 따랐다.

이처럼 팔관회는 이미 태조대부터 仲冬으로 정해져 不動의 행사로 치러졌음을 짐작할 수 있다. 이는 원구의 중동 제천의 圓丘儀 수용에도 영향을 미쳐, 아예 중동 원구 제천은 의례에서 생략되었다고 생각된다. 따라서 고려는 원구제가 처음으로 수용되던 단계부터 孟春 上辛 祈穀과 孟夏 雩祀를 중심으로 원구친사를 행하였던 것이다.[49]

원구의 성격을 가장 잘 드러내 보여주는 것은 역시 제사 때에 쓰인 축문이다. 현재 고려시대의 원구 관련 축문으로 남아 있는 것은 祈穀과 祈雨를 위해 작성된 것이다. 아래의 기록들은 이를 알려준다.

나-1) 하늘의 일은 소리가 없어도 만물이 힘입어 자라나는데, 나라를 다스리는 근본은 食에 있습니다. 바야흐로 上春이 되매 풍년이 되

---

48) 『高麗史』 卷64, 志18 禮 凶禮 國恤 明宗 14年 11月.
49) 팔관회의 收穫祭的 성격에 대해서는 三品彰英, 1973, 「高麗王位と收穫祭」, 『古代祭政と穀靈信仰』, 平凡社(일본 : 東京) 참조.

210

기를 기도하니, 上帝가 내리는 바가 아니라면 이 백성들이 어찌 힘
입을 수 있겠습니까.50)

나-2) 八政에는 食이 먼저라 장차 가장 일찍 기도를 올리고, 五經 가
운데는 祭가 중한지라 이에 제수가 될 만한 신심을 펴나이다. 이
좋은 음식을 편안히 흠향하시고 풍년의 혜택을 주소서.51)

나-3) 東秩이 때에 화협하니, 南郊에 일이 있습니다. 생각건대 거룩하
신 烈祖께서 일찍 터전을 잡으신 공이 막대하여 능히 저 天帝에
짝하셨으니 禮 또한 古訓에 마땅합니다. 왕림하여 흠향하시고 풍
년의 상서로움을 도와주소서.52)

위의 인용문은 원구에서의 上天, 五帝와 配帝인 太祖에 대해 한 해
의 농사가 풍년이 들기를 비는 祈穀의 글로서 모두 이규보가 지은 것
이다. 나-1)은 孟春 上辛 때 쓰인 祈穀圜丘祭祝 중 上帝祝이며 나-2)
역시 맹춘 上辛 때 上帝와 함께 祈穀하는 五帝에 대한 축문이다. 나
-3)은 圜丘祭 때 배위된 太祖 신위에 대한 기곡을 하는 配帝祝이다.
대체로 그 내용은 『尙書』의 洪範九疇의 農用八政을 인용하고 있
다. 즉 정치에 있어서 食이 중요한데 上天·五帝·太祖의 도움이 없
으면 백성이 먹고 사는데 의지할 데가 없어져 생계가 어려워지며 나
라의 기반도 흔들릴 것이라는 점과 따라서 농사가 잘 이루어질 수 있

50) 『東國李相國集』 前集 卷40, 釋道疏祭祝 上辛祈穀圜丘祭祝 上帝祝, "上天
之載無聲 物資以遂 有國之本在食 人恃而生 方屆上春 用祈嘉穀 非帝之賜
斯民何資".
51) 『東國李相國集』 前集 卷40, 釋道疏祭祝 五帝通行祝, "食先八政 將陳孔夙
之祈 祭重五經 聊展可羞之信 享兹嘉靖 畀以豊登".
52) 『東國李相國集』 前集 卷40, 釋道疏祭祝 配帝祝, "東秩恊時 南郊有事 思皇
烈祖 功莫大於肇基 克配彼天 禮亦宜於古訓 宜臨侑坐 助介年祥".

도록 도와달라는 것이었다. 이를 보더라도 남교 원구에서의 이러한 祈
穀은 군주가 한 해를 시작하는 맹춘의 첫 행사로서 대소신료 및 백성
들이 함께 하면서 八政 중 食의 충족을 우선으로 해야 하는 자신의
天命 확인에도 있음을 알 수 있다.

　　<표 11> 高麗와 唐의 圓丘制度 비교에서 神主를 보면, 고려는 태
조를 배위로 하였다. 이를 볼 때 나-3)의 配帝祝의 대상은 태조라 할
수 있다. 唐에서 高祖를 배위로 한 것과 비교가 되며, 축문에서 配帝
라고 표현한 것은 태조의 신격을 당고조와 동급으로 놓은 것으로 볼
수 있다. 이러한 인식에서 나타나는 것은 고려왕조의 왕실의 권위를
높이고 있다는 점이다. 또한 동시에 신격 가운데서 가장 상위에 있는
上帝의 배위에 태조를 놓고 고려의 국왕이 제사를 올림으로써 태조에
대해 시후조절적인 신격을 부여하였다. 태조는 고려의 왕실과 血親으
로 이어지는 私的 관계에 있지만 上帝의 天命을 받아 왕조를 개창한
존재이므로 上帝의 뜻을 이어 천하를 다스리는 군주가 된다. 고려왕
조가 고려왕실의 사적인 소유가 되지만 동시에 고려왕실은 천명을 받
아 왕조를 개창한 태조의 후손이므로 태조처럼 公共性을 갖게 된다.
따라서 이는 그러한 태조의 후예인 고려국왕의 경우도 태조와 감응할
수 있는 존재로서 神的인 상징성이 있음을 의미한다. 말하자면 고려
군주의 時候調節的 성격이 이로써 강화되고 있는 것이다.

　　그런데 『고려사』에서 원구에 대한 제사가 이루어진 사례를 보면 祈
穀을 위한 원구 친사는 성종 2년 정월 辛未[53]와 성종 7년 정월 上
辛,[54] 인종 22년 정월 辛未일[55]에 행해졌다. 이들 기록에서 공통되는

---

53) 『高麗史』 卷3, 世家3 成宗 2年 正月 辛未.
54) 『高麗史』 卷3, 世家3 成宗 7年 2月 壬子, "……方今上春 祈穀於上帝 吉日
　　耕籍于東郊……".
55) 『高麗史』 卷17, 世家17 仁宗 22年 正月 辛未.

것은 원구에서의 기곡 친사가 있은 후 맹춘 吉亥에 親耕籍田의 행사
가 이어지고 있다는 점이다. 이는 원구에서의 祈穀과 籍田의 친경을
통한 농상장려의 의식이 연속하여 이루어져 군주의 重農 의지를 알게
해주는 내용이다. 그러나 나머지 대부분은 攝事로 이루어진 듯하다.

원구에서의 제사가 언제 이루어졌는가를 좀더 알아보기 위해 주목
할 것은 그 제사의 목적에 祭天, 祈穀과 함께 祈雨가 있었다는 점이
다. 孟夏雩祀가 이에 해당한다고 볼 수 있는데, 실제 고려 전기의 경
우로는 선종 5년 4월 가뭄으로 남교에서 雩하였다는 정도만 보인다.[56]
常日이 아닌 경우로 원구에서의 제사가 이루어지는 것은 가뭄이 극심
하여 이를 해결하기 위해 올려지는 기우에서 볼 수 있다.[57] 원구에서
祈雨가 이처럼 4월에서 7월에 걸쳐 이루어지는 것은 원구의 성격에
雩祀가 있다는 점과 上天과 五帝, 太祖에게 이를 기도하여 시후조절
을 구할 수 있다는 점에서였다.

이처럼 圓丘儀는 고려에서 올려지는 국가제사 중 가장 규모가 큰

---

56) 『高麗史』 卷10, 世家10 宣宗 5年 4月 丙申.
57) 이를 위해 『고려사』에서 기록되고 있는 내용을 정리하면 다음과 같다.

<표> 고려시대 圓丘에서의 祈雨

시기	목적	전거(高麗史)
獻宗 元年 7月 丙午	미상	卷10
睿宗 15年 7月 甲子	祈雨	卷14
睿宗 16年 閏5月 辛巳	祈雨	卷54 志8 五行 金
睿宗 16年 6月 己亥	祈雨	卷54 志8 五行 金
元宗 2年 4月 辛丑	祈雨	卷25
忠烈王 15年 5月 甲子	祈雨	卷30
忠烈王 34年 5月 甲申	祈雨	卷32
忠宣王 元年 4月 丁丑	祈雨	卷33
忠宣王 5年 5月 辛卯	祈雨	卷54 志8 五行 金
忠肅王 卽位年 5月 辛卯	祈雨	卷34
忠肅王 8年 5月 癸巳	祈雨	卷35
禑王 5年 5月 乙酉	祈雨	卷54 志8 五行 金

제사였다. 제사가 갖는 제천적 성격에 따라 군주는 祭天·祈穀·雩祀의 親祀가 끝나면 仁政을 펴서 上天의 덕을 널리 알리는 한편 군주의 신성함과 하늘로부터 천명을 받은 존재로서의 절대성을 확인하여야 했다. 오례 가운데 嘉禮에서 親祀圓丘後 齋宮受賀儀를 두어 齋殿에서 만조백관으로부터의 조하를 받는 것은 군주만이 갖는 신성함과 절대성을 확인하는 과정이라 할 수 있다. 또한 親祀圓丘後 肆赦儀를 통해 죄수를 방면하는 의식을 행한 것은 仁政을 행하여 德을 쌓는 것으로 보아도 좋다. 이처럼 仁政과 修德이 이루어지면 음양이 조화되어 順天의 도가 행해짐으로써 天人感應에 따라 時候가 순조롭게 진행될 것이라는 이해를 보여준다.

다시 말하면 원구에서의 祭天·祈穀·祈雨는 군주의 신성함과 절대성이 시후를 조절하며 그에 따라 풍흉이 조절될 수 있다는 것으로 결국 군주권이 농업생산과 민의 보호 육성이라는 면에 절대적 영향력을 가짐을 확인하는 자리였음을 보여준다.[58]

---

58) 圓丘가 祭天을 위한 祭壇이자 제사장소라고 한다면 方澤은 地祇에 대한 제사를 올리는 장소이다. 『高麗史』 禮志에서는 方澤祭를 圓丘·社稷·太廟 등과 함께 국가의 가장 큰 제사로서의 大祀로 설정하였다. 고려에서 참고하였을 중국의 『唐書』나 『開元禮』 등에서 方澤은 夏至祭於方丘라 하여 夏至에 거행하는 것으로 되어 있으나 고려와는 달리 방구는 大祀로 포함되지 않고 風師·雨師·靈星 등 小祀와 함께 나오고 있어 차이를 보인다. 용어에 있어서도 고려는 方澤이라 하고 있지만 『開元禮』나 『周禮』 등에서는 方丘라고 하였다. 또한 그 시기도 현종 22년 5월, 靖宗 2년 2월 경술, 인종 5년 3월 무오 등 제각기 이루어졌다.(『高麗史』 卷59, 志13 禮 吉禮 大祀 方澤) 천지에 대한 제사로 방택이 주목되었다는 점은 인정되는데, 이는 『周禮』에서 "凡樂圜鍾爲宮 黃鍾爲角 大蔟爲徵 姑洗爲羽 雷鼓雷鼗 孤竹之管 雲和之琴瑟 雲門之舞 冬日至於地上之圜丘奏之……凡樂函鍾爲宮 大蔟爲角 姑洗爲徵 南呂爲羽 靈鼓靈鼗孫竹之管 空桑之琴瑟 咸池之舞 夏日至於澤中之方丘奏之"(『周禮』 春官 大司樂)라 한 바에 주목한 결과가 아닌가 한다. 대사악에는 원구, 방구, 종묘와 관련 음악 연주 기록이 실려 있다. 본서에서는 방택

나. 社稷

社稷은 圓丘 및 籍田과 함께 국가의 복을 구하는 장소[徼福之所]로서 이해되고 있었다.[59] 원구나 적전, 사직 등은 본래 祈穀을 하는 祭場으로서 의미를 갖고 있기 때문이다. 사직의 경우 고구려나 신라에서는 이미 이를 설치하고 제사를 올리고 있었다. 하지만 당시의 사직단과 그 제사에 대해서는 자료가 적어 상세한 파악이 어렵다.[60]

社稷[61]에 대한 이해는 이미 고려 초 태조대부터 나오고 있는데, 그 대부분은 국가를 수식하는 속에서 나온 것이었다. 가령 태조 10년 12월에 견훤에게 보내는 글에서 견훤을 꾸짖으면서 '必使生靈塗炭 社稷丘墟'라고 한 것[62]은 그 예라 하겠다. 이러한 표현이 가능했던 것은 신라 37대 宣德王이 社稷壇을 세운 이래로 社稷에 대한 이해가 신라의 지식인층에게 있었고, 또 經史 등에서도 그 의미를 밝힌 것을 알고 있었기 때문이었다.

고려에서 사직단에 대한 연구가 이루어지고 그 설치가 있게 된 것은 성종 10년대에 가서야 가능했다.[63] 또한 종묘는 성종 11년 12월에 완공되었다.[64] 원구 및 적전의 설치와 운영이 이미 성종 2년 정월부터 이루어졌던 점을 고려한다면 상당히 늦어진 편이라고 할 수 있다. 그

이 地祇에 대한 제사로서 의미는 있지만 祈穀의 차원과는 거리가 있다고 보아 상세한 검토를 하지 않겠다.

59) 『高麗史』卷33, 世家33 忠宣王 復位年 11月 辛未.

60) 이에 대해서는 신종원, 1984, 앞의 논문 ; 최광식, 1996, 앞의 논문 ; 金杜珍, 1999, 「新羅의 宗廟와 名山大川의 祭祀」, 『韓國古代의 建國神話와 祭儀』, 一潮閣 등을 참조할 수 있다.

61) 고려시대 社稷에 대한 연구로는 李範稷, 1991, 앞의 책, 74~75쪽 및 金海榮, 1994, 앞의 논문 참조.

62) 『高麗史』卷1, 世家1 太祖 10年 12月.

63) 『高麗史』卷3, 世家3 成宗 10年 閏2月 癸酉.

64) 『高麗史』卷3, 世家3 成宗 11年 12月.

런데 다음의 기사를 보면 이미 종묘 및 사직의 설치 운영에 대해 깊은
관심을 가졌음을 알 수 있다.

> 博士 任老成이 宋으로부터 와 「大廟堂圖」 한 폭 및 『大廟堂記』 한
> 권과 「社稷堂圖」 한 폭 및 『社稷堂記』 한 권과 「文宣王廟圖」 한 폭
> 및 『祭器圖』 한 권과 『七十二賢贊記』 한 권을 바쳤다.[65]

이 기사는 성종 2년 5월에 있었던 기사로, 성종 2년 정월의 원구, 적
전의 행사가 끝난 뒤의 시점이었다. 이는 성종이 원구, 적전만이 아니
라 宗廟·社稷·文宣王廟 등에 대해서도 지속적인 관심을 가지고 있
었고 그와 관련된 구체적인 서적을 구하기 위해 노력을 기울인 결과
라고도 볼 수 있다. 성종대에는 이를 토대로 하면서도 『禮記』등에 제
시되고 있는 사직의 의미를 검토하였을 것이다. 左廟右社[66]에 따라
종묘와 사직을 세우는 것을 골자로 하면서 종묘와 함께 항상 짝을 이
루고 있는 사직은 그 제사의 중요도 면에서 같은 위치에 있었다. 또한
그 위치도 이에 맞추어 궁궐의 우측에 단을 마련하였을 것이며 土神
과 穀神을 위한 단을 각기 축조하고 사당도 갖추었을 것이다. 다음의
기사는 이를 말해준다.

> (성종 10년 윤2월) 癸酉에 처음으로 社稷壇을 세우고 敎하기를, "내
> 가 듣건대 社는 토지의 主神이며 땅이 넓어서 다 공경할 수 없으므로
> 封土하여 社를 세움은 그 공에 보답하고자 하는 것이다. 稷은 五穀의

---

65) 『高麗史』 卷3, 世家3 成宗 2年 5月 甲子.
66) 『周禮』 小宗伯, "小宗伯之職 掌建國之神位右社稷左宗廟". 좌묘우사는 왕조
  에 따라 차이를 보이기도 하여 우묘좌사의 경우도 있다. 『隋書』 卷7, 志2 禮
  儀2, "然而古今旣殊 禮亦異制 故左社稷而右宗廟者 得質之道也 右社稷而
  左宗廟者 文之道也".

長이며 穀이 많아서 두루 제사지내지 못하므로 稷神을 세워서 제사하는 것이다.……그러므로 국가가 있으면 社稷을 세우지 않을 수 없다. 위로는 天子로부터 아래로는 大夫에 이르기까지 근본을 보이고 공에 보답함을 갖추지 않을 수가 없다. 이에 聖朝로부터 누대를 지나도록 夏松 周栗의 제사지냄이 빠져 있었던 것이다. 朕이 왕위를 계승한 후로 모든 시책을 반드시 禮典에 의거하여 子穆父昭의 室을 방불하게 경영하고 春祈秋報의 壇을 바야흐로 장차 세우고자 하나니 群公으로 하여금 장소를 가려서 壇을 설치하도록 하라."하였다.[67]

위와 같이 성종은 10년 윤2월에 마침내 사직단을 세우고 敎를 내리면서 이러한 사직이 갖는 의의에 대하여 토지신과 곡신인 稷神에 대하여 공경의 뜻을 새기고 春祈秋報를 위한다고 하였다. 이때의 기록에서는 사직단을 세우고 敎하였다는 정도로만 표시되어 있지만 실제로는 이때가 윤2월로 중춘에 해당하였기 때문에 사직단제를 올렸다고 보아도 무리는 없을 것이다. 그렇다면 이때의 경우 중국 당에서 시행한 仲春·仲秋의 上戊에 따른 祭日에 대해 알고 있었으며, 이를 수용하였다고 보아도 무방하다. 하지만 성종대 사직단 운영과 관련하여서는 더 이상의 추정은 어렵다.

다만 현재 남아 있는 『고려사』예지를 통해 사직단의 규모와 그 절차 등을 정리하고 이를 唐·宋과 비교하면 <표 12> 高麗 및 唐·宋의 社稷制度 비교와 같다.

이 <표 12> 高麗 및 唐·宋의 社稷制度 비교를 볼 때 두드러진 특징은 당·송과 달리 고려의 경우 攝事의 절차에 대해서만 정리하고 있다는 점이다. 左廟右社라고 할 만큼 그 중요성에 대한 인식을 가지고 있었고 大祀로 분류하였던 고려왕조에서 왜 군주의 親祭가 아닌

---

67)『高麗史』卷3, 世家3 成宗 10年 閏2月 癸酉.

攝事의 절차에 맞추어 그 제의를 정했을까.[68]

예지 길례 대사조에는 圓丘, 方澤, 社稷, 太廟가 있는데, 그 가운데서 國王親祀의 절차가 있는 것은 圓丘와 太廟이다. 方澤과 社稷의 경우에는 따로 정리되지 않았다. 이에 대해서는 명확히 설명하기 어려우나 원구에서 이미 친사 절차를 정해놓았기 때문에 축문이나 신위 등만 바꾸면 된다고 본 것은 아닐까 하는 추론을 할 수 있다.

실제로 성종 10년 윤2월의 경우는 국왕의 친사로 이루어졌기 때문에 분명히 이때에는 친사의 절차에 따랐다고 생각된다. 문종 6년 2월 무자에 황성 안 서쪽에 사직단을 신축하고 친사하였다는 기사[69] 역시 이를 보여준다.[70] 따라서 이 당시의 社稷의 吉禮는 禮志의 섭사례와 달리 친사례에 맞게 그 절차가 마련되었으며, 齋戒·陳設·鑾駕出宮·奠玉帛·進熟·鑾駕還宮 등으로 이루어졌을 것이다.

황성 내의 서쪽에 자리 잡았을 사직단[71]은 이 <표 12> 高麗 및

---

68) 특히 牲牢의 경우가 중국과의 차이를 보여주는데, 당이나 송의 경우 大牢(牛·羊·豕)를 쓰고 있으나 고려에서는 원구단 및 적전선농을 제외하고는 小牢라고 할 수 있는 豕만을 쓰고 있다. 이에 대해서는 李範稷(1991, 앞의 책, 83~94쪽)과 金海榮에 의해서 검토되었는데, 김해영은 섭사였기 때문이라고 보았으며, 이범직은 예지 기록의 경우는 그러한 면을 갖고 있지만 실제 연대기 속의 행사에서는 大牢가 쓰여지고 있다고 하여 길조조의 기록과 연대기와의 차이가 있음을 지적하였다. 그러나 이러한 이해와 함께 주목할 수 있는 것은 고려시대에 禁屠牛와 같은 인식이 많이 있었으며 佛敎의 영향도 컸었다는 점인데 이를 고려할 필요가 있을 것이다.

69) 『高麗史』卷7, 世家7 文宗 6年 2月 戊子.

70) 문종 6년 2월의 사직단 신축은 李子淵이 주축이 되어 단을 쌓았던 것으로 보인다. 李蘭暎 편, 1968, 『韓國金石文追補』李子淵墓誌銘, "重熙中 社稷之設 因巡未置 詔稽舊制 命築新壇 公監視其事 酌宜以畢 鑾輿備采 躬展於報祈".

71) 더 정확하게는 개경의 사신사 중 백호에 해당하는 오공산 자락 중 나성의 서문인 선의문 안쪽, 옛 불은사 터 옆자리였을 것이다. 이에 대해서는 한국역사연구회, 2002, 『고려의 황도 개경』, 창작과 비평사, 70~72쪽 참조.

唐·宋의 社稷制度 비교를 통해 볼 때 각기 5장 넓이에 높이 3척 6촌
으로 만들어진 사단(동)과 직단(서)으로 나뉘어져 있었다. 담에 해당하
는 壝에 대한 기록은 없지만 당·송의 경우도 壝가 아닌 사면을 둘러
싸는 宮垣으로 처리하고 여기에 華飾이나 連飾을 하고 있을 뿐이므
로 고려에서도 이처럼 壝가 아닌 宮垣으로 처리했다고 볼 수 있을 것
이다.

　　<표 12> 高麗 및 唐·宋의 社稷制度 비교를 보면 常祀와 神主,
玉幣 등의 경우 고려는 宋과 유사한 면을 띠고 있다. 규모면에서 높이

<표 12> 高麗 및 唐·宋의 社稷制度 비교

	唐(開元禮)	宋(宋史)	高麗(禮志)
위치	皇城內 西	皇城內 西	皇城內 西
규모	廣五丈 四面宮垣華飾 各依方色 面各一屋三門 每門二十四戟 四隅皆連飾浮思 在南無屋 (『明集禮』卷8, 吉禮8 社稷篇 總序)	太社壇廣五丈 高五尺 五色土爲之 稷壇如其制 四面宮垣飾 以方色 面各一屋 三門 每門二十四戟 四隅連飾浮思	社在東 稷在西 各廣五丈 高三尺六寸 四出陛 五色土爲之 瘞坎二 各在兩壇子陛之北南 出陛
常祀	仲春仲秋上戊	春秋二仲月及臘日祭	仲春仲秋上戊及臘
神主	社以后土(勾龍氏) 稷以后稷	社稷正位 席以藁秸 后土后稷位 席以莞	祭大社以后土氏配 祭大稷以后稷氏配 大社大稷 位壇上北方南向 席皆以藁秸 后土后稷 位壇上西方東向 席皆以莞
祝文	嗣天子某敢昭告	嗣天子某敢昭告	
玉幣	玉以兩圭有邸五寸 幣以玄色 用黑繒四 各長一丈八尺	玉以兩圭有邸五寸 幣以玄色 用黑繒四 各長一丈八尺	玉以兩圭有邸 幣以黑 長一丈八尺
牲牢	初用大牢 玄宗開元19年 停牲牢 惟用酒脯後用大牢	羊豕牛	社稷 豕各一
절차	齋戒 陳設 鑾駕出宮 奠玉帛 進熟 鑾駕還宮	齋戒 陳設 鑾駕出宮 奠玉帛 進熟 鑾駕還宮	齋戒 陳設 省牲器 奠玉帛 進熟

를 보면 송의 경우 5척이고 고려는 3척 6촌으로 차이가 있다. 또한 고
려의 경우 섭사에 맞춘 의례절차로 구성한 관계로 생뢰나 절차에 차
이가 보인다. 성종 10년 윤2월의 사직단의 규모가 『고려사』 예지와 일
치하는지는 확신키 어려운 면이 있지만 대체로 여기에서 크게 벗어나
지 않았을 것이다.

　이처럼 그 제도와 규모가 갖추어진 사직단의 운영 및 그 성격과 관
련하여 다음 사료들을 살펴보자.

　秋例社稷祭祝
　大社
　하늘을 돕고 땅을 맡으사 만물이 이에 힘입어 자라므로 흙을 쓸고
단을 모아 예부터 이제까지 높여 섬깁니다. 기후는 仲秋의 아름다운
계절이고, 날은 上戊의 좋은 때라 삼가 변변치 못한 제수를 받들면서
큰 풍년이 있기를 우러러 비나이다.[72]

　后土祭祝
　土德의 官이 되어서 만세에 이익을 베푸신지라 가을을 맞이해 순일
한 정성의 제사를 받드오니 潢潦는 미미하나마 큰 풍년이 있기를 바
랍니다.[73]

　大稷祝
　食은 八政의 먼저이니 그 무엇으로 대신하랴. 神은 五穀의 長이니
지극하기도 합니다. 바라옵건대 黍稷의 향내를 흠향하사 倉廂의 쌓임
을 이룩하게 하소서.[74]

---

72)『東國李相國集』卷40, 釋道疏祭祝 秋例社稷祭祝, "贊天主地 物彙於焉資生
　除土立壇 古今所以崇事 屬仲秋之令序 涓上戊之吉辰 祗展薄禋 仰祈大稔".
73) 위의 책, "作土德之官 利施萬世 候金行之令 祭致一純 潢潦雖微 京坻是望".
74) 위의 책, "食八政之先 孰尸焉者 神五穀之長 其地矣乎 冀歆黍稷之馨 俾遂

220

后稷祝

稼穡의 공이 높으니 뭇 백성들을 먹인 그 공이 지극하지 않음이 없고, 蘋蘩의 예가 박하지만 깨끗한 신심이 있어서 神에게 올릴 만합니다. 이 제사를 흠향하시는 것이 바로 농사의 경사인 줄 알겠습니다.[75]

사직단제는 국가제사로서 祀典에는 大祀로 분류되고 있었으며, 仲春·仲秋의 上戊와 臘祭 등 정기적으로는 1년에 세 차례 열리도록 정해져 있었다. 위의 秋例社稷祭祝은 그 가운데 仲秋의 上戊에 올린 사직단제에 쓰인 축문으로 이규보에 의해 작성된 것이다. 春例社稷祭祝이 없어 봄의 경우 어떠한 내용이 포함되었을까를 알 수 없지만 대강의 내용은 秋例社稷祭祝의 내용과 크게 다르지는 않았을 것이다. 土德을 기리고 稼穡의 공을 찬양하면서 풍년을 기원하는 것이 그 대강이었다고 생각된다.

이 내용을 보면 성종이 처음으로 사직단을 세우면서 말한 "社는 토지의 主神이며 땅이 넓어서 다 공경할 수 없으므로 封土하여 社를 세움은 그 공에 보답하고자 하는 것이다. 稷은 五穀의 長이며 穀이 많아 두루 제사지내지 못하므로 稷神을 세워서 제사하는 것이다."[76]라고 말한 부분과 일치하고 있다. 또한 그 내용 상 春祈秋報의 성격을 지닌 사직단제의 의미가 잘 전달되고 있다. 물론 위의 기사는 그 가운데 시기적으로 볼 때 秋報에 해당하는 것이지만 그 내용을 볼 때는 祈穀적인 성격이 있음을 알 수 있다.

고려에서는 가뭄이나 장마 등 자연재해가 계속될 때 이를 군주의 責己修德 및 德政의 시행이라는 노력과 각종 도량과 제사 등을 통해

倉廩之積".
75) 위의 책, "稼穡功高 粒蒸民莫非極 蘋蘩禮薄 有明信可薦神 惟祀是歆 廼農之慶".
76) 『高麗史』卷3, 世家3 成宗 10年 閏2月 癸酉.

극복하고자 한 측면이 있다. 消災를 위한 도량과 제사가 강조되면서
유교적 국가제사로서 수용된 각종 廟壇도 여기에 이용되었다. 사직단
의 경우도 이에 포함되고 있었다. 이를테면 농민보호 및 농업안정을
위하여 동원할 수 있는 모든 노력을 기울여야 한다는 인식 선상에서
사직 역시 이용되고 있었던 것이다. 다음의 사료는 이를 보여준다.

> 仁宗 8년 4월 戊子에 日官이 아뢰기를, "지금 旱災가 심하니 마땅
> 히 岳津海瀆과 諸山川 및 宗廟 社稷에 7일에 한 차례 빌고 비가 오
> 지 않으면 다시 岳·瀆에 처음처럼 빌며 가뭄이 심하면 雩祀를 해야
> 합니다."하니, 이를 따랐다.[77]

농업 및 토지와 관련한 신이 있는 사직단은 이러한 가뭄이나 장마
등과 관련하여 더욱 관심을 가질 수 있는 성격이 있었다. 문종대 이후
이러한 성격이 본격적으로 드러나고 있는데 그 목적은 주로 祈雨를
위한 것이었다.(문종 36년 3월 경자, 37년 6월 정묘) 예종대의 경우 이
러한 성격이 가장 두드러지고 있음을 세가에서 확인할 수 있다.(원년
5월 병진, 2년 5월 을미, 2년 7월 무자, 6년 5월 갑자, 8년 6월 기사, 9
년 6월 기유, 15년 5월 갑자) 이외 인종 8년 4월 무자일의 기우나 명종
19년 윤5월 신미의 기사 역시 사직에서 기우가 행해졌음을 보여준다.
당시의 기우는 국왕의 親祭가 아닌 주로 사신을 보내어 올리는 방식
을 취하고 있었다.

기우 외에도 풍우의 순조로움을 빌거나(예종 2년 7월 무자), 勝戰
기원(선종 4년 정월 기사, 예종 4년 5월 갑인), 祈雪(인종 9년 11월 계
유, 12월 갑자) 등에도 사직단에서 제사를 행하였던 것이 확인된다.

이처럼 春祈秋報적 농경제의 성격을 단적으로 띠고 있는 사직제는

---

77)『高麗史』卷59, 志13 禮1 吉禮 大祀 社稷.

성종 10년 윤2월에 처음으로 築壇하고 군주의 親祀로 의례가 행해졌다. 『고려사』예지에서는 攝事禮로 정리하고 있지만 그 이전의 경우는 군주의 친사에 따라 절차가 정해져 祈穀祭로 행해졌다고 하겠다.

다. 先蠶

洪範九疇 가운데 세 번째인 農用八政의 첫 번째는 食이었다. 食은 왕도정치에서 우선으로 삼아야 하는 衣食의 문제였다. 그리고 그러한 衣食의 근본은 바로 農桑에 있다 하였다.[78] 농업과 잠업은 불가분의 관계에 있는 것으로서 왕조에서는 이 두 가지의 산업을 보호 증진해야 했다. 이것이 소위 勸課農桑으로 나타났던 것이다. 이를 국가의례로 정비하면서는 농업신과 잠업신에 대한 제향을 올리고 군주와 후비가 친히 이를 모범삼아 행하도록 하였다. 즉, 이는 농상의 어려움을 체득하면서 백성들로 하여금 농상에 근면하도록 장려하는 기회이기도 하였다.[79] 그것이 先農籍田儀와 先蠶儀로 갖추어졌던 것이다. 예를 들면 唐의 『大唐開元禮』에서는 이를 皇帝孟春吉亥享先農耕籍・孟春吉亥享先農於籍田有司攝事[80] 및 皇后季春吉巳享先蠶親桑・季春吉巳享先蠶於公桑有司攝事[81]로 정리하고 있었다.

신라 촌락문서를 보면 당시 이미 상당량의 뽕나무를 재배하고 있음이 나타난다. 沙海漸村 1004그루, 薩下知村 1280그루, 失名村 730그루, 西原京村 1235그루 등이 그것이다. 이것이 말해주는 것은 신라의 양잠업과 견직물이 상당히 발달하였다는 사실이다. 신라에서 당으로

---

78) 『高麗史』卷79, 志33 食貨 農桑 序文.
79) 陳祥道, 『禮書』(文淵閣四庫全書 130) 卷30, 后躬蠶, 130~179쪽, "穀粱曰 天子親耕以共粢盛 后親蠶以供祭服".
80) 『大唐開元禮』卷46 및 卷47.
81) 大唐開元禮』卷48 및 卷49.

수출되었던 견직물로 高麗白錦·大花魚牙錦·小花魚牙錦·朝霞
錦·罽·紬 등이 있었는데, 魚牙錦·朝霞錦 등은 신라의 특산물로
알려져 있었다. 그만큼 양잠과 견직업의 발달이 이를 뒷받침하였기 때
문이라고 생각된다.[82] 그러나 이는 고급 비단의 경우이고 일반적으로
는 비단보다는 마와 모시를 섞어 만드는 베옷이 많이 만들어졌다. 따
라서 養蠶보다는 麻와 紵의 재배와 그 직조가 고려에서는 우선하는
관심사항이었던 듯하다.

　다음의 내용은 그러한 정황을 보여준다. 고려의 경우 일반적인 의
복의 재료는 紵와 麻였고, 이를 적당한 비율로 섞어 베옷을 만들어 입
었다 하였다.[83] 이를『고려도경』에서는 "農商의 백성은 농민은 빈부
할 것 없이, 장사치는 원근할 것 없이 다 白紵袍를 만들고 烏巾에 네
가닥 띠를 하는데, 다만 베의 곱고 거친 것으로 구별한다. 나라의 벼
슬아치나 貴人도 물러가 私家에서 생활할 때면 역시 이를 입는다."라
고 보고하고 있다.[84]

　이러한 당시의 의복제조와 관련한 상황은 양잠기술의 발달과 先蠶
및 친잠의례의 수용에도 영향을 미쳤을 것이다.『高麗圖經』을 지은
徐兢이 고려에 왔을 때는 예종 말년과 인종 초에 해당하며 고려의 귀
족문화가 극성기에 도달했던 때였다. 그러한 당시에 비단으로 직조된

82) 이에 대해서는 다음의 연구를 참조. 日野開三郎, 1984,「國際交流史上より
　　見た滿鮮の絹織物」,『東洋史學論集』9 ; 위은숙, 1998,「신라장적문서의 牛
　　馬, 麻田, 桑, 栢子木, 秋子木」,『高麗後期 農業經濟研究』, 혜안. 그러나『高
　　麗圖經』의 기록에서는 고려의 잠업에 대해 평가하기를, "양잠에 서툴러 絲線
　　과 織紝은 모두 상인을 통해 山東이나 閩浙지방으로부터 사들인다."하여 고
　　려의 양잠 및 직조 기술이 서투르다고 보았다.(『高麗圖經』卷23, 雜俗2 土
　　産) 이를 본다면 일반적인 양잠기술 등은 중국과 비교할 때 기술이 떨어지는
　　면이 있지만 文羅花綾 등의 극상품의 비단 직조술은 뛰어났던 것 같다.
83)『高麗圖經』卷23, 雜俗2 土産.
84)『高麗圖經』卷19, 民庶 農商.

224

의류를 입는데 규제를 두고, 베옷이나 모시옷을 주로 입도록 하였고 백성들도 이를 따랐다고 하는 기록을 남겼다.[85] 이는 반대로 양잠업에 기초하는 비단직조가 상대적으로 뒤떨어졌음을 보여준다. 이러한 사회상황이 의례의 수용면에도 영향을 미치지 않았는가 하는 것이다.

農桑에 대한 인식과 국가의례로의 정비가 이루어지고 있었던 당시 상황과『周禮』및『禮記』등의 경전에 대한 연구를 통하여 사전체계를 구상했던 성종대의 의지를 고려하면 군주의 親耕과 함께 왕후의 親蠶에 대한 이해도 있었으리라 생각된다.[86] 하지만 친잠과 관련해서는 정황 증거만 있을 뿐 실제 그 의례를 치렀는지에 대해서는 판단을 내리기 어렵다. 친잠이 그 중요도에 비해 고려에서 시행되지 않았던 것은 위에서 언급하였던 당시의 의류산업이 모시와 마를 위주로 하는 삼베·모시 옷 중심이었기 때문으로 생각된다. 그렇기 때문에 先蠶儀만 수용한 채 왕후에 의한 親蠶禮는 시행되지 않았을 것이다.

---

85)『高麗圖經』卷20, 婦人.

86) 성종 7년 2월 李陽은 상서문 가운데서 "籍田을 친히 경작함은 진실로 현명한 왕의 농사를 중하게 생각한 뜻이요, 女功을 몸소 실행함은 賢后의 君王을 도우는 덕이니 그러므로 天地에 정성을 들이고 나라에 경사가 쌓이는 것입니다."라고 하였다. 왕후가 하는 일에 대해 바로 이어지는 기사에서 種稑之種의 싹을 틔워 친경 시에 이를 내는 것으로 얘기하고 있기는 하지만 女功을 몸소 실행함은 賢后가 군왕을 돕는 덕이라고 한 부분은 이미 친경만이 아닌 친잠에 대해서도 이해하고 있었다고 봐도 될 것이다. 예컨대『周禮』卷 2, 天官冢宰 內宰에서는 "中春詔 后帥外內命婦始蠶于北郊 以爲祭服"이라 하였고,『禮記』第25 祭統에서는, "凡天之所生 地之所長 苟可薦者 莫不咸在 示盡物也 外則盡物 內則盡志 此祭之心也 是故 天子親耕於南郊 以共齊盛 王后蠶於北郊 以共純服"이라고 하였던 것이다. 특히『周禮』의 獻種관련 기사 부분은 后의 始蠶于北郊라고 하는 기사와 이어져 나오고 있다는 점을 주목할 필요가 있다. 한편, 漢 文帝의 정치에 대하여 많은 관심을 가졌던 고려의 상황을 고려할 필요도 있는데,『漢書』卷4, 文帝 13年 2月 甲寅, "詔曰 朕親率天下農耕以供粢盛 皇后親桑以奉祭服 其具禮儀"라 하였다.

『고려사』에서 先蠶에 대해 연대기 기사 없이 길례 중사에서 제향의 절차를 정리하는 것으로 대신하고 親蠶 관련 내용을 기록하지 않았던 것은 이 때문이었다. 先蠶은 先農과 함께 농상관련 제의로서 중요하였으며, 고려는 이를 親蠶없이 先蠶의 수용만으로 정리했던 듯하다.

<표 13> 高麗와 唐·宋의 先蠶制度 비교

	唐(開元禮)	宋(宋史)	高麗(禮志)
위치	長安宮北苑中(『文獻通考』卷87, 郊社20 親蠶祭先蠶)	東郊 熙寧 以後 北郊	?
규모	高四尺周廻三十步(『文獻通考』卷87, 郊社20 親蠶祭先蠶) 瘞埳於壇之壬地 內壇之外 方深取足用物 南出陛 采桑壇於壇南二十步所 方三丈 高五尺 四出陛	壇高五尺 方二丈 四陛 陛各五尺 一壇 二十五步	方二丈 高五尺 四出陛 瘞坎 在內壇之外壬地 南出陛 方深取 足容物
常祀	季春吉巳 若其年節氣晚 卽於絶氣後卜日	季春吉巳	季春吉巳
神主	先蠶氏	享先蠶於公桑(『開寶通禮』)	先蠶舒陵氏
祝文	親桑:子皇后某氏敢昭告 攝事:子皇后某氏謹遣某官妾姓敢昭告	?	高麗國王王某敢明告
玉幣	幣以黑	?	幣以黑長丈八尺
牲牢	大牢?	大牢?	豕一
獻官	?	尚宮初獻 尚儀亞獻 尚食終獻(『開寶通禮』)	太常卿爲初獻 禮部郎中爲亞獻 太常博士爲終獻
절차	親桑:齋戒 陳設 車駕出宮 饋享 親桑 車駕還宮 勞酒 有司攝事:齋戒 陳設 饋享	?	有司攝事:齋戒 陳設 饋享

*『開元禮』나 『宋史』, 『高麗史』 이외에서 자료를 인용한 경우는 해당 항목의 끝에 괄호로 정리하여 기입하였음.

예지의 기록을 唐·宋의 그것과 비교하여 정리하면 <표 13> 高麗와 唐·宋의 先蠶制度 비교와 같다.

<표 13> 高麗와 唐·宋의 先蠶制度 비교를 볼 때 단의 규모나 玉幣 등을 볼 때 고려와 송은 상당히 유사성을 보이고 있다. 다만 송대에는 獻官의 경우 『開寶通禮』에서 제시한 것을 보면 황후 친사가 아니기 때문에 尙宮·尙儀·尙食 등 女官이 헌관으로 역할을 하고 있다. 당의 경우 황후의 親桑이 마련되어 있다는 점을 본다면 고려와 송은 이를 그대로 수용하지 않고 있다.

고려에서의 선잠은 中祀에 포함되고 있지만 위의 <표 13>을 보면 고려의 경우 遣官攝事에 따라 이루어지고 있다. 고려가 이를 따른 데에는 송의 경우, 선잠의 예가 오랫동안 폐해진 후 다시 정비하는 과정에서 취해진 방식이었다는 점[87]이 고려되었을 수 있다. 또한 송의 경우 女官이 황후를 대신하여 헌관이 되고 있으나 고려는 태상경이나 예부낭중 등이 그 역할을 하고 있는 것을 보면 송의 경우 당의 제도를 일정정도 수용하고 있음을 알 수 있다. 하지만 고려는 그렇지 않고 태상경 등이 헌관이 되고 있어, 선잠의 경우 완전히 군주를 중심으로 하는 국가제사 체계로 편입되고 있다는 점에서 큰 차이를 보이며, 고려적인 면모를 보여준다 하겠다.

만약 성종대에 선잠과 친잠의례가 수용되었다고 한다면 이러한 절차 등은 완전히 다른 면모를 가질 수 있으나 그에 대해서는 추정만 가능할 뿐이다. 따라서 여기서는 『고려사』 예지 기록으로 선잠례 실시 정도만 언급할 수밖에 없다.

현재의 길례 중사 선잠조에 남겨져 있는 기록만으로는 선잠단이 어디에 있었는지 파악하기 어렵다. 『周禮』卷2, 天官冢宰 內宰에서 '蠶

---

87) 『宋史』卷102, 志55 禮5 先蠶之禮.

于北郊'라 하여 북교에 둔 것은 그것이 純陰이기 때문이고, 漢에서는 東郊에 두면서 '以春桑生也'이기 때문이라 하였다.[88] 위의 <표 13>을 보면 당의 경우는 『周禮』를 따르고 있으나 북송의 경우는 漢을 따라 東郊에 두었다. 고려에서 선잠의가 갖추어져 있기 때문에 당연히 선잠단이 축조되었다고 한다면 어디로 정했을까? 遣官攝事가 先農例에 따라 이루어졌다면 漢과 북송 초처럼 동교에 두었을 가능성이 크다. 그것은 선농단이 갖춰져 있었기 때문이기도 하고 선농과 선잠은 밀접한 관련이 있었기 때문이다. 이 점은 고려의 궁이 송악산을 주산으로 하고 있어 北郊로 할 수 없다는 것을 고려하면 더욱 개연성이 높아진다고 하겠다.

이상과 같이 선잠의 경우 中祀의 규모로 고려에서 수용되었지만 왕후 친잠 수용에 대해서는 단언하기 힘들다. 다만 예지 길례 선잠에 왕후의 역할이 전혀 나오지 않는 것을 보면, 이는 당시의 의류산업 환경이 모시와 마에 의존하고 있어 양잠에 대한 인식이 크게 높지 않았다는 점과 처음으로 선잠의 제의가 행해졌다는 점, 송의 제도가 참조되었을 것이라는 점 등이 배경이 되었음을 추정할 수 있다. 즉 祈穀的 의미로서 양잠으로 상징되는 의류작물 재배가 잘 이루어지길 바라는 정도에 그쳤던 것이라 하겠다. 따라서 고려에서는 왕후의 친잠이 설정되지 않고 국왕의 遣官攝事로 이루어지게 되었던 것이고, 선잠단에서의 제향으로 정리되었던 것이다.

라. 風師 · 雨師 · 雷神 · 靈星 및 기타

유교적 국가의례 중 길례 체계 속에서 원구, 사직, 선농, 선잠 등이

---

88) 위의 책, "禮院又言 周禮 蠶於北郊 以純陰也 漢蠶於東郊 以春桑生也 請約附故事 築壇東郊 從桑生之義".

대표적인 기곡제의에 속하는 것이라면 이외에도 각 분야를 맡은 농업
신으로서 시후의 조절이라는 면과 관련하여 주목할 수 있는 것이 風
師・雨師・雷神・靈星이다. 신라의 사전체계를 보면 이와 유사한 제
의가 갖추어져 別祀의 형태로 이루어졌다. 입춘 후 丑日의 風伯, 立夏
후 申日의 雨師, 立秋 후 辰日의 靈星이 그것이다.[89] 이들은 그 제사
시기를 보면 계절제적 성격을 띠고 있음을 알 수 있다. 조선 초 사전
체계가 정비되는 과정의 논의를 보면, 이들 風師・雨師・雷師 등은
唐과 宋에서 이미 中祀로 편입되고 있었고, 명의 『洪武禮制』에 雲師
가 포함되고 있다고 하여 風師・雨師・雷師・雲師 등을 中祀로 승격
하고 있어[90] 고려와는 차이를 보여주고 있다.

고려에서는 祀典 체계를 정비하면서 조선과 달리 小祀로서 風師・
雨師・雷神・靈星・馬祖・先牧・馬社・馬步・司寒・諸州縣文宣王
廟 등을 갖추었다. 위에 언급했듯이 이 가운데 風師・雨師・雷神・靈
星은 시후조절과 농업의 풍흉을 맡고 있는 신격에 해당한다.[91] 먼저
『高麗史』예지 吉禮 小祀에 갖추어지고 있는 이들 신격을 제사하는
격식과 규모에 대해 살펴보면 다음 <표 14> 高麗時代 風師・雨師・
雷神・靈星 制度와 같이 정리할 수 있다. 이를 보면 風師・雨師・雷
神・靈星 등은 1년에 1차례를 祀日로 하고 있으며 각기 봄, 여름, 가
을에 올리고 있다. 또한 각 단의 경우 그 규모는 비슷한 것으로 나타
난다.

고려의 風師・雨師・雷神・靈星의 제도는 위의 祝版 및 牲牢, 節
次 등에서 보이듯이 국왕의 친제에 따른 절차가 아닌 遣官攝事이다.
또한 雨師와 雷神의 경우 같은 단에서 이루어지고 있음을 알 수 있는

---

89) 『三國史記』卷32, 雜志1 祭祀.
90) 『太宗實錄』卷25, 太宗 13年 4月 辛酉.
91) 李範稷, 1991, 앞의 책, 78~79쪽.

데, 唐의 『開元禮』에서 風師·雨師·靈星을 祀하는 것92)과 차이가 있다. 그러나 祀日은 신라의 제사나 唐의 『開元禮』등에서와 같아서 이들 신격이 각 계절의 시후를 조절하는 대상으로 여겨졌음을 알 수 있다.

<표 14> 高麗時代 風師·雨師·雷神·靈星 制度

	風師	雨師及雷神	靈星
위치	國城東北令昌門外	國城內西南月山	?(國城東南)
규모	高三尺 廣二十三步 四出陛 燎壇在內壇之外 二十步丙地 廣五尺 戶方二尺 開上南出	高三尺 四出陛 燎壇在內壇之外 二十步丙地 廣五尺 方二尺 開上南出	高三尺 周八步四尺 四出陛 燎壇在內壇之外 二十步丙地 廣五尺 戶方二尺 開上南出
祀日	立春後丑日	立夏後申日	立秋後辰日
祝版	稱高麗國王臣王某敢明告	稱高麗國王臣王某敢明告	稱高麗國王臣王某敢明告
牲牢	豕一	豕各一	豕各一
節次	齋戒 陳設 饋享	齋戒 陳設 饋享	齋戒 陳設 饋享

* 靈星壇의 경우 『고려사』에는 그 장소가 명확치 않지만 『開元禮』를 참고할 때 國城의 동남에 설치했던 것으로 볼 수 있다.

실제 이들 제사의 성격을 알려주는 것으로 주목되는 것은 축문 및 제문이다. 다음의 기록을 보자.

　風師祝
　북두의 방향이 봄을 향해 돌아왔으니, 바야흐로 발생하는 절후가 되었고, 南箕가 기운을 펴니 이에 화창한 바람이 일어납니다. 사가 떳떳한 의식에 좇아 제사의 예전을 수행하오니, 바라건대 5일을 허물이 없이 화순하게 넘기어 마침내 三秋의 풍년이 있게 하옵소서.93)

---

92) 『大唐開元禮』 卷28, 吉禮 祀風師 祀雨祀 祀靈星 祀司中司命司人司祿.
93) 『東文選』 卷110, 祝文 風師祝, "北斗廻春 方屆發生之節 南箕布氣 載揚條暢之風 祗率彝儀 聿修祀典 庶無愆於五日 終有稔於三秋".

230

祭雨師文

생각건대 신은 음양을 모아 氣를 이루고 구름과 용을 驅使하여 덕을 베풉니다. 바람과 우뢰를 합치면 벼와 나무가 다 늡게 되고, 비와 이슬을 내리면 만물이 소생하고 번영합니다. 우리나라는 착하신 임금이 대를 이어 나시니 비 오고 볕 나는 것이 때에 알맞아 때는 화순하고 해는 풍년들어 백성들이 그 은덕을 받고 있습니다.……94)

零星祭祝

食은 백성들의 생명이 되고, 그 권세는 하늘의 밭에 매인지라, 바야흐로 아름다운 곡식이 성숙될 때여서 약소한 제수를 베풀어 기도하오니, 바라옵건대 이 정성에 흠향하사 풍년을 내려주소서.95)

風師祝은 風師에게 제향을 올리면서 祈穀을 빌고 있는 것으로 金克己가 남긴 글의 일부이고, 祭雨師文은 고려 말 李詹이 남긴 글의 일부로 雨師에게 비가 알맞게 오고 있으나 왜구의 침입으로 이를 막기 위해 전투를 해야 하는 상황이므로 비가 오지 않게 해달라는 제문이다. 마지막에 있는 零星祭祝은 수확할 때가 되었으므로 더욱 농사가 잘되게 해주길 靈星(零星으로도 쓰임)에 기원하는 일종의 祈穀적 축문이라 할 수 있다.

고려에서의 風師·雨師 및 雷神·靈星은 주로 遣官攝事로 이루어졌음은 위에서도 언급한 바 있다. 실제 이 제사들은 신라 제사지에 기록되어 있듯이 이미 신라에서도 이루어지고 있었다. 그러나 신라 하대 아마도 후삼국기의 국난이 전개되면서 중지되었을 것이다. 이후 이들

94)『東文選』卷110, 祭文 祭雨師文, "惟神薄陰陽以成氣 御雲龍而施德 合風雷則禾木盡偃 覃雨露則品彙蘇榮 國家聖君繼作 雨暘時若 時和歲豊 民受其賜……".
95)『東國李相國集』前集 卷40, 釋道疏祭祝 零星祭祝, "食爲民命 權係天田 方嘉穀之向成 陳信邊而瀝懇 庶歆誠享 終賜年登".

제향이 다시 정비되고 단이 만들어지는 것은 고려 靖宗 때였던 것으로 보이는데, 관련 기록이 정종 때에 처음으로 나타나고 있기 때문이다. 가령 祭風師는 11년 정월 정축, 雨師는 5년 정월 신축, 雷師는 11년 4월 무신, 零星은 11년 6월 戊辰 등에 치러지고 있다.[96] 靖宗代의 경우 이러한 의례가 처음으로 치러지고 있는데, 이때 군주가 친사하였는지에 대해서는 명확치가 않다. 그러나 小祀에 해당하는 제의였기 때문에 당시에도 遣官攝事로 행해졌을 가능성이 높다.

이후 연대기 자료에서는 이들 제사와 관련한 기록이 보이지 않고 있으나, 위의 김극기·이규보·이첨 등의 축문 등에서 보듯이 遣官攝事의 형태로는 계속 올려진 것으로 생각된다.

이밖에도 주목할 수 있는 것으로 대사·중사·소사의 사전체계에 벗어나 있지만 각종 도량과 雜祀로 정리되고 있는 醮祭·城隍·神祠 등의 경우이다. 이들은 대체로 水旱虫霜, 雨雹 및 颶風 등의 자연재해와 天變地異 등의 咎徵에 대비하고 복을 비는 성격이 많지만 동시에 그것은 시후조절 능력이 이들 신격에도 있음을 말해준다.[97]

각종 불교 도량 및 화엄회 등을 위해 씌어진 釋道疏 등을 보면 불교의 호국적 성격이 내재되어 있음을 알 수 있다. 祈禳 및 消災, 祈福적 요소를 통해 불교가 기능을 하고 있음을 보여주는 대목인 것이다.

96) 『高麗史』卷6, 世家6 靖宗 5年 正月 辛丑 ; 같은 책, 11年 正月 丁丑 ; 같은 책, 11年 4月 戊申 ; 같은 책, 11年 6月 戊辰.
97) 이에 대해서는 다음의 연구를 참조할 수 있다. 金澈雄, 2001, 『高麗時代 「雜祀」研究』, 고려대학교 박사학위논문 ; 李煜, 2000, 『儒敎 祈禳儀禮에 관한 研究－朝鮮時代 國家祀典을 中心으로－』, 서울대학교 박사학위논문 ; 이범직, 앞의 책, 82~83쪽 ; 李泰鎭, 1997, 「고려~조선 중기 天災地變과 天觀의 변천」, 『韓國思想史方法論』, 小花 ; 李熙德, 1984, 「祈雨行事와 五行說」, 『高麗儒敎政治思想의 研究』, 一潮閣. 특히 불교 도량과 관련해서는 김종명, 앞의 책과 안지원, 앞의 논문 등을 참조할 수 있다.

특히 祈穀적 성격이 내재되어 있음도 다음의 기록을 통해 확인할 수 있다.

엎드려 원하건대, 혜택이 비처럼 적셔 주시고 부처님의 구름이 덮어 주셔서 복은 냇물처럼 이르고 덕은 날로 새로워지게 하소서.……洪範 의 아름다운 징조가 이르게 하며 春秋의 災異는 소멸하게 하소서. 삼 농이 잘되어 식량이 풍족하여서 小雅에 있는 夢魚의 징조를 징험하게 하고 사해에 전쟁이 없어져서 武成篇에 있는 것처럼 군마의 돌아감을 보게 하소서.……98)

엎드려 원하건대, 재앙은 햇살 앞에 눈 녹듯 사라지고 복은 오직 천 가지 만 가지로 이르러서 하늘의 아들된 자는 크게 長壽의 경사를 누 리게 하시고, 끝없이 백성을 보전하여 칭찬하고 그리워하는 경사를 앉 아서 받게 하소서.……비 오고 볕 나고 덥고 춥고, 바람 부는 것은 그 節序를 따라서 움직이고, 金木水火土의 오행은 각각 그 마땅함을 얻 게 하소서. 和氣가 이루어져서 백곡은 풍년이 들고, 아름다운 王化가 이루어져서 사방의 隣國들의 업신여김이 없게 하소서.……99)

위의 두 소는 인종 때 활약했던 金富軾과 鄭知常 등이 쓴 글이다. 언제 작성된 것인지 확인하기 어렵지만 부처의 법력을 빌어 국왕의 안위와 消災 및 祥瑞를 바라고 있으며 농사가 풍년이 들도록 祈穀을 하고 있음을 알 수 있다. 이를 통하여 군주의 교화가 이루어지길 바란 다는 것이 그 요지라 하겠다.

이상을 통해 볼 때 고려시기에는 유교적 국가의례를 수용하면서 천 지인의 신격에 대한 제의인 吉禮를 정비해 나갔고, 이를 통하여 왕실

---

98) 『東文選』卷110, 疏 興王寺 弘敎院 華嚴會疏.
99) 『東文選』卷110, 疏 又.

의 권위를 높이고자 하였다. 제의적 성격을 갖는 길례의 내용을 유교
적 중농이념을 투영하여 왕권의 절대성과 공공성을 밝히려 했던 것은
祖上神的 요소가 강했던 신라와는 다른 특색을 갖는 것이었다. 圜丘
·社稷·風師·雨師·雷神·靈星 등의 祈穀祭儀는 크게 본다면 세
가지 공통적 성격을 띠고 있다. 祈禳的 성격을 갖고 있어 祈雨 등이
올려졌다는 점과 모두 시후조절 및 농업신적인 성격을 띠고 있어 祈
穀的 대상이 되었으며, 군주의 親祀가 적고 攝事하는 경우가 많았다
는 점이다.

2. 籍田儀禮의 도입과 운영

1) 적전의례의 도입

고려왕조는 유교적 정치이념을 수용하고 왕도정치의 실현을 위해
초기부터 노력을 기울였다. 고려의 이 같은 노력은 유교경전에 대한
연구를 가져왔으며, 상당한 성과를 보았다. 이를 바탕으로 고려는 국
가와 군주와 民을 연결하는 근본으로서 農桑에 주목하였다.

중농이념의 정립은 이러한 기초 위에서 이루어졌다. 국가 차원의
중농에 대한 인식은 먼저 태조가 유훈으로 '知稼穡之艱難'할 것을 남
겼듯이 왕실과 군주가 모범을 보여야 한다는 방향으로 전개된다. 군주
가 이처럼 天時에 따라 농상의 어려움을 몸소 체험한 후에야 진실로
백성들의 疾苦를 살필 수가 있다는 것이다. 백성을 위한 애민정책은
여기에 바탕을 두고 있었다. 勸農政策의 입안과 시행 또한 마찬가지
였으리라고 이해할 수 있다.

고려왕조가 초기부터 왕실중심의 '知稼穡之艱難'을 위한 방안을
모색한 것은 이러한 이유에서였다. 그것이 바로 국가적 차원의 중농의

례라고 할 수 있을 것이다. 고려왕조에서 이러한 인식을 가졌던 데에
는 重農에 대한 인식의 차원이 일차적으로 고려되었다고 생각된다.

'天地'의 신에 대한 제사와 농사의 신에 대한 제사가 같이 이루어짐
으로써 祭儀的 요소는 중요한 부분을 차지하였을 것이다. 祭儀와 중
농의례가 행해지는 속에서 군주가 그 의례의 주체가 되고 있다는 점
은 매우 중요한 내용이었다. 즉 왕실의 위상을 대내외적으로 확인하는
기회가 될 수 있었던 것이다. 천지만물에 농사의 시작과 重農을 알리
고, 풍년을 기도하는 의식을 모색한 것은 이러한 이유에서였다.[100]

다음의 기록은 이규보의 『東國李相國集』에 실린 仲農祭祝인데, 祭
儀와 農桑과 관련한 인식이 잘 나타나 있다고 할 수 있다.

> 神農 : 나무를 구부려 쟁기를 만들어서 일찍 밭 갈고 김매는 꾀를 내
> 신지라, 蘋藻를 캐어 광주리에 담아서 엄숙히 吉蠲의 饗事를 받드
> 오니, 오직 이해의 풍년은 거룩하신 神을 믿겠습니다.

> 后稷 : 輔相의 도가 있어 처음 곡식을 파종해 백성들을 먹이신 지라,
> 神에게 이 明水의 잔을 올려 청결한 제사를 받드오니, 부디 뵙는
> 듯한 정성을 흠향하사 속히 저희들에게 祥瑞를 더해 주소서.[101]

이러한 농경제의의 형태는 삼국시대에도 마련되었던 것으로 보인
다. 『三國史記』 雜志에 나타난 기록을 보면 신라에서는 先農·中農

---

100) 삼국시대의 祭儀에 대해서는 다음의 연구를 참조하였다. 辛鐘遠, 1984, 「三
國史記 祭祀志 硏究-新羅 祀典의 沿革·內容·意義를 중심으로-」, 『史
學硏究』 38, 韓國史學會 ; 최광식, 1994, 『고대한국의 국가와 제사』, 한길사
; 金杜珍, 1999, 「新羅의 宗廟와 名山大川의 祭祀」, 『韓國古代의 建國神話
와 祭儀』, 一潮閣.
101) 『東國李相國集』 卷40, 釋道疏祭祝 仲農祭祝.

·後農에 대한 致祭를 하고 있다.[102] 특징적인 것은『三國史記』찬자
가 細註로 이를 밝히고 있듯이 禮典에는 없는 중농과 후농이 갖춰져
있다는 점이다.

고려의 경우에도 先農, 仲農, 後農의 제의를 갖추고 있었다. 成宗 2
년 正月에 神農을 제사하고 后稷을 配하였다는 기록[103]은 先農과 관
련한 의식이라 하겠다. 靖宗 12년 4월 신해일에 仲農을 제사하였
다[104]는 것과『東國李相國集』에 표현된 仲農祭祝 역시 神農과 后稷
에 대한 致祭라고 할 수 있다. 文宗 2년 6월 정해일 後農에 대해 제사
를 올린 기록[105]을 확인할 수 있다. 이들 기록만을 본다면 최소한 吉

102) 이를 이해하는 견해를 보면, 先農은 神農을, 中農은 先蠶으로 黃帝의 妃인
西陵氏를 모시는 것이고, 後農은 炊母의 신인 先炊를 별칭한 것이라고 본
바가 있다. 즉 食, 衣, 炊의 신을 각각 先·中·後로 나누어 모신 것으로 이
해한 것이다.(李丙燾 譯註, 1977,『三國史記』, 乙酉文化社, 497쪽) 한편으로
는 팔자나 선농 등의 제사가 여러 지역에 분거한 부족 단위의 조상신에서
유래했기 때문에 나타난 현상으로 이해하기도 하였다.(金杜珍, 1999,『韓國
古代의 建國神話와 祭儀』, 一潮閣, 351쪽) 다른 한편으로는 신라의 先·中
·後農과 고려의 先·仲·後農을 같은 농경제의로 이해하여 神農과 后稷에
게 세 시기에 걸쳐 치제한 것으로 보기도 하였다.(韓亨周, 2000,『朝鮮初期
國家祭禮 硏究』, 高麗大學校 博士學位論文, 132~133쪽) 先農의 경우는 田
祖인 神農에 대해 孟春 吉亥에 올리는 것이고, 中農은 농사의 중간 과정을
주관하는 신을 추정하고 三韓이래 5월의 파종을 끝내고 나서 지내던 우리의
고유의 농사제례를 변형시킨 것이며, 後農은 농사의 후반 과정을 주관하는
신으로 추정하고, 삼한이래 수확기 이전에 지내던 고유의 농사제례를 변형
시킨 것으로 추정하기도 하였다.(鄭求福·盧重國·申東河·金泰植·權悳
永,『譯註 三國史記 4 주석편(하)』, 韓國精神文化硏究院)
103)『高麗史』卷3, 世家3 成宗 2年 正月 乙亥. 그런데 先農祭를 올린 시기는 일
정하지가 않다. 즉 절후에 따라 孟春인 정월과 仲春인 2월에 올리는 경우가
있기 때문이다. 조선 초기까지 이러한 상황이 계속되었는데, 그러다가 성종
24년 2월 吉亥日로 정해지게 된다. 이에 대해서는 韓亨周, 2000,『朝鮮初期
國家祭禮 硏究』, 고려대학교 박사학위논문, 134~135쪽 참조.
104)『高麗史』卷6, 世家6 靖宗 12年 4月 辛亥.

亥를 따르고 있어 先農의 立春 후 吉亥라는 면과 연결되고 있다. 이
는 神農과 后稷에게 연간 3차례 致祭한 것으로 제사시기의 선후에 따
라 붙여진 명칭으로 보여진다.[106] 따라서 선농·중농·후농의 명칭은
祈穀과 耕田 및 播種·鋤耘, 收穫이라는 三時의 농경과정에서 비롯
한 것으로 볼 수 있다.

　이러한 제의와 함께 고려는 군주가 직접 참여하여 대소 신료 및 백
성에게 農桑에 대한 확고한 의지를 과시할 수 있는 重農儀禮를 마련
하였다.[107] 고려 초 중농의례는 전 시대에서는 경험하지 못한 내용을
담게 되는데, 바로 籍田制를 정비하여 親耕儀禮를 행하는 것이었
다.[108] 이는 유교정치이념의 수용과 그 심화에 따른 것이라고 할 수

---

105) 『高麗史』卷7, 世家7 文宗 2年 6月 丁亥.
106) 韓亨周, 2000, 앞의 논문, 132쪽.
107) 重農儀禮라고 부르는 데에는 일정한 儀禮의 내용을 갖추고 있고, 그 성격이
　　農桑과 관련이 있어야 하며, 定期的으로 실시되어야 한다는 기본적인 전제
　　가 요구된다고 할 때 전 시대의 경우 이러한 구체적인 사례가 보이지 않는
　　다.『三國史記』의 기록에서 農桑을 장려하거나 水利施設 수축, 觀稼, 嘉禾
　　를 올린 데 따른 設宴 등의 사례를 찾아볼 수 있는 것이다. 다만 신라 儒理
　　尼師今 9年의 기록에 "왕이 6부를 정한 후 이를 둘로 나누어 王女 두 사람
　　으로 하여금 각각 部內의 여자를 거느리어 편을 짜고 패를 나누어 7월 旣望
　　으로부터 날마다 일찍이 6부의 마당에 모이어 길쌈을 시작하여 乙夜에 파하
　　게 하였다. 8월 15일에 그 功의 다소를 살펴 지는 편은 酒食을 장만하여 이
　　긴 편에 사례하고 이에 가무와 온갖 유희가 일어났는데, 이를 嘉俳라 하였
　　다."(『三國史記』卷1, 新羅本紀 第1 儒理尼師今 9年)라는 내용이 있는데 신
　　라 왕실이 중심이 되어 이를 이끌고 있다는 점에서 하나의 農桑儀禮로 볼
　　수 있을 것이다.
108) 최근의 연구에서 전덕재는 신라에서 先農의 의례를 행하고 있으므로 이에
　　짝하는 親耕藉田 의례를 치뤘을 것이라고 보았다.(전덕재, 2003, 「신라초기
　　농경의례와 貢納의 수취」, 『강좌 한국고대사』2, (재)가락국사적개발연구원)
　　하지만 祭祀 중심으로 길례가 짜여져 있던 신라에서 유교적 농경의례가 설
　　행되었을까는 의문이며, 중국에서도 길례를 중심으로 하는 국가례의 구조가
　　唐에 이르러서야 『開元禮』로 정리되어 구체화되었다는 점을 본다면 유교적

있다.

고려왕조는 제도적인 측면에서 또 이념적인 측면에서 국가가 농업에 대하여 어떠한 입장을 가지고 있는가를 상징적으로 또 실제적으로도 보여줄 수 있을 것인가에 대한 문제의식을 가지고 있었다. 이에 따라 고려는 중국 역사 속에서 하나의 重農儀禮로 자리잡은 籍田制에 대한 이해를 갖게 된다.

籍田制 시행은 유교의 정치이념이 그 생산기반으로서의 농업에 기초하고 있다는 점에서 당연히 주목의 대상이 되었다. 따라서 籍田制의 성립과 시행은 왕실과 정치권에서 농업생산에 대한 관심과 이를 어떻게 보장하느냐 하는 인식을 극명하게 보여주는 것으로 이해되었다. 더구나 이러한 籍田制의 운영에 관한 구체적인 내용이 유교문화의 禮典이라 할 수 있는 『周禮』109)와 『禮記』110)에 실려 있음으로 해서 더욱 그 보편타당성과 의미가 인정될 수 있었던 것이다.

광종・성종대를 거치면서 이룬 정치적 안정과 유교경전의 이해를 통한 정치이념의 도입이라는 내용은 고려 초의 정치세력간의 갈등양상을 조정하는 계기가 되었다고 하겠다. 고려 초의 上書 가운데 집중적으로 거론되고 있는 경전이 주나라의 정치제도 등의 내용을 담고 있는 『周禮』와 보다 구체적인 禮의 문제를 제도・이념・의의 등의 측

이해가 중국과는 차이가 있었던 신라 하대 사회에서 친경자전에 대한 인식이 있을지언정 그 실현까지는 어려웠을 것으로 생각된다.

109) 『周禮』天官 第1, 甸師, "甸師 掌帥其屬而耕耨王藉以時入之以共 齍盛 祭祀共蕭茅"; 天官 第1, 內宰, "上春詔王后帥六宮之人而生穜稑之種而獻之于王".

110) 『禮記』第6, 月令 孟春, "是月也 天子乃以元日祈于上帝 乃擇元辰 天子親載耒耜 措之參保介之御間 帥三公九卿諸侯大夫 躬耕帝藉 天子三推 三公五推 卿諸侯九推 反 執爵于大寢 三公九卿諸侯大夫皆御 命曰 勞酒"; 第24, 祭儀, "是故昔者天子爲藉千畝 冕而朱紘 躬秉耒 諸侯爲藉百畝 冕而靑紘 躬秉耒".

238

면을 통해 깊이 다룬 『禮記』이고 또 孝의 勵行을 담고 있는 『孝經』 등이었다는 사실은 이를 반증해 준다.

이러한 배경 하에서 고려 초 왕실과 정치권에서는 중농이념 및 권농정책을 정립하면서 다음과 같은 이해를 갖기 시작하였다. 먼저 『周禮』나 『禮記』와 같은 유교경전에 대한 관심과 해석, 그리고 정치사상·제도로의 도입이라는 점을 들 수 있겠다. 두 번째로는 이의 구체적인 시행과 관련하여 역사 속에서 어떻게 이해되어지고 제도화되어 나타나고 있는가의 문제인데 이를 중국의 역사적 경험을 정리한 史書 등을 통해 접근하고 있다는 것이다.

이를 바탕으로 籍田制의 의미를 살펴보자.

藉田은 『禮記』月令에서는 '帝藉', 『周禮』天官 甸師에서는 '王藉'라고 표현되기도 한다. 그리고 『漢書』卷4, 文帝紀4에서는 '藉田'이라 이름하였다. 그런데 이 藉田은 후대에 이르면서 '籍田'으로 표기하기도 한다. 중국사에서도 그렇지만 우리나라에서도 대개 藉와 籍을 바꾸어 籍田이라 쓰고 있다. 고려 초인 成宗 2년 처음으로 籍田을 설치하여 躬耕하였다고 한 것이다. 藉와 籍은 글자 형태는 비슷하지만 의미는 다르다. 藉를 옮겨 쓸 때 籍으로 잘못 기재하면서 藉와 籍이 뒤섞여 쓰이게 되었다고 하겠다.

이와 같은 이해는 다음의 내용을 통해 살펴볼 수 있다.

藉田이라는 이름이 붙게 된 것과 관련하여 다음의 설명을 보자. 周制의 天官 甸師가 耕耨王藉한다는 내용에 대해 王氏가 주석한 것을 보면, "公田謂之藉 以其借民力治之也 王所親耕謂之藉 則亦借民力終之故也 王與諸侯各有藉田 故甸師所耕耨謂之王藉"[111]라고 하였다. 즉 백성의 힘을 빌어 耕耨하기 때문에 藉라고 하였다는 것이다. 물론

―――――――――――――

111) 『中國歷代食貨典』卷20, 農桑部彙考1 周/ 法印文化社影印本, 107쪽 참조.

天子・三公・九卿・諸侯・大夫 등이 참여하여 躬耕이 이루어지기는 하지만 실제 경작은 인근의 백성을 동원하여 이루어지기 때문인 것이다.

조선시대의 기록이지만 영조 43년 2월에 시행한 親耕에 따라 만들어진 『親耕親蠶儀軌』를 참조하면 이를 더욱 분명히 알 수 있다.[112] 행사 주관 부서인 예조에서는 전라・충청・황해・경기감영, 이조・병조・공조・호조・한성부 등에다가 친경에 필요한 人夫, 靑箱子, 水牛・쟁기 등을 마련할 것을 요청하였던 것이다. 또한 後錄에서는 친경에 필요한 耕牛, 耕夫, 수우인, 암수 소를 갖춘 겨리쟁기 등을 마련하는데 京畿의 楊州・楊根・抱川・永平・朔寧・加平・砥平・積城・長湍・麻田・坡州・漣川・水原・安城・陽城・竹山・南陽 등지에서 이를 갖추도록 하고 있다.

고려시대의 경우도 이와 마찬가지였으리라 생각된다.『高麗史』禮志 吉禮 中祀 籍田을 보면, 親耕할 때 참여하고 있는 이들로 王・王太子・三公・諸尙書・諸卿 등과 助耕・從耕・侍耕・耕藉에 참여하는 庶人 등 많은 이들이 동원되고 있다. 조선 영조 때의『親耕親蠶儀軌』에서처럼 구체적인 내용은 남아 있지 않지만 고려에서도 이들 耕夫들과 耕藉에 소요되는 농기구나 耕牛 등은 경기의 인근 고을에 分定하였을 것이다.

『고려사』의 기록에 나오는 왕의 躬耕王藉는 성종 2년, 성종 7년, 현종 22년, 인종 22년의 네 차례에 불과하다. 그렇기 때문에 親耕이 이루어지지 않을 경우는 위에서처럼 경기 각 현에 분정하였다기보다 藉田 인근의 백성들을 동원하면서 노비들을 役事한 것으로 보인다.『고려사』에는 관련 기록이 보이지 않지만 세종 27년 9월 계유일의 기록

---

112) 박소동 역, 1999,『國譯 親耕親蠶儀軌』, 민족문화추진회 참조.

을 보면 東籍田을 경작할 때 典農寺의 選上奴를 役事시켰는데 이들
이 도망가자 인근 楊州民 가운데 10결 이상의 소유민을 典農에 예속
시켜 역사를 시키자고 하는 의논이 나오고 있다.[113) 고려의 경우도 親
耕 등이 있을 때를 제외하고는 대개 藉田의 경작은 인근 백성들과 노
비들에 주로 의존하였으리라 생각된다.

   결국 이를 본다면 고려시대에도 중국사와 마찬가지로 藉田은 백성
의 힘을 빌려 경작하는 방식을 취하였다고 할 수 있는 것이다. 따라서
그 명칭을 籍田이 아닌 藉田으로 표현해야 보다 바른 이해가 될 수
있을 것이다.[114)

   고려시대에 이르러 비로소 처음 이러한 籍田을 마련하고 吉禮 中
祀에 포함시키고 있는데 그것은 籍田의 마련과 운영이 갖는 의미와
상징성을 주목해서였을 것이다. 그렇다면 籍田의 운영이 갖는 의미는
어떻게 볼 수 있을까?[115) 이는 몇 가지로 나누어 살펴볼 수 있다.[116)

---

113)『世宗實錄』卷109, 世宗 27年 9月 癸酉.

114) 그러나 중국의 경우 宋代 이후, 우리나라에서는 고려 이후 籍田으로 통용하
    고 있으므로 이를 따라 그대로 籍田으로 표시토록 하겠다.

115) 坂江 涉은 최근의 연구에서 藉田·親桑儀禮를 정리하면서 그 특징에 대해
    農民規範의 獎勵, 力田的 농민에 대한 포상, 군주권의 통치의 정당성과 有
    德性 과시의 필요 등을 검토한 바 있다.(坂江 涉, 1998,「古代東アジアの王
    權と農耕儀禮」,『王と公』, 柏書房(일본 : 東京))

116) 이는『周禮』卷1, 天官冢宰 第一 甸師에서 "掌帥其屬而耕耨王藉 以時入之
    以共齍盛"이라 한 것에 대해 "王藉 天子之籍田 續漢志劉注引干寶云 古之
    王者 貴爲天子 富有四海 而必私置籍田 蓋其義有三焉 一曰以奉宗廟 親致
    其孝 二曰以訓于百姓 在勤 勤則不匱也 三曰聞之子孫 躬知稼穡之艱難無
    逸也"라고 주석을 하고 있음에서 나타난다.(林尹 註譯, 1972,『周禮今註今
    譯』,臺灣商務印書局, 41쪽) 또한 조선 초기 태종 역시 이러한 대강의 이해
    를 하고 있다. 태종은 14年 10月 乙未에 예조에서 新修籍田儀를 올리자 이
    에 대해 籍田儀를 행하려고 하는 이유에 대해 하늘을 공경하고 백성에게 부
    지런하고 종묘를 받들고, 귀신을 섬기는 도리에 있어 지극한 것이기 때문이
    라고 하였던 것이다.(『太宗實錄』卷28, 太宗 14年 10月 乙未)

첫 번째는 宗廟를 봉사함으로써 그 孝를 친히 나타낸다는 점이다. 籍田을 마련하여 이를 경영하고 여기에서 나오는 소출을 바탕으로 宗廟 등 국가제의에 소용되는 곡물과 비용을 마련한다는 것이다.[117] 『禮記』第6 月令 季秋에 "藏帝藉之收於神倉"이라 한 것을 보면, 籍田의 경우 그 소출은 왕실의 창고에 보관하였으며, 국가제사에 소용되는 물자에 충당하였을 것이다.

조선 초기의 기록이기는 하지만 태종 14년 4월 계축의 기록을 보면, 東西籍田이 약 4백결이 되며 모두 典祀寺에서 거두어 粢盛에 이바지한다[118] 하였고, 『世宗實錄』地理志 漢城府에서 東籍田에 대한 설명을 하면서 "興仁門 밖에 있으며, 宗廟・社稷・山川百神의 粢盛에 이바지한다"[119]라고 한 점이 나타난다.

이러한 점을 고려할 때, 籍田을 두는 가장 큰 본래의 목적은 宗廟에 대한 粢盛에 있었다고 하겠다. 마치 제사 비용의 마련을 위해 祭位田을 두어 경영하는 것과 비슷한 경우라 할 수 있다. 천자의 경우도 역시 王室의 조상에 대한 제사는 국가적 행사로 중요시하였던 것이고, 이는 결국 부모와 조상에 대한 孝의 정신으로 연결되었다. 왕실뿐만 아니라 사대부와 서민에 이르기까지 자기 친족을 포함하는 공동체에 대한 효를 극진히 할 것을 권장하는 모범이 되었던 것이다.

---

117) 『春秋穀梁傳』桓公 14年 條에 "天子親耕 以共粢盛"이라 하였다. 또한 漢文帝 2年 春正月 丁亥日의 기록을 보면, "夫農 天下之本也 其開籍田 朕親率耕 以給宗廟粢盛 民讁作縣官及貸種食未入 入未備者 皆赦之"(『漢書』卷4, 文帝紀4 文帝 2年 春正月 丁亥)라고 하였다. 이에 대한 주석으로 韋昭는 "藉 借也 借民力以治之 以奉宗廟 且以勸率天下 使務農也"라 하였고, 臣瓚은 "景帝詔曰 朕親耕 后親桑 爲天下先 本以躬親爲義 不得以假借爲稱也 藉謂蹈藉也"라 하였다. 또한 粢盛에 대해, 師古는 "黍稷曰粢 在器曰盛 粢音咨"라고 밝혔다.

118) 『太宗實錄』卷27, 太宗 14年 4月 癸丑.

119) 『世宗實錄』卷148, 地理志 京都漢城府 東籍田.

둘째는 백성들에게 근면함을 가르치기 위한 것이라는 점이다. 이른 바 力農 혹은 務農을 하도록 권장한다는 것이다. 대체로 웬만한 가뭄 등의 재이나 토질의 척박함 등은 이를 통해 극복할 수 있다. 농법 상에 있어서 三時 즉 耕種·耘籽·收穫期 등에 적절하게 多耕多耘을 행함을 가장 좋은 방안으로 제시하는 것은 이 같은 이유에서였다.[120] 人力과 地力을 다하게 하는 것이 급선무라는 것이다.

이를 위해서는 제도적으로 농민들로 하여금 농사에 전념할 수 있도록 하고 동시에 종자의 개량이나 보급, 農書의 편찬, 대규모 개간사업, 陳田의 경작에 따른 세금 혜택 등 직접적으로 농업과 관련한 정책의 운영이 필요하다. 또한 정부에서도 막중한 세금의 부과나 잦은 役事 징발, 전쟁의 빈발 등을 자제하여 농민들로 하여금 때에 맞춰 농사를 지을 수 있도록 해야 한다.

躬耕帝籍는 바로 이러한 점에 있어서 농민들로 하여금 無逸하고 力農해야 한다는 인식을 심어주어 실천하게 하고 왕실과 정부에서는 勸農政策을 펴야 한다는 것을 군주 스스로 인식하고 이를 천하에 알리는 중요한 의례가 되었던 것이다.

세 번째는 자손들에게 농사의 어려움을 몸소 알게 하여 게으르지 않게 하는 것 등으로 압축된다. 이 내용은 이미 태조 왕건이 訓要十條를 통하여 제시하였던 부분이기도 하다. 이상적인 유교정치사상의 내용을 담고 있는『書經』周書 無逸편에서는 이에 대해 "君子 所其無逸 先知稼穡之艱難 乃逸 則知小人之依 相小人 厥父母 勤勞稼穡 厥子 乃不知稼穡之艱難 乃逸 乃諺 旣誕"[121]이라고 하였다. 그 부모의 勤勞稼穡을 그 자식이 알아야 無逸하게 된다는 것이다. 태조 왕건 또

---

120) 李景植, 1994,「朝鮮前期의 力農論」,『歷史敎育』56/ 1998,『조선전기토지제도연구(Ⅱ)』, 지식산업사 재수록 참조.

121)『書經』周書 無逸.

한 開國의 어려움을 자손들이 알아야 한다는 생각과 함께 표현 그대로 백성들의 생업인 稼穡의 어려움을 안다면 임금이 편안히 놀고 즐기는 것을 할 수 없다고 보았다.

네 번째는 제후 및 신료와 백성들에게 군주의 위상을 보이고 있다는 점이다. 吉禮 中祀 籍田을 보면, 先農을 행하는 데 神農과 后稷을 제사하고, 이어 親耕을 행하였다. 이러한 의례에 군주와 태자, 公卿諸侯, 大小臣僚 등이 모두 참여하고 있다. 농경제의와 관련하여 大祀로서 社稷이 마련되고, 中祀로서 先蠶, 小祀로서 風師·雨祀·雷神·靈星·禜祭 등이 있었지만 이들은 祭祀를 주로 하고 있다. 고려시대 吉禮의 大·中·小祀 가운데 籍田을 제외하고는 실제 모든 이들이 참여하여 제례를 올리고, 君主와 后로부터 庶人에 이르기까지 모두 함께 耕耤하는 경우는 없다.

先農과 籍田을 행하는데 있어 각각의 지위에 따라 모두 耕田에 참여하는데 이때의 차례와 推의 횟수 등을 규정하여 차별을 갖게 하였으며, 이러한 예가 끝나면 勞酒를 행하였다. 고려시대의 籍田禮에서는 勞酒의 의례가 빠져 있지만 실제로는 이를 행하였던 것으로 생각된다. 처음으로 親耕籍田을 행한 성종 2년 정월 乙亥日 후 丁丑日에 天德殿에서 群臣에게 잔치를 베풀고 賜物하고 있기 때문이다.[122] 군주가 의례에 참여한 사람들에게 상을 내려 노고를 치하함으로써 군주의 위엄과 은혜를 알게 하고 모든 계층이 화합하는 기회를 마련하였던 것이다.

이상에서 살펴본 것처럼 고려 초 유교문화에 대한 이해의 심화와 함께 왕권의 안정이 이루어지면서 왕실의 권위와 명분을 세우기 위한 노력이 요구되었다. 이를 위해 고려는 먼저 農耕祭儀로서 重農儀禮

---

122) 『高麗史』 卷3, 世家3 成宗 2年 正月 乙亥, 丁丑.

244

에 대해 관심을 가졌다. 이러한 배경 하에 고려는 중국의 五禮에 주목
하였다.[123] 이는 결국 先農 및 籍田의 설치와 운영으로 이어졌다. 따
라서 성종 2년에 처음 실시되고 있는 籍田의 親耕은 이와 같은 배경
에서 이루어졌음을 짐작할 수 있다.

2) 籍田制 운영과 특징

(1) 적전의 설치

적전의 설치는 앞 장에서 살펴봤듯이 성종 2년에 처음으로 이루어
졌다. 하지만 당시 마련된 先農壇과 적전의 규모나 격식에 대해서는
자세한 기록이 없다. 처음으로 실시된 만큼 고려왕조에서는 오랜 시간
을 두고 이에 대해 禮典과 史書를 참고하면서 살펴보고, 이를 토대로
비교적 상세하게 검토하였을 것이나 관련기록이 남아있지 않아 아쉬
움을 준다.

대개 국가의례로 정해지는 의식의 경우 시간의 경과에 따라 모자라
거나 잘못 이해한 것 등에 대한 보완이 이루어진다. 최종적으로 남겨
진 의례의 경우 그때까지의 과정을 검토하면 초기에 어떠한 모습을
갖추고 있었는가에 대해 알 수 있다. 본 절에서는 이 점을 고려하면서
고려 초 籍田운영에 대해『高麗史』禮志 吉禮 中祀 籍田을 분석하여
그 설치와 규모를 살펴보고자 한다.

먼저 적전제와 관련하여『고려사』예지에서는 吉禮 中祀로 분류하
고 '籍田'이라는 항목으로 설정하였다. 이른바 '籍田之禮', '耕籍之禮'
혹은 '先農之禮'라고도 하는데, 祭祀와 耕籍 중 어느 쪽을 중시하느냐
에 따라 禮志의 항목을 달리 표시하기 때문이다.[124]

---

123) 五禮에 대한 연구로는 李範稷, 1991,「『高麗史』禮志와 五禮」,『韓國中世禮
思想硏究』, 一潮閣 참조.

성종 2년 정월 辛未에는 圓丘에서 祈穀하고 太祖를 配하였으며, 乙亥에는 躬耕籍田하는데 神農을 祀하고 后稷을 配함으로써, 祈穀과 籍田의 의례가 처음으로 시작되었다고 하였다. 이를 보면 늦어도 성종 원년에는 선농단, 적전을 이미 마련하였음을 알 수 있다. 물론 고려왕조는 이에 따른 예식에 대한 연구도 병행하였다고 생각된다. 이를 적전의 위치 등에 대해 규명을 하면서 살펴보도록 하겠다.

당시 籍田의 위치는 어디였을까? 성종 2년 정월 을해일의 기사에는 관련기록이 없다. 또한 길례 중사 적전에도 보이지 않는다. 이러한 적전의 위치를 찾기 위해 먼저 적전관련 기사를 담고 있는 『예기』를 살펴볼 필요가 있다.

『예기』祭統편에서는 이에 대해 "이러한 까닭에 천자는 南郊에서 親耕하여 齊盛에 이바지하며 왕후는 北郊에서 친잠하여 純服에 이바지한다. 제후는 東郊에서 親耕하여 또한 齊盛에 이바지하며, 夫人은 북교에서 친잠하여 冕服에 이바지한다."라고 하여 천자는 남교에 두고 제후는 동교에 두는 것으로 설명하고 있다. 籍田을 이처럼 남교와 동교에 둔 것에 대해 王夫之는 주석하기를 尊卑의 차를 두기 위해서라고 하였다.[125]

漢文帝 이래 중국에서는 대체로 이러한 천자 남교에 따라 籍田을 설치하였으나, 때때로 이는 왕조의 인식에 따라 차이를 보이기도 하였다. 예컨대 『隋書』禮義志에서는 "北齊가 帝城의 동남쪽에 千畝를 마련하였다"[126] 하였고, 『唐書』禮樂志 貞觀 3年에 태종이 장차 親耕

---

124) 韓亨周, 2000 앞의 책, 131쪽 참조. 대개 중국 25史 가운데 禮志나 禮樂志가 五禮의 항목을 갖추는 것은 『晉書』부터이다. 唐代까지는 禮志가 갖추어지면서 그 명칭은 籍田으로 하고 있었다.

125) 『禮記』第25, 祭統.

126) 『中國歷代食貨典』卷22, 農桑部 北齊, 118쪽.

246

하려 할 때 孔穎達이 의논하길, "禮에 천자의 籍田은 南郊에 두며, 제후는 東郊에 둔다 하였습니다. 晉武帝도 오히려 동남쪽에 두었거늘 지금 帝祉는 東壇하니 古制에 맞지 않습니다."[127]라고 하여 당나라에서는 東郊에 籍田을 설치하였음을 알 수 있다. 이처럼 동교에 적전을 둔 것에 대해 태종은 당나라의 방위가 小陽에 해당하므로 마땅히 적전을 동교에 설치해야 한다[128]는 점을 강조하였다.

그렇다면 고려에서는 어떤 것을 따랐을까? 여기에는 당시 고려가 스스로를 어떻게 인식하고 있었는가에 대한 이해가 필요하다. 대외관계에 있어서는 중국과의 위상을 고려하여 제후국으로서의 입장을 가졌지만 대내적으로 정치 행정제도 등의 면은 중국과 같은 황제국체제를 운영하였다는 점이다.[129] 유교경전 등에 기초한 유교정치사상과 문화를 이해하는 데 자국의 풍속을 고려하면서 수용하였다는 점도 염두에 둘 필요가 있다.[130]

이 점을 고려하면서 성종 7년 2월 임자일에 知起居注 李陽이 올린 封事文[131]의 내용을 살펴보자. 이양은 여기서 "지금이 上春이니 上帝에 祈穀하고 吉日에 東郊에서 耕籍할 때입니다"라고 하여 東郊에서 親耕籍田할 것을 말하였다. 이 기사를 본다면 고려의 경우 籍田과 先農壇을 東郊에 두었음을 알 수 있다. 이처럼 성종 2년 처음으로 설치

---

127) 『中國歷代食貨典』卷23, 農桑部彙考4 唐2, 122쪽, "按禮樂志 貞觀三年 太宗 將親耕 給事中孔穎達議曰 禮 天子籍田南郊 諸侯東郊 晉武帝猶東南 今 帝祉乃東壇 未合於古".

128) 위의 책.

129) 이에 대한 연구로는 金基德, 1997, 「高麗의 諸王制와 皇帝國體制」, 『國史館論叢』78, 國史編纂委員會 ; 盧明鎬, 1999, 「高麗時代의 多元的 天下觀과 海東天子」, 『韓國史研究』105, 韓國史研究會 등이 참조된다.

130) 김철준, 1983, 「제4장 중세 문화의 성립과 민족 의식의 성장」, 『한국문화전통론』, 세종대왕기념사업회 참조.

131) 『高麗史』卷3, 世家3 成宗 7年 2月 壬子.

된 적전 역시 바로 동교에 두어졌던 것이라 생각된다.

좀더 정확한 위치를 알아보자. 고려시대의 東郊는 崇仁門과 保定門 밖의 靑郊 일대이다. 籍田은 바로 이 일대에 있었던 것으로 보이며, 이에 따라 지명도 籍田里라 붙여지기도 하였다.[132] 조선시대에 東・西籍田을 운영하였는데, 이때 개경에 두었던 西籍田의 위치가 참고가 된다. 『世宗實錄』 地理志에서는 서적전의 위치에 대해 保定門 밖 甑池 동쪽에 있다고 하였다.[133] 성종 13년 정월 계미일에 헌납 金臺는 자신이 西籍田의 관원으로 있었던 일을 이야기 하면서, 籍田이 長湍의 서쪽인 開城과 豊德의 중간에 있다고 하였다.[134] 『增補文獻備考』에서는 이에 대해 "西籍田은 개성부 동쪽 20리에 있는데, 마을 이름은 典農이고 官廨는 馨香閣이라 한다" 하였다.

결국 이를 보면 고려시대 적전의 방향과 위치는 城東 숭인문과 보정문 밖 적전리 甑池 동쪽에 있었던 것이 된다.

그렇다면 고려시대에서 적전의 위치를 동교에 둔 것은 어떤 의미가 있는 것일까? 다시 『예기』에서 천자는 南郊, 제후는 東郊라고 한 기록과 당 태종이 적전을 동교에 두었다는 기록을 떠올려보자. 『예기』를 따른다면 고려왕조에서 적전을 동교에 설치한 것은 제후의 예에 따라서 한 것이 되고, 당 태종의 예를 따른다면 고려 역시 황제국의 체제를 따랐다는 이해를 할 수 있다. 그러나 『고려사』에서는 이를 분명히 밝혀줄 관련 기사가 없다.

이를 좀더 알아보기 위해서는 적전의 규모와 관련한 기록을 살펴볼 필요가 있다. 먼저 『고려사』 예지 길례 중사 적전조에서 千畝를 경작한다 하였다.[135] 『예기』 祭義편에서는 천자는 千畝의 籍田을 두고, 諸

132) 朴龍雲, 1996, 『고려시대 開京 연구』, 一志社, 64・117쪽 참조.
133) 『世宗實錄』 卷148, 地理志 舊都開城留後司 西籍田.
134) 『成宗實錄』 卷137, 成宗 13年 正月 癸未.

248

侯는 百畝를 두는 것으로 나온다.136) 단순 비교한다면, 『고려사』와
『예기』의 기록을 참고할 때 고려는 千畝를 둠으로써 천자가 갖는 규
모의 적전을 운영했다고 할 수 있다.

또한 동교에 설치한 것은 고려 역시 당 태종이 동교에 적전을 설치
한 이유를 설명했던 것과 같은 이유였다고 생각된다. 즉 고려 역시 小
陽으로 靑色을 따르며 이에 따라 동쪽을 중시하였고, 만물의 생육 및
농사의 시작을 동쪽으로부터 오는 것으로 이해했다는 점이 그러하다.

따라서 고려왕조는 천자의 예에 따라 籍田을 千畝로 설치하였고,
小陽의 방위에 따라 正陽의 南郊가 아닌 東郊에 설치하여 운영하였
다 하겠다. 이는 고려왕조가 내부적으로는 황제국체제를 지향했던 것
과 유관한 이해 선상에서 나온 것으로 생각된다.

이러한 적전의 경우 그 토지의 생산력은 당시에 가장 뛰어난 上品
의 不易平田137)이었을 것이다. 왕실의 粢盛을 위한 粢田이자 重農政
策의 상징이라 할 수 있는 籍田을 척박한 땅으로 하지 않았을 것이기
때문이다. 또 적전을 관리하는데 있어서도 施肥 및 많은 노동력을 투
여하여 최상의 전품을 유지하였을 것이다.

후대의 기록이기는 하지만 태종 14월 4월 호조판서 朴信이 아뢴 내
용 중에 東·西籍田의 규모가 거의 4백결이 된다고 하였다.138) 세조 8
년 호조에 傳旨한 글을 보면 동적전의 경우 1백 명의 양주 백성을, 서

---

135) 『高麗史』 卷62, 志16 禮4 吉禮中祀 籍田.
136) 『禮記』 第24, 祭義.
137) 『高麗史』 卷78, 志32 食貨1 田制 經理 文宗 8年 3月. 여기에서는 전품을 不
易地를 上, 一易地를 中, 再易地를 下로 삼았으며, 山田의 不易田은 平田의
1결에 해당하는 것으로, 一易田 2결이 평전 1결로, 再易田 3결이 평전 1결에
해당한다고 하였다. 이러한 문종대의 전품규정을 따른다면 籍田은 최상등전
이 된다 하겠다.
138) 『太宗實錄』 卷27, 太宗 14년 4月 癸丑.

적전의 경우 2백 명의 풍덕 백성을 農軍으로 삼았다[139]고 하였다. 그만큼 서적전의 규모가 훨씬 크다. 또한 성종 5년 姜希孟이 西籍田의 곡식을 奉常寺로 날라 祭享에 대비할 것을 청하는 내용 중에 "지금 국가에서 東・西籍田을 두었는데, 동적전은 메말라서 歲收가 많지 않으나, 서적전은 기름져서 거두어들이는 것이 자못 많습니다."[140]라고 한 점은 개경에 설치되었던 적전의 비옥함을 알 수 있게 한다.

이를 토대로 서적전은 2, 동적전은 1로 계산하여 4백결의 토지를 나눠보면 266결과 133결이 나온다.[141] 그런데 조선시대의 경우 토지의 비옥도에 따라 그 넓이가 달라진다. 둘 다 최상등전이었을 것이라 생각되지만 아무래도 동적전의 토지생산력이 서적전에 비해 떨어진 듯하다. 이를 고려하면 동적전의 경우는 133결보다는 약간 많을 수 있고 서적전의 경우는 266결보다는 적을 수 있다. 그러나 어쨌든 세종 7년 8월에 호조에서 아뢴 글을 보면 서적전에서 수확된 稻가 5,080석에 이를 정도였다[142]고 하니 그 비옥도와 규모를 대강 추정할 수 있다. 서적전의 대략적인 결수 266결과 세종 7년 8월 보고되는 수치인 5,080석을 나누어 개평치를 구하면 결당 19석을 넘어 20석에 가깝다. 이처럼 고려 말 私田개혁을 통해 公田을 확보한 조선 초의 서적전의 규모는 아마도 고려시대의 적전 千畝를 거의 회복하였던 것이라 생각되며, 그 토지의 생산력은 상등전으로 보아도 무리는 없을 것이다.

다음으로는 先農壇의 규모 등에 대해 알아보자. 郊祭를 올린 후 親耕하는 것이 籍田之禮의 가장 큰 두 부분인 만큼 선농단에 대한 이해

---

139) 『世祖實錄』 卷27, 世祖 8년 2月 己巳.
140) 『成宗實錄』 卷42, 成宗 5年 5月 甲辰.
141) 이에 대해서는 朴定子, 1970, 「李朝初期의 籍田考」, 『淑大史論』 5, 75∼76쪽 참조.
142) 『世宗實錄』 卷29, 世宗 7年 8月 戊子.

가 필요하기 때문이다. 이 단은 籍田壇 혹은 郊壇, 先農籍田壇이라고
도 하며, 중국에서 처음으로 농사를 가르친 인물로 숭상되는 神農氏
를 祀하고 后稷을 配하여 제례를 올리는 장소이다. 이때 신농씨의 位
는 壇上 북쪽에 남향으로 설치하고 후직씨는 配位로써 壇上 동쪽에
서향으로 설치하며 돗자리를 깐다.143) 선농단의 폐백은 모두 청색비단
을 쓰는데, 굳이 청색을 쓰는 것은 그 색이 小陽과 동쪽을 상징하기
때문이다. 이러한 인식에 따라 九穀의 종자를 담는 상자 역시 청색으
로 하여 靑箱이라 하였고, 農軍들의 경우도 靑衣를 입은 것을 볼 수
있다.

『고려사』 예지에 나타난 선농단의 규모를 보면 方 3장, 高 5尺, 4出
陛, 兩壇(每壇 25步)이며, 瘞埳 1로 되어 있다. 이 선농단의 규모는 다
음의 표에서 볼 수 있는 것처럼 당, 송, 고려, 조선이 차이가 있음을
알 수 있다.

아래 <표 15> 先農壇 및 籍田의 규모에 보이듯이 당이나 송, 고려
의 경우는 비슷한 규모를 갖추고 있음을 알 수 있다. 하지만 조선시대
의 경우 그 규모가 거의 반으로 축소되는 것은 고려와는 달리 諸侯國
으로서의 격에 맞추어 갖추어진 때문으로 보인다.

神位·配位의 경우 모두 일치하지만 祭日 즉 耕籍하는 날은 약간
씩 차이를 보이고 있다. 본래 『禮記』 月令을 따른다면 孟春 元日에
上帝에게 祈穀하는 郊祭가 끝난 후 元辰을 택해 躬耕帝藉를 행하는
것으로 되어 있다. 이때 元辰은 郊祭를 치른 후 처음으로 맞는 吉辰
이 된다. 王夫之가 찬한 『禮記章句』 月令 孟春에서 이에 대해 '十二
支謂之辰 元辰上亥也'라고 하여 첫 번째 亥日이 吉辰이 된다 하였다.
중국 역대 왕조에서는 이처럼 孟春 吉亥日을 躬耕帝藉의 날로 삼았

---

143)『高麗史』卷62, 志16 禮4 吉禮中祀 籍田.

고, 고려에서도 마찬가지였다. 하지만 고려왕조나 조선왕조에서는 맹춘 길해를 반드시 고집하지는 않았다. 그 이유는 중국과의 節侯가 다르기 때문이었다.

<표 15> 先農壇 및 籍田의 규모

	唐書 禮樂志	宋史	高麗	朝鮮
方	5丈	40步	3丈	2丈 3尺
高	5尺	9尺	5尺	2尺 7寸
出陛	4出陛	4出陛	4出陛	4出陛
壝	?	2壝	2壝	2壝
瘗埳	?	?	1	?
神位・配位	神農・后稷	神農・后稷(?)	神農・后稷	神農・后稷
祭日	孟春 吉亥	孟春 吉日	孟春 吉亥	驚蟄 後 吉亥
籍田	千畝	千畝	千畝	百畝

사실 孟春이라 하면 음력 정월이 되고, 대개 양력으로 봐도 1월 말에서 2월 정도가 여기에 해당된다. 요즘의 기후로 봐서도 매우 추울 때이며, 땅도 녹지 않았을 때이다. 그렇기 때문에 籍田을 행하는 날에 대해 여러 가지를 고려했던 듯하다. 조선시대에 들어와 驚蟄 후 亥日로 정해지는 것은 이러한 이유에서였다. 이와 관련하여 태종 원년 12월 예조에서 耕籍을 다시 정할 때 예조전서 金瞻 등이 상소한 내용이 주목된다.

"신 등이 상세히 耕籍之禮를 보건대, 神明을 공경하고 農業을 중하게 여기는 까닭이 있었습니다. 祭統에 말하기를, '天子・諸侯가 다 耕籍한다.' 하였고, 『國語』에 말하기를, '백성의 大事는 농사에 있다.'고 하였습니다. 그러므로, 漢 武帝는 3월에 鉅定에서 갈았고, 明帝는 2월에 下邳에서 갈았고, 唐 『開元禮』와 宋 仁宗이 모두 2월에 耕籍하였습니다. 『禮書』에 이르기를, '후세에 간혹 孟春을 쓰는 것은 대개 秦

252

의 禮이다.'고 하였습니다. 무릇 일찍 따뜻하여지는 중국에서도 驚蟄
이 지난 뒤에 썼는데, 하물며 우리 동방은 孟春이면 몹시 추워서 농사
가 시작되지 않는 때이겠습니까? 前朝의 禮官이 秦의 呂不韋의 月令
의 說에 혹하여 耕籍에는 반드시 孟春을 사용하였기 때문에, 그 폐법
을 因循하여 한갓 虛文만을 숭상하였습니다.……엎드려 바라옵건대,
전하께서는 내년 정월 4일의 籍田之法을 파하고, 마땅히 경칩이 지난
뒤에 典農寺에 명하여 땅을 갈 만한 기후를 살펴서 本曹에 보고하게
하고, 書雲觀으로 하여금 택일하게 하여 啓聞케 해서 제사를 지내고,
百畝를 재어서 깊이 갈고 파종하면, 거의 先王의 典禮에 합하고 전하
의 敬謹하시는 마음에 맞을 것입니다." 하였다.[144]

　이 상소의 내용을 보면, 김첨 등은 고려에서는 籍田之禮를 여불위
의 月令의 說에 따라 孟春 吉亥로 정하였지만 이것은 중국의 절후나
우리나라의 절후와는 차이가 있기 때문에 현실적으로 경칩 후로 해야
한다는 견해를 피력하였다. 또 실제로도 조선왕조에서는 세종 때의
『五禮儀』에 이미 籍田이 경칩 후의 길일로 정해지고 있었다.
　하지만 고려 말 공민왕 19년의 기록을 보면 고려에서도 김첨 등과
같은 이해를 가졌던 듯하다. 전후 사정에 대한 기록은 보이지 않지만
공민왕 19년 3월 을사일에 왕이 親耕籍田을 하고자 하였다가 侍中 李
仁任에게 攝行케 하였다고 기록하였다.[145] 물론 이 기록에도 儀物이
미비하였기 때문에 섭행하게 된 것이라 설명하고 있기는 하다. 하지만
적어도 孟春 吉亥라고 하는 날짜에서 벗어나고 있음을 알 수 있다.
　다음으로 군주의 친경이 있을 시 군주는 직접 어떠한 儀式을 했는
가를 보자. 역시 친경의 가장 중요한 것은 군주가 직접 쟁기를 잡고
미는 과정이라 할 수 있다. 만백성에게 직접 군주가 쟁기를 잡고 밟으

144) 『太宗實錄』 卷2, 太宗 元年 12月 乙亥.
145) 『高麗史』 卷62, 志16 禮4 吉禮中祀 籍田.

로써 농사의 어려움을 인식하거나 중농에 뜻을 두고 있다는 것을 보여줄 수 있기 때문이다. 耕籍에서는 이를 推라고 하였다. 본래 『예기』 월령에서는 天子 3推, 三公 5推, 卿·諸侯는 9推로 정하였다. 당 『개원례』에서는 황제 3推, 三公·諸王 5推, 尙書·卿 9推를 하도록 하였다. 고려의 경우 籍田條에 보면, 군주는 5推, 왕태자 7推, 삼공·尙書·卿 등은 9推를 하도록 하였다. 이것이 인종 22년에 가서는 약간 변화가 있게 되는데, 군주는 5推, 諸王·三公은 7推, 尙書·列卿은 9推로 정해졌다.

이를 보면 『예기』나 당나라의 경우와는 약간의 차이를 갖고 있음을 알 수 있다. 중국의 천자는 3推를 하지만 고려의 군주는 5推를 하고 있다는 것인데, 이처럼 推의 차이가 있는 것은 고려가 스스로 제후의 입장에서 시행한 것으로는 여겨지지 않는다. 앞서 지적한 대로 적전의 규모 자체를 千畝로 하고 있기 때문이다.

(2) 적전제의 의의

고려 성종 2년 설치되어 처음으로 시행된 親耕籍田 때 상세한 의례 절차가 분명 있었을 것이나 그 내용은 전하지 않는다. 역시 길례 중사 적전에서 이를 살펴볼 수 있다. 이를 토대로 고려에서는 어떻게 적전을 운영하였는가를 그 의례 절차에 주목하면서 먼저 살펴보고, 다음으로는 『고려사』 및 후대의 기록을 통해 籍田을 어떻게 관리 운영했는가를 분석하고자 한다.

먼저 의례 절차가 어떻게 마련되었는가를 보자. 임금이 참여하는 親耕과 大臣으로 하여금 대행케 하는 有司攝事儀가 있으나 섭사의의 경우는 祭儀 단계까지만 기록되어 있다. 또 적전의 의식에서 중요한 것은 임금이 참여하는 친경인만큼 이를 중심으로 살펴볼 필요가 있다.

길례 중사 적전에서 親耕儀는 크게 두 부분으로 나뉜다. 先農과 籍田인데, 이러한 관계로 이 둘을 합쳐 先農籍田이라고 부르기도 한다. 선농이 主神인 神農과 配位인 后稷에 대한 제의가 주 내용이라고 한다면 적전은 임금이 친히 쟁기를 잡고 밭을 가는 과정이 중심이다. 행사가 끝난 뒤 이른바 뒤풀이에 해당하는 일종의 위로연이 있게 된다.

보다 많은 先農籍田의 행사를 기록하고 있는 중국의 역사에서 그 상세한 의례 절차가 마련되어 기록된 것은 唐代에 이르러서이다. 즉 齋戒－陳設－鑾駕出宮－饋享－耕籍－鑾駕還宮－勞酒의 절차가 마련되고 있다.[146) 崔允儀 등이 찬한 『古今詳定禮』가 당의 『開元禮』를 모델로 하여 고려의 독자적인 국가례를 정리한 것이라는 이해[147)를 염두에 둔다면 『高麗史』 禮志 吉禮中祀 籍田에 실린 親享과 耕籍의 의례 절차의 대강은 『開元禮』의 皇帝孟春吉亥享先農을 따랐던 것이라 볼 수 있다. 즉, 齋戒－陳設－鑾駕出宮－饋享－耕籍－鑾駕還宮－(頌德音) 등이 그것인데 開元禮와 거의 유사하다. 마지막 勞酒의 절차가 頌德音으로 되어 있지만 실제로는 勞酒와 같은 의미를 갖는다고 할 수 있다. 실제로도 처음으로 적전을 행한 성종 2년 정월 을해에 친경적전 후 정축일에 諸臣과 함께 天德殿에서 연회를 베풀고 물품을 차등있게 준 바 있었다.[148)

그런데 이러한 籍田의 행사와 관련하여 주목할 만한 내용이 成宗 7년 李陽의 봉사문에 실려 있다. 그는 봉사문의 其二로 躬耕帝籍과 관련하여 의례 절차 보완의 필요성을 역설하였다.

"친히 籍田을 가는 것은 진실로 옛날 현명한 임금들이 重農之意를

---

146) 『通典』 卷115, 禮75 開元禮纂類10 吉7 皇帝孟春吉亥享先農.
147) 李範稷, 앞의 책, 46쪽 참조.
148) 『高麗史』 卷3, 世家3 成宗 2年 正月 丁丑.

밝히는 것이고, 아녀자의 일을 몸소 실행하는 것은 현명한 왕후가 임금을 보좌하던 미풍이니, 이렇게 함으로써 천지에 정성을 들이고 국가에 경사를 쌓는 것입니다. 『周禮』內宰職에 의하면 上春에 왕후에게 명하여 6궁을 거느리고 種稑之種을 내어서 왕에게 바치도록 한다고 하였으니, 이것으로 보면 왕의 하는 일을 왕후가 반드시 돕는 것입니다. 지금 바로 上春에 上帝에게 祈穀하고 吉日에 東郊에서 耕籍할 때입니다. 임금은 비록 籍田을 갈지마는 왕후는 獻種之儀에서 벗어났으니, 바라건대 『周禮』에 의거하여 國風을 밝게 여소서."149)

위에서와 같이 이양은 躬耕籍田의 의미를 重農之意를 밝히는 데 있다고 지적한 뒤 籍田에 있어서의 왕후의 역할을 강조하였다. 즉 왕후가 上春에 6궁을 거느리고 種稑之種을 내어 왕에게 바치는 것으로 이는 『周禮』에 따른 獻種의 의례였다. 당시 상황을 보면 성종 7년까지도 성종 2년 이후 적전의 행사가 계속해서 치러졌던 것으로 생각된다. 親耕의 경우는 아니더라도 적전의 의례는 거행된 것으로 보인다. 앞서 지적한 것처럼 고려의 적전의례는 『開元禮』의 영향을 받았는데, 여기에서는 禮次에 獻種之儀가 없었다. 따라서 처음 籍田을 실시한 이래로 獻種의 의례는 이루어지지 않았다.

경학의 연구 특히 『예기』 및 『주례』 등 국가의례 등의 내용을 담고 있는 경전이 주목되었고 이를 바탕으로 고려에서는 『開元禮』를 수용하고 보완하는 작업을 해나갔다. 성종대에 이르러 祀圓丘, 耕籍田, 建宗廟, 立社稷150) 등이 마련될 수 있던 것은 이 같은 연구가 있었기에 가능하였다. 왕후에 의한 獻種之儀는 이후 실시가 되었던 것으로 보이는데, 李陽의 봉사문에 대해 성종은 '獻種의 일은 마땅히 禮官들로

---

149) 『高麗史』 卷3, 世家3 成宗 7年 2月 壬子.
150) 『高麗史』 卷59 志13 禮1 (序文).

하여금 議定하게 하라'[151]라고 한 데서 알 수 있다.

이양의 상서문에서 나온 내용과 『고려사』 예지의 선농적전조를 참고로 하여 당시 이루어진 선농적전의를 재구성하면 다음과 같다.

① 立春 전에 土牛를 내어 農事의 早晩을 보인다.

② 上春에 왕후가 6궁을 거느리고 種稑의 종자를 길러 이를 靑箱에 담아 왕에게 바친다.

③ 祭日을 孟春 吉亥로 정하고 선농적전단의 단상 북쪽에 남향으로 神農氏位를 설치하고 后稷氏를 배위로 하는데 단상 동편에 서향으로 설치한다. 또한 축판을 마련하는데 高麗國王臣王某敢明告라 쓴다.

④ 齋戒 : 제향 5일전부터 실행한다. 별전에서 3일간 散齋하고 1일은 正殿에서, 1일은 行宮에서 致齋한다.

⑤ 陳設 : 제향에 필요한 祭器, 牲牢, 農牛·耒耜·靑箱 등과 임금 및 왕태자, 신료 등의 위치지정이 이루어지며 晡後(申時인 4시 이후)에는 예행 연습을 한다.

⑥ 鑾駕出宮 : 鑾駕가 궁을 출발할 때 乘黃令이 耒耜를 가져오고 車右上將軍이 耒耜를 받들어 輅의 오른쪽에 놓는다.

⑦ 饋享 : 帝神農氏와 后稷氏에 대한 제향이 이루어지며, 난가출궁시 실어온 耒耜를 승황령이 장생령에게 주며 장생령은 耕所에 놓고 지킨다. 선농제향이 끝날 무렵 태상경의 청으로 왕은 耕籍位로 간다.

⑧ 耕籍 : 司農卿과 太常卿의 인도 하에 시행하는데, 왕은 5推, 왕태자 7推, 三公·尙書·卿 등은 9推를 하고 왕이 大次로 돌아오면 예식이 끝난다. 그러나 司農少卿은 이후에도 庶人들을 인솔하고 차례로 千畝를 갈고 그 후에는 奉靑箱官이 청상을 사농경에게 준다. 사농경은 청상의 種稑의 종자를 耕所로 가지고 가 물에 씻고

---

151) 『高麗史』 卷3, 世家3 成宗 7年 2月 壬子.

사농소경이 교사령을 데리고 종자를 檢校한다. 천무의 갈이가 끝
나면 사농경은 齋殿 아래에 북향하고 모두 마쳤음을 아뢴 뒤 물러
난다.

⑨ 鑾駕還宮 : 선농적전단−昇平門−儀鳳門(頌德音)−興禮門−大觀
殿

이상과 같이 도합 9단계로 나누어 선농적전의를 재구성하였는데 頌
德音의 절차까지를 합하면 10단계로 볼 수 있다. 전체적인 적전의의
준비과정과 실행과정은 唐의 『開元禮』와 비슷하지만 약간의 차이를
보이고 있다. 즉, 고려의 선농적전의에서도 재계−진설−난가출궁−
궤향−경적−난가환궁−(頌德音)으로 설정되고 있다. 그러나 사전 행
사이긴 하지만 土牛를 내고 獻種의 의례까지도 적전의에 포함시킬 수
있다.

또 한 가지 주의가 필요한 것은 군주의 선농적전의가 이루어지는
때 그에 앞서 원구에서 孟春 上辛의 祈穀이 이루어지고 있다는 점이
다. 성종 2년 정월과 성종 7년 정월[152]의 경우가 그러하다. 현종 22년
의 경우도 기사 내용을 본다면 원구에서 祈穀이 치러졌음을 짐작할
수 있다. 적전의례가 끝난 뒤 현종은 頌德音을 행하는 가운데 원구와
방택에서 제사를 주관한 관리에게 물품을 하사하였다고 하였기 때문
이다.[153] 인종 22년 역시 마찬가지인데 親耕에 앞서 上辛인 辛酉일에
원구에 제사하였다고 기록되어 있다.[154] 이를 본다면 기곡과 선농단에

---

152) 성종 7년 정월 吉亥에 행해졌다는 직접적 언급은 없으나 이양의 상서 내용
중 "方今上春 祈穀於上帝 吉日耕籍于東郊"라 한 것을 보면 이때에도 정월
상신에 원구에서의 기곡이 있었고, 그후 吉亥에 친경이 행해진 것을 알 수
있다.(『高麗史』 卷3, 世家3 成宗 2年 2月 壬子)
153) 『高麗史』 卷5, 世家5 顯宗 22年 正月 乙亥.
154) 『高麗史』 卷17, 世家17 仁宗 22年 正月 辛酉.

서의 春祈, 籍田 등은 하나의 체계적 행사로 이해되었음을 알 수 있다. 즉 기곡과 농사의 早晚을 살피고 올곡식과 늦곡식의 종자를 길러내어 이에 대비하고, 단체 노동을 통한 적전의 起耕 후 종자의 파종까지의 단계가 설정되는 것이다.

　　그렇다면 이렇게 설치 운영된 적전은 어떻게 관리되었을까? 그리고 고려에서는 籍田을 얼마나 중시하고 親耕을 행하였을까?

　　먼저 籍田의 담당 관서가 어디였으며, 이들은 어떻게 적전을 관리했는가를 보자. 이와 관련하여 주목되는 관서는 典農寺이다. 고려시대에 전농시는 '掌供粢盛'을 맡고 있었다. 전농시는 목종 때에 司農寺로, 충선왕 때는 典農司로, 공민왕 때에는 사농시 혹은 전농시로 불려졌다.155) 이를 보면 고려 초에는 사농시로 불리우다가 전농시 혹은 전농사 그리고 다시 사농시로 명칭이 바뀌어졌음을 알 수 있다. 관장하는 일은 粢盛이라 하였다. 여기서는 일단 耕籍을 담당했다고 하는 내용이 보이지 않는다.

　　그러나 다음 몇 가지 내용을 확인하면 粢盛 외에 중요한 기능으로 籍田을 맡고 있음을 알 수 있다. 첫 번째로『고려사』예지 길례 중사 적전에 빈출하는 사농경의 존재이다. 다른 의례에서는 사농경의 역할이 확인되지 않지만 사농시의 수장인 사농경의 역할이 적전에서 확인되고 있다. 두 번째는 고려 말 공민왕 때의 기사를 통해서이다. 공민왕 20년 12월에 교를 내리는데서 사농시는 籍田·典廏를 거느리고, 盛·酒醴·犧牲을 준비한다고 하였다.156) 마지막으로 전농시를 그대로 잇고 있는 조선 초기의 사농시는 다음과 같은 일을 관장하였던 것으로 나온다. '司農寺掌耕籍錢穀及祠祭酒醴陳設犧牲等事'157)라고 하

155)『高麗史』卷76, 志30 百官1 典農寺.
156)『高麗史』卷43, 世家43 恭愍王 20年 12月 己亥.
157)『太祖實錄』卷1, 太祖 元年 7月 丁未.

여 적전의 운영과 여기서 나오는 錢穀 등 및 제사에 필요한 희생, 진
설, 酒醴 등을 맡도록 하였다는 점이다.[158]

이상의 내용을 확인할 때 籍田의 관리 등은 사농시 혹은 전농시에
서 맡았음을 알 수 있다. 사농시에서 관리한 적전은 郊采公田으로서
膏沃이라 불릴 정도로 기름진 전토였던 듯하다.[159] 그렇기 때문에 앞
서 언급하였듯이 최상등의 不易田으로 분류될 수 있었을 것이고, 평
상시 그 경작은 인근의 농민이나 공노비들을 사역했던 것으로 여겨진
다. 이들에 대해서는 조선초기의 경우처럼 노비인 경우에는 奴婢貢,
그리고 일반 양민일 경우에는 貢賦와 徭役을 가볍게 해주었을 것으로
생각된다.[160]

이처럼 고려시대에 있어서 重農의 상징성을 갖고 있는 적전은 매우
중요했고, 역대 군주들은 親耕을 함으로써 천하에 그 중농의 뜻을 보
이고자 했다. 그런데 실제 고려의 역사에서 친경이 이루어진 것을 확
인하면, 성종 2년 정월 을해, 성종 7년 정월, 현종 22년 정월, 인종 22
년 정월 을해 등 네 차례에 불과하다. 공민왕 19년 3월 을사에는 친경
을 하려다가 儀物의 미비로 수시중 이인임이 攝事하였다.[161] 고려시
대에 친경이 갖는 중요성과 상징성에도 불구하고 이처럼 시행횟수가
적은 이유는 무엇일까?

본래 친경은 왕이 직접 쟁기를 잡는다는 의미가 있어 중요하기도

---

158) 그러나 忠宣王 때 설치되었던 典農司의 성격은 약간 다르다. 충선왕 복위년
   의 기록을 보면, 전농사를 둔 것은 漢의 常平倉을 본받았으며, 이를 통해 곡
   물을 출납하여 백성들을 구제하고자 함이었다고 하였다(『高麗史』 卷33, 世
   家33 忠宣王復位年 10月 庚子). 즉 이때의 전농사는 구휼기관 혹은 환곡을
   담당하는 관서의 성격을 띠고 있었다고 생각되며 나아가서는 勸農機關의
   역할을 했다고도 여겨진다.
159) 『增補文獻備考』 卷62, 禮考9 祭壇2 先農 朝鮮.
160) 이에 대해서는 朴定子, 앞의 논문 참조.
161) 『高麗史』 卷62, 志16 禮4 吉禮中祀 籍田.

하지만 다른 국가의례와 다른 특이함이 있었다. 첫 번째는 親享이나 耕籍의 행사에 많은 신료들과 農軍들이 참여하고 있다는 점이다. 이는 농업생산에 있어 가장 중요한 耕田에 신분고하를 막론하고 협업하여 농업생산력의 극대화를 꾀하고 있음을 상징적으로 보여준다. 두 번째는 친경에는 국가적 祭儀로서 先農이 있으며, 耕籍이 있다는 점이다. 祭需의 내용도 내용이지만 千畝에 달하는 籍田을 갈고 파종하고 덮기 위해서는 많은 농기구, 農牛, 種子, 農軍들이 필요하다. 이를 京畿 뿐만 아니라 각 지방에도 그 역할을 분담시킴으로써 모두가 힘을 합쳐 농사를 짓는다는 의미를 부여하고 重農의 뜻을 널리 알릴 수 있는 기회가 될 수도 있었다. 세 번째는 적전의 행사가 끝난 뒤 일종의 뒤풀이로서 耕籍에 수고한 이들을 위한 잔치인 勞酒가 있었다는 점이다. 고려의 경우는 頒德音으로 표현되기도 했지만 이것은 함께 땀흘리면서 노력을 기울인 사람들을 위로하고 노고에 따라 물품을 내려 군주의 은혜를 베푸는 차원과 또 그러한 군주에 대한 자연스러운 관계와 충성을 불러일으킬 수도 있었다.

그럼에도 불구하고 군주에 의한 躬耕籍田이 드물었던 까닭을 어떻게 해석해야 할 것인가를 살펴보자. 먼저 친경이 행해지지 않았을 때 적전을 열어 농사를 짓지 않았다는 것일까? 이를 알아보기 위해 조선 초기 『高麗史』 편찬자들이 남긴 편찬의 기준이 되는 범례를 보면 흥미로운 기사가 있다. 즉 "圓丘·籍田·燃燈·八關 등과 같이 항상 있는 일은 처음 보일 때를 기록하여 그 예를 보이도록 하고 만일 親行이 있으면 반드시 기록한다."[162]라고 하여 군주의 친행이 있을 경우만 기록하고 나머지는 첫 번째 행사만 例示의 차원에서 기록한다고 하였다. 즉 적전의 경우도 先農 등의 제의와 耕籍은 계속해서 이루어지지

---

162) 『高麗史』 纂修高麗史凡例.

만 군주의 친경이 있을 경우만 기록하고 나머지는 생략하였다는 것을 알 수 있다.

따라서 친경이 없을 경우 先農 등은 司農卿이나 대신 등에 의해 攝事로 이루어지고 적전에서의 농사는 노비신공이나 인근 농부들을 동원하여 지속적으로 이루어졌음을 알 수 있다. 또 친경이 이루어진 성종, 현종, 인종대는 고려의 중흥이나 혹은 거란과의 전쟁 후나 내란 등의 파동을 겪은 후라는 약간의 공통점이 있다. 겨우 네 차례였기 때문에 분명하게 지적하기는 곤란하지만 나름대로 민심의 수습을 위한 목적이 있었음을 지적할 수 있겠다.

다음으로 친경이 자주 이루어지지 않은 데에는 籍田儀 자체에도 이유가 있었다. 『禮記』月令에서 제시한 躬耕帝藉는 孟春의 吉亥日이었다. 고려의 경우 대체로 이를 받아들였는데, 문제는 孟春이 너무 춥다는 점이다. 음력 정월 초에 임금이 직접 籍田에 나아가 先農과 耕籍을 한다는 것은 기후 여건으로 봐서 곤란하였으며, 앞서 지적한 대로 고려 말 공민왕대에는 3월에 실시되거나 조선시대의 경우 驚蟄 후 吉亥日로 조정하여 실시한 데에는 이 같은 이유가 있어서였다.

또 하나 고려할 수 있는 것은 성종 2년 이후 정월 吉亥에 해당하는 날을 『高麗史』에서 찾아 어떠한 기록이 있는가를 보면, 대체로 국가에 위난이 있거나 혹은 흑수나 여진, 동여진 등이 내조하거나 사찰에 행차하여 불교 행사를 치르거나 인사이동 등이 있었던 것을 확인할 수 있었다.

이러한 여러 가지 이유로 인해 고려시대 親耕은 네 차례 정도밖에 실시되지 않았지만 실질적으로는 先農이 매년 이루어지고, 적전의 경영 역시 이루어졌음을 알 수 있다. 그리고 적전의 운영을 통해 수확된 곡물의 경우는 원래 적전의 목적대로 粢盛에 쓰이거나 혹은 이듬해의 종자로 보관하거나 혹은 賑恤 등에 쓰였으리라 생각된다.[163]

  이상에서 살펴보았듯이 고려는 籍田을 설치 운영하였으며, 동시에
先農壇을 쌓고 神農氏와 后稷을 모시어 祀하였다. 이러한 적전을 마
련하고 운영한 데에는 粢盛, 知稼穡之艱難, 重農之意의 대내외적 선
언이라는 의의가 있기도 하다. 또 한편으로는 적전의 의식에 태자 및
諸王과 대소 신료가 참여하고 또 농부들과 지방관들이 함께 耕籍을
행함으로써 공동체 의식과 더불어 백성들의 군주에 대한 존경을 끌어
낼 수 있었다.

---

163) 朴定子, 앞의 논문 참조.

결 론

高麗時期의 重農理念과 農耕儀禮는 신라 말 고려 초의 사회변화를 거치면서 천인감응론적 왕도정치사상을 사상적 기반으로 하면서 성립되었다. 국가는 농업정책의 구상과 시행을 토대로 안정적인 정국 운영을 기하고자 하였다. 기층민들은 나말려초의 혼란기를 벗어나 民生의 해결뿐만 아니라 향촌사회의 안정을 유지할 수 있기를 바랐다.

유교정치사상 및 농업현실의 이해에 기초한 중농이념과 농업정책이 고려시기에 그 전형적인 모습을 갖추게 되었다는 것은 고려왕조가 그만큼 새롭게 전환되는 사회현실에 대한 문제인식과 그 해결에 노력하였다는 것을 반영한다. 더구나 이를 국가적 祀典體系 속에서 농경의례의 형태로 소화하고 있다는 점은 前 시기와 다른 발전된 측면이다. 민을 착취의 대상이 아니라 國本으로 인식하고 이를 農本으로 해결하려 했다는 점은 민의 지위에 대해 그만큼 고려하지 않을 수 없는 역사적 상황이 전개되었음을 이해한 결과라 하겠다.

이러한 점을 염두에 두면서 본 연구의 내용을 종합 정리하면 다음과 같다.

(1) 먼저 고려의 농업정책의 기초로서의 중농이념이 마련되는 역사적 배경에 대해 검토하였다. 즉 신라 하대의 지배체제의 붕괴에 따른 사회경제 변동 속에서 천인감응론적 왕도정치사상이 수용되면서 고려

초에 유교적 중농이념이 군주를 중심으로 하는 지배체제의 중요한 이념적 토대로 등장하고 있다는 사실이다. 이를 위해 지배체제의 붕괴와 農業生產力 변화를 검토하였는데 결론적으로 말하면 신라 하대의 사회경제 변동 및 정치체제의 혼란이 당시의 농업생산력의 발전을 제대로 수용하지 못하였다는 것이다.

신라가 삼국을 통일한 후 平田을 중심으로 하는 농업생산력의 발전이 있었다. 평전은 대체로 고려 문종대의 전품조에 나오는 평전과 같은 지목으로서 산허리를 중심으로 하는 산전보다는 산 아래 하천수의 퇴적과 함께 형성되는 비교적 비옥한 토지였다. 삼국 및 통일신라기의 주곡작물이라 할 수 있는 五穀은 稻를 포함한 麥類·豆類·黍·粟(稷)·粱 등인데, 이러한 오곡을 중심으로 하여 당시의 농민들은 田地를 달리하면서 여러 종류의 田穀을 조방적 혹은 집약적으로 재배하였다. 수전이 한전에 비해 갖는 장점 등이 주목되면서는 수전이 확대 조성되어 나갔다. 대체로 수전의 입지조건은 개선사 석등기나 촌락문서 등을 본다면 川邊 배후지나 開析谷 저평야 등을 중심으로 조성되었으며, 條播하여 경작하고 있었다.

이처럼 농업생산력은 평전을 중심으로 집약과 조방 농법이 현실에 따라 이용되면서 常耕을 전제로 하는 작부체계가 성립되었으나 신라 하대의 정치구조는 이를 유지 관리하지 못하였다. 즉, 권농정책의 구상과 실시가 체계적 지속적으로 이루어지지 못하는 한편으로 농업생산력의 발전을 수탈적 구조에 넣음으로써 그 모순은 확대되었다고 보았다.

반면 신라 하대 사회는 잦은 왕위교체에 따른 지배층의 혼란과 그의 파급으로 중앙 중심의 지배질서가 점차 이완되어갔다. 이는 중앙의 지배체제와 지방질서체계가 분리되어 갔음을 말해주었다. 지방으로 이주하거나 지방사회에서 성장한 호부층은 이러한 역사적 조건 속에서 지방의 주도세력으로 부상하였다. 당시의 생산관계는 傭作 혹은 小作民에 대한 私田主의 수탈, 식읍 및 녹읍에서의 수탈, 사원 전장에서의 수탈 등이 중심이었다. 물론 호부층 등은 지방민과의 유화를 위하여 교육활동 및 선종 사원·민간신앙 등에 대한 지원을 하였으며 香徒 조직을 주도하였다.

이러한 생산력과 지배체제의 모순이 지속되고 있었으나 신라 하대 사회 내부에서는 이를 해결하기 위한 노력의 움직임도 있었다.

8세기를 전후하여 9세기 중엽까지 신라 하대 사회에서는 가뭄과 서리, 기근 등 자연재해가 끊임없이 발생했다. 이러한 자연재해에 대하여 신라왕실은 진휼이나 사면, 조세감면 등의 정책을 실시하고 道場과 祭儀, 군주의 責己와 侍中의 교체 등으로 대응하려 하였다. 권농정책의 내용을 보면 당시의 기상재변의 파급을 반영하듯 저수지의 축조 등이 있는 정도였다. 신라 하대 사회의 권농정책이 이러한 한계를 가졌던 데에는 당시 지배체제의 붕괴와 지방사회의 동요라는 역사상과 무관하지 않다. 또한 당시 사회경제의 운영에 식읍적인 지배관계가 관철되고 있었고, 지방세력화한 호부층이 자치적 성격을 띠고 있었다는 점 등에서 국가적 권농정책이 실현되기 어려웠다.

지식인층이 수용한 儒教政治思想의 내용은 국가적 중농이념의 방향을 제시하였다. 國學 및 渡唐留學, 지방 학교 등을 통하여 유교경전을 수학한 지식인층은 五經 및 『漢書』나 『史記』 등의 經史子集에 대한 폭넓은 경학적 이해를 넓혀갔다. 지식인층들은 당시 빈발하고 있던 자연재해를 天譴으로 보면서 이를 天人感應論的 王道政治思想 수용으로 해결하려 했으나 신라 하대의 경우 그러한 적용은 미흡하였다. 이는 신라 하대 농업생산력의 발전이 국가적 차원에서 유지 관리되지 못하는 중요한 배경이었다. 군주 및 지배층의 인식부족과 중농을 실현할 제도적 장치의 미흡은 사회경제변동을 더욱 촉진하였다. 따라서 당

266

시에 수용되어 있던 天人感應論的 왕도정치사상과 유교적 중농이념을 어떻게 국가운영의 원리로 이해하고 이를 구현할 것인가의 문제를 인식하는 정도에 그치고 있었다. 이 문제는 고려 전기의 과제가 되었다. 태조는 다양한 스펙트럼을 갖고 있는 호족층과 지역민을 통합해야 했다. 이를 위해 한편으로 중농이념과 권농정책으로 전개하고 다른 한편으로는 국가적 농경의례와 농경제의로 정비하는 과정이 고려 전기에 있게 되는 것은 이 같은 배경에서였다.

(2) 고려왕조는 장기간에 걸쳐 통일전쟁과 지방 호족세력 및 지배귀족 내부의 갈등을 겪으면서 성립되었다. 통일 후 고려는 이러한 정치세력의 재편과 농민층이 그동안 가져왔던 과도한 수취체제에 대한 불만을 어떻게 해결할 것인가에 관심을 기울였다. 동시에 고려왕실의 위상을 높이고 왕실의 신성성과 절대성을 내외에 명분있게 제시하여야 했다. 고려는 통일 왕조에 대한 일원적 지배원리를 확립하고 농업생산에 기반하는 식생활을 보장하여 농민층의 안정을 도모하고자 노력했다. 이는 크게 군주를 비롯한 지배층의 重農的 농업인식의 강화와 군주를 중심으로 하면서 당시 상경농업의 생산력을 반영할 수 있는 지배원리로서 月令的 지배를 구상 실현하고 이를 농업정책에 반영하는 세 가지 방향으로 전개되었다.

중농이념의 성립과 그 내용은 유교적 정치이념의 이해와 궤를 같이하면서 강조되었다. 즉, 고려시기 유교적 정치이념은 그동안 유교경전에 대한 지식의 축적과 인적 자원의 확대를 통하여 군주의 王道政治에 이용이 되었고, 또 군주는 이를 기반으로 산업의 기본이 되는 농업생산에 관심을 기울였다. 그 내용은 '使民以時'와 '知稼穡之艱難'이나, '國以民爲本 民以食爲天', '勿奪農時', '農桑衣食之本 王政所先' 등이었다. 『書經』無逸이나 堯典, 洪範, 『貞觀政要』 등에서 이 내용이 찾아지고 있다는 점은 정치의 시작이 農本·民本이라는 측면에서 이루어져야 하고, 군주와 신료의 無逸을 통해 현실화되어야 한다는 것을 반영하는 것이었다. 결국 이러한 重農理念의 정립은 농업생산에 대한 이해가 국가의 성쇠 혹은 왕도정치의 실현과 직접적으로 연관되었음을 이해한 결과였다.

이러한 유교적 중농이념이 갖는 가장 큰 특징은 災異의 消災라는 祈禳적 성격을 띠면서 '敬授人時'라고 하는 天時에 대한 해석에 있었다. 본서에서는 이를 天人感應的 農業觀이라 하였다. 농업생산과 직접 관련되는 天時의 변화를 살펴 재변의 발생을 막고 재이의 咎徵이 있다고 하더라도 이를 군주의 수덕과 중농으로 해결할 수 있다는 인식이었다. 한 단계 더 나아가 天命의 해석과 天譴의 발생을 막기 위해 군주 등 지배층은 時令的 성격을 갖는 農事曆을 구성하고 이를 백성들에게 제공하려 했다. 이 점과 관련한 曆의 반포에 고려가 지대한 관심을 기울여 時令으로서의 月令 뿐만 아니라 이를 감안한 農事曆까지 만들려 하지 않았는가 하는 것이다.

月令은 중국사의 전개 속에서 오랜 정치적 경험과 천문 자연의 관찰 등을 통해 성립된 것으로 고려에서는 天時와 人事를 조화롭게 만들어주는 내용을 갖추고 있다 보았다. 월령의 정치사상과 자연관 등 유교정치사상이 고려에 도입되면서 고려는 이전 시기와는 다른 정치운영의 틀을 갖추게 된다. 군주의 경우는 修德과 時令에 대한 이해, 내외 관료층의 경우는 時令의 틀에 맞는 정치운영의 이해라는 큰 변화를 겪을 수 있었던 것이다. 이는 고려왕조가 고려 초 다양하게 존재하고 있던 호족층을 지배체제에 편제함과 동시에 국가적 운영의 틀을 時令적 지배의 틀로 일원화하려는 시도였다. 또한 월령의 시행을 바탕으로 災異에 대한 대책 및 勸農政策, 刑政의 운영 등의 측면에서 보다 안정적이면서 항상적인 구조를 마련할 수 있었다 하겠다. 이처럼 월령은 군주와 내외의 관료가 모두 유념해야 하는 하나의 모범으로서 기능한 면이 있다.

고려시기에는 太祖代부터 부세와 역을 가벼이 하고 때에 맞춰 使民하여 백성의 유망을 막고 재해에 대한 진휼을 실시함으로써 농민들로 하여금 농업에 전념토록 정책적으로 노력하였다. 고려의 권농정책은 중앙정부와 지방관을 중심으로 이루어졌으며, 그 정책에는 중농이념의 토대 위에 農時에 대한 절대적 고려가 기본이 되고 있었다. 즉 使民以時의 이러한 정책은 月令 이해의 강조로 이해되었다. 권농정책의 방향은 농기구·농우·종자 등을 국가에서 대여하여 기본적 생산기반을 갖추도록 하면서 이들이 농사철에 맞추어 농사를 지을 수 있도록 보장하였다. 12세기 초·중엽에는 한랭기후의 전개와 기상이변이 있자 수리시설의 축조가 많아졌으며, 지방관 등에 의해 海澤·低濕地로 新田이 개간되었다.

기본적인 務本力農的 인식이 실현되면서 時起田·陳田 등 토지의 墾田을 장려하였다. 정부 차원에서 山田의 개발을 장려한 것은 아니었다. 그 이유는 당시의 신전 개발의 방법이 火耕을 중심으로 이루어졌다는 데 있었다. 고려는 풍수지리와 월령에 따라 산림을 가꾸어 生氣를 돋워 음양의 조화를 꾀하려는 입장을 갖고 있었다. 그 내면에는 이미 陳田이 발생하는 상황에서 농민층이 산전을 개발할 경우 개발지는 隱結化하기 마련이라는 점과, 지방 아전들은 이를 荒田으로 보고 강제 수취를 하였다는 이유가 있었다. 이와 함께 농업을 장려하기 위해 고려사회에서 관행적으로 이루어지고 있는 농법을 정리함과 동시에 중국의 선진농법을 이해하기 위한 노력이 있었을 것으로 추정하였다. 月令에 보이는 농법이나 『蠶書』나 『茶經』 등은 실제 고려에서 상당히 유통되어 농상 및 茶의 재배 등에 참고되었던 것으로 보인다. 한편 『氾勝之書』나 『齊民要術』 등의 경우도 완본 혹은 완본은 아니더라도 抄錄한 형태로 고려에서 이용되었을 것으로 보았다. 이러한 농

서의 형태는 아니더라도 실제 농촌에서는 고려적인 농법이 적용되었
으며, 그것은 정리되어 문자화되지 못한 채 후대에 전수되었다

(3) 왕조의 통치질서와 지배체계가 완성되고 안정되자 고려는 國家
的 祭儀에 우선 주목하였다. 여기서는 이를 祈穀的 農耕祭儀라 하였
는데, 이는 天命을 대신하는 군주가 順天을 통해 시후조절자로서의
능력을 확인하고 농본에 기초하고 있는 중농이념을 실현하기 위한 성
격을 띠고 있었다. 즉 시후의 조절과 농업을 祭儀를 통하여 직접 연결
함으로써 농업생산에 대한 군주의 역할을 강조하고자 한 것이었다. 農
本－民本－國本－王道政治로 연결되는 통치기반을 天·地·人의 神
祇와 연결하는 주체가 됨으로써 고려 왕실은 이를 명분으로 그 신성
성과 절대성을 확인하고 군주의 修德에 기초하는 왕도정치를 완성하
고자 했던 것이다.

이러한 점에서 祈穀의 국가적 祭儀는 天命을 대신하는 군주가 順
天을 통해 시후조절자로서의 기능을 회복하고 농본에 기초하고 있는
重農理念의 실현을 기도하기 위한 농경제의로서의 성격을 띠고 있었
다. 祈穀의 祭場은 동시에 祈禳을 위한 祭場으로 이용되었는데, 이는
기곡의 對象 神 역시 護國安民的 성격을 띠고 있다는 이해 속에서 나
온 것이라 하겠다.

圓丘에서의 祭天·祈穀·祈雨는 군주의 신성함과 절대성이 시후
를 조절하며 그에 따라 풍흉이 조절될 수 있다는 것으로 결국 군주권
이 농업생산과 민의 보호 육성이라는 면에 절대적 영향력을 가짐을
확인하는 자리였다. 농업 및 토지와 관련한 신이 있는 社稷壇은 토지
의 신과 곡식의 신에 대한 제사를 올리는 곳으로서 군주의 통치기반
이 결국 토지와 농업에 있음을 상징적으로 보여주었다. 先蠶은 비록
왕후에 의해 직접 이루어지지 않았지만 대표적 산업인 農桑 중 양잠
의 신을 제사하는 것이었다. 季節神적인 요소를 갖고 있는 것으로서

바람과 비의 조절 및 농사의 풍흉 등을 맡는 농업신인 風師・雨師・雷神・靈星도 정비되었으며, 이밖에도 여기서는 구체적으로 살펴보지 못했지만 각종 도량과 雜祀로 정리되고 있는 醮祭, 城隍・神祠 등의 경우도 주목할 수 있다. 이들은 水旱虫霜, 雨雹 및 颱風 등의 자연재해와 天變地異 등의 咎徵에 대비하고 복을 비는 성격이 많지만 동시에 그것은 시후조절 능력이 이들 신격에도 있음을 말해준다.

籍田制의 도입은 고려 초 유교정치이념의 수용 속에서 나타나는 對民安定을 위한 重農思想의 수용과 이를 뒷받침할 수 있는 學士層의 존재, 그리고 군주의 노력 속에서 이루어질 수 있었다. 이를 통해 農桑－衣食－民本－國本으로 연결되는 통치기반을 상징하는 籍田의 운영과 이를 天과 연결하는 의식으로서 제례의 형태를 갖춘 先農을 받아들임으로써 군주 및 국가의 위상을 높였다. 적전제에 대해 고려왕조에서 관심을 기울였던 까닭은 이를 행함으로써 첫째, 宗廟를 봉사함으로써 그 孝를 친히 나타낸다는 점, 둘째 백성들에게 근면함을 가르치기 위한 것이라는 점, 셋째 군주들로 하여금 농사의 어려움을 몸소 알게 하여 게으르지 않도록 하기 위한 점, 넷째 勞酒 등의 행사를 통해 군주의 위상을 보임과 동시에 대소 신료와 백성들이 화합할 수 있는 기회를 제공했다는 점 등이 있어서였다. 이에 따라 고려왕조는 司農寺 등을 통해 적전을 관리하고 인근의 백성과 노비 등을 이용하여 千畝에 달하는 비옥한 토지를 경작하였다. 그 위치나 규모면을 볼 때 고려왕조에서는 조선왕조와는 달리 천자국과 같은 체제를 취하고 있었다.

이상의 연구내용을 토대로 高麗時期 儒教的 重農理念과 農耕儀禮의 성격을 정리하면 다음과 같다.

첫째, 군주를 중심으로 하는 일원화된 국가지배체제의 안정에 토대를 두었다.

重農理念의 표방은 나말려초 사회의 혼란했던 지배질서를 재확립하고 통치의 기반을 농민에게 두면서 이루어졌다. 지역사회에 세력의 근거를 둔 호족세력을 해체하고 이들을 고려왕조의 국가체제에 편입함과 동시에 농민층의 안정과 농업생산의 장려를 꾀함으로써 중앙집권화를 꾀한 것이었다.

고려왕조는 이를 위해 天人感應論과 時의 파악 및 使民을 여하히 조정할 것인가에 유념하였다. 그리고 결국 『상서』의 홍범에서 보여준 재이와 왕도와의 관계나 『禮記』月令의 내용을 주목하여 풀고자 하였다는 점은 이 시기 유교정치사상이 갖는 가치였다. 통일된 국가를 운영하는 데 있어 經學에 토대를 둔 月令的 지배를 꾀한 것은 군주를 중심으로 하는 체계적 구조와 역할을 인식한 때문이었다. 따라서 월령은 중앙정부 뿐만 아니라 지방관에 의한 지방통치에 있어서도 일원화된 국가지배체제의 운영을 가능하게 하였다.

둘째, 天人感應論的 성격을 갖는 월령에 기초하고 있기 때문에 재이의 해소를 위한 祈禳的 면이 짙었다.

고려왕조는 天과 군주의 정치와의 상관관계에 대한 정치적 해석인 천인감응론적 유교정치사상과 자연관을 고려했으며, 그 바탕 위에서 농업기상으로서의 天時 즉 農時를 적극적으로 해석하였다. 자연적 질서인 天時에는 恒道가 있으며 여기에 天의 의지가 있다고 보아 그에 맞는 命을 받고 이에 따라 천시에 맞는 時令을 만든 것이 월령이었다.

자연질서의 운행에 맞추어 군주 및 인간이 행하여야 할 일을 정해 놓고 이를 따라 모든 계층이 時令을 실천하면 咎徵이라 할 자연재해가 줄어들며 또 발생한다 하더라도 그 충격을 월령의 시스템으로 완화시킬 수 있다는 것이었다.

셋째, 農用八政 가운데 '食'의 중요성을 인식한 가운데 나왔기 때문에 농민층의 보호에 주력하고 있었다.

　나말려초기 농민층은 수탈의 대상으로서 자립적 생활이 어려운 정
도에까지 처한 바 있었다. 한편으로는 농업생산력이 발달하면서 농업
경영을 통해 부를 축적하기도 하였다. 사회혼란기를 통하여 이러한 농
민층은 수탈적 지배층에 대한 불만을 갖기도 하였다. 고려왕조는 이러
한 농민층을 보호하려 한 것이었다. 取民有度를 통해 수취구조를 조
정하면서 농민이 務本力田하도록 정책적으로 보호하려 한 것은 피지
배층의 동향을 감안한 데서 나온 것이라 할 수 있다.

　넷째, 군주의 신성성과 절대성을 강화하고 있다.

　유교적 중농이념은 천인감응론에 기초하고 있었다. 농업은 자연재
해에 절대적인 영향을 받기 때문에 천인감응론에 의해 시후조절적 권
능을 인정받은 군주는 다양한 祈穀·祈禳의례의 주체가 되었다. 연등
회나 팔관회, 시조묘 제사 등을 통해 군주권을 확인받는 것과는 다른
차원의 신성화였다. 즉 혈연에 기초하는 절대성이 아닌 천하라고 하는
공공성에 기초한 절대성이었다. 농업의 장려와 풍년의 기원은 바로 여
기에 닿고 있는 핵심적 내용이었다. 吉禮의 사전체계가 기곡적 성격
을 갖고 있는 것과 함께 각종 道場·醮祭 등에서 祈雨 등 祈禳을 하
고 있는 것은 이러한 면을 잘 보여준다.

　다섯째, 상경농법을 바탕으로 전개하고 있기 때문에 농업정책의 기
본적 방향을 月別의 농업생산 여건의 보장에 치중하고 있었다.

　즉 적극적으로 국가가 주도하여 농지를 개발하거나 농업기술을 개
발 전수하는 방향보다는 농민의 안정을 우선적으로 배려하였으며, 勸
課農桑의 방향에 있어서도 이를 원칙으로 하였다는 것이다. 농업정책
의 방향이 이렇게 설정될 수 있었던 것은 유교정치사상의 수용에 따
른 왕도정치의 실현 노력에 기인하는 것이며, 그것이 소위 天時에 순
응하는 時令으로서 군주 및 신료, 민 등이 합의할 수 있었던 중요한

도달점이었던 것이다. 고려시기 사회에 있어서 유교정치사상에 기반하는 농업정책이 갖는 의미는 바로 여기에 있다 하겠다.

유교적 중농이념의 기반은 군주를 중심으로 하는 안정된 통치질서를 요구하고 또 그에 맞추어 기능을 하였다. 따라서 안정된 국가운영과 지배질서는 다른 면에서 본다면 유교적 중농이념의 실시에 절대적 요소라고도 할 수 있다. 그렇기 때문에 군주지배체제의 약화나 혼란이 있게 되면 유교적 중농이념은 상징성이나 이념 등 명분적 구호적인 면에 머무를 가능성이 높았다. 12세기 후반 13세기 초 무인정권의 성립과 그로 인한 혼란에 따라 時令的 지배를 토대로 하는 유교적 중농이념이 제 기능을 하지 못한 것은 이 때문이라고 할 수 있다.

13세기 중·후반 원 간섭기에 들어서면서 왕권이 회복되자 유교적 중농이념은 실질적 명분을 회복하였고 고려 말 사회경제 및 정치 개혁의 토대가 되었다. 그러나 성리학의 수용과 함께 유교적 중농이념의 성격도 月令的 지배를 토대로 하는 천인감응적 농업관에서 일정한 변화를 보이기 시작하였다.

참고문헌

1. 文獻

『禮記』・『周禮』・『尙書』・『詩經』・『易經』・『荀子』・『管子』・『呂氏春秋』・
『漢書』・『隋書』・『晋書』・『唐書』・『宋史』・『元史』・『通典』・『大唐開元禮』・
『唐令拾遺』・『貞觀政要』・『春秋繁露』・陳祥道『禮書』・『文獻通考』・『太平御
覽』・『中國歷代食貨典』・『齊民要術』・『農桑輯要』・『四民月令』・『蠶書』・
『三國史記』・『三國遺事』・『高麗史』・『高麗史節要』・『朝鮮王朝實錄』・『高麗
圖經』・『國朝五禮儀』・『親耕親蠶儀軌』・『東國李相國集』・『牧隱文藁』・『東
文選』・『衿陽雜錄』・『農事直說』・『高麗墓誌銘集成』・『新增東國輿地勝覽』・
『東國通鑑』・『海東繹史』・『增補文獻備考』

2. 저서 및 박사학위논문

姜晋哲, 1980, 『高麗土地制度史研究』, 고려대학교 출판부.

金甲童, 1990, 『羅末麗初의 豪族과 社會變動 研究』, 高麗大學校 民族文化
    研究所.

金琪燮, 1993, 『高麗前期 田丁制 研究』, 부산대학교 박사학위논문.

金基興, 1991, 『삼국 및 통일신라 세제의 연구』, 역사비평사.

金南奎, 1989, 『高麗兩界地方史研究』, 새문社.

金杜珍, 1999, 『韓國古代의 建國神話와 祭儀』, 一潮閣.

김연옥, 1985, 『한국의 기후와 문화』, 이화여자대학교 출판부.

김연옥, 1998, 『기후변화』, 민음사.

金榮鎭・李殷雄, 2000, 『조선시대 농업과학기술사』, 서울대학교 출판부.

金容燮, 2000, 『韓國中世農業史研究』, 지식산업사

金仁昊, 1999, 『高麗後期 士大夫의 經世論 研究』, 혜안.

276

金載名, 1994, 『高麗 稅役制度史 研究』, 한국정신문화연구원 박사학위논문.

金澈雄, 2003, 『韓國中世 國家祭祀의 體制와 雜祀』, 韓國研究院.

金哲埈, 1975, 『韓國古代社會研究』, 知識産業社.

金忠烈, 1984, 『高麗儒學史』, 고려대학교 출판부.

金海榮, 2003, 『朝鮮後期 祭祀典禮 研究』, 集文堂.

나희라, 2003, 『신라의 국가제사』, 지식산업사.

都賢喆, 1999, 『高麗末 士大夫의 政治思想研究』, 一潮閣.

閔成基, 1988, 『朝鮮農業史研究』, 一潮閣.

朴京安, 1996, 『高麗後期 土地制度研究』, 혜안.

朴美羅, 1997, 『中國 祭天儀禮 研究』, 서울대학교 박사학위논문.

朴鍾進, 2000, 『고려시기 재정운영과 조세제도』, 서울대학교 출판부.

邊太燮, 1977, 『高麗政治制度史研究』, 一潮閣.

申瀅植, 1987, 『古代 韓中關係史의 研究』, 삼지원.

安秉佑, 2002, 『高麗前期의 財政構造』, 서울대학교 출판부.

염정섭, 2002, 『조선시대 농법 발달 연구』, 태학사.

劉澤華 지음, 노승현 옮김, 1994, 『중국 고대 정치사상』, 예문서원.

尹善泰, 1999, 『新羅統一期 王室의 村落支配』, 서울대학교 박사학위논문.

尹漢宅, 1995, 『高麗 前期 私田 研究』, 高麗大學校 民族文化研究所.

魏恩淑, 1998, 『고려 후기 농업경제연구』, 혜안.

李基東, 1980, 『新羅骨品制社會와 花郞徒』, 一潮閣.

李基白, 1974, 『新羅政治社會史研究』, 一潮閣.

李基白, 1978, 『新羅時代의 國家佛敎와 儒敎』, 韓國研究院.

李基白, 1990, 『高麗貴族社會의 形成』, 一潮閣.

李基白·盧鏞弼·朴貞柱·吳瑛燮 共著, 1993, 『崔承老上書文研究』, 一潮閣.

이문규, 2000, 『고대 중국인이 바라본 하늘의 세계』, 문학과지성사.

李範稷, 1991, 『韓國中世禮思想研究』, 一潮閣.

李成九, 1997, 『中國古代의 呪術的 思惟와 帝王統治』, 一潮閣.

李佑成, 1991, 『韓國中世社會研究』, 一潮閣.

李仁哲, 1996, 『新羅村落社會史研究』, 一志社.

李正浩, 2002, 『高麗時代 勸農政策 研究』, 고려대학교 박사학위논문.

이정희, 2000, 『고려시대 세제의 연구』, 國學資料院.

李宗峯, 2001, 『韓國中世度量衡制研究』, 혜안.

李春寧, 1964, 『李朝農業技術史』, 韓國研究院.

李春寧, 1989, 『한국농학사』, 민음사.

李泰鎭, 1986, 『韓國社會史研究』, 지식산업사.

李泰鎭, 2002, 『의술과 인구 그리고 농업기술』, 태학사.

李鎬澈, 1986, 『朝鮮前期農業經濟史』, 한길사.

李賢惠, 1998, 『韓國 古代의 생산과 교역』, 一潮閣.

李惠玉, 1985, 『高麗時代 稅制研究』, 이화여자대학교 박사학위논문.

李喜寬, 1999, 『統一新羅土地制度研究』, 一潮閣.

李熙德, 1984, 『高麗儒敎政治思想의 研究』, 一潮閣.

李熙德, 1999, 『韓國古代 自然觀과 王道政治』, 혜안.

李熙德, 2000, 『高麗時代 天文思想과 五行說 研究』, 一潮閣.

張東翼, 2004, 『日本 古中世 高麗資料 研究』, 서울대학교 출판부.

全基雄, 1996, 『羅末麗初의 政治社會와 文人知識層』, 혜안.

중국철학연구회, 『논쟁으로 보는 중국철학』, 예문서원.

蔡雄錫, 2000, 『高麗時代의 國家와 地方社會』, 서울대학교 출판부.

최광식, 1994, 『고대한국의 국가와 제사』, 한길사.

최덕경, 1994, 『中國古代農業史研究』, 백산서당.

崔貞煥, 1991, 『高麗・朝鮮時代 祿俸制 研究』, 慶北大學校 出版部.

韓亨周, 2002, 『朝鮮初期 國家祭禮 研究』, 지식산업사.

許興植, 1981, 『高麗科擧制度史研究』, 一潮閣.

洪承基, 2001, 『高麗社會經濟史研究』, 一潮閣.

黃善榮, 1988, 『高麗初期 王權研究』, 東亞大學校 出版部.

金谷治, 1997, 『金谷治中國思想論集(上卷) − 中國古代の自然觀と人間觀』, 平
　　河出版社.

旗田巍, 1972, 『朝鮮中世社會史の研究』, 法政大學出版局(일본：東京).

內山俊彦, 1987, 『中國古代思想史における自然認識』, 創文社(일본：東京).

大澤正昭, 1993, 『陳旉農書の研究』, 農山漁村文化協會(일본：東京).

島邦男, 1971, 『五行思想と禮記月令の研究』, 汲古書院(일본：東京).

渡邊義浩, 1995, 『後漢國家の支配と儒敎』, 雄山閣(일본：東京).

渡部武 譯註, 1987, 『四民月令』, 平凡社(일본：東京).

米田賢次郎, 1989, 『中國古代農業技術史研究』, 同朋舍(일본：京都).

飯沼二郎, 1983, 『世界農業文化史』, 八坂書房(일본：東京).

278

浜中昇, 1986, 『朝鮮古代の経濟と社會』, 法政大學出版局(일본 : 東京).

西嶋定生, 1981, 『中國古代の社會と経濟』, 東京大學出版會(일본 : 東京).

西山武一, 1969, 『アジアの農法と農業社會』, 東京大學出版會(일본 : 東京).

西山武一・熊代幸雄 譯, 1957, 『齊民要術』, 東京大學出版會(일본 : 東京).

蘇輿 撰, 『春秋繁露義證』, 中華書局(중국 : 北京).

守屋美都雄, 1963, 『中國古歲時記の研究』, 帝國書院(일본 : 東京).

王夢鷗 撰, 『禮記校證』, 藝文印書館印行(대만).

日原利國 譯註, 1977, 『春秋繁露』, 明德出版社(일본 : 東京).

中國社會科學院歷史研究所資料編纂組, 1988, 『中國歷代自然災害及歷代盛
　　　　　世農業政策資料』, 農業出版社(중국 : 北京).

津田左右吉, 1965, 『儒敎の研究』一・二・三, 岩波書店(일본 : 東京).

3. 研究論文

姜喜雄, 1977, 「高麗 惠宗朝 王位繼承亂의 新解釋」, 『韓國學報』 7.

兼若逸之, 1980, 「新羅 ‘均田成冊’에서 推定되는 平均壽命」, 『韓國史研究』
　　　　　30.

고경석, 1997, 「신라 관인선발제도의 변화」, 『역사와 현실』 23.

權延雄, 1983, 「高麗時代의 經筵」, 『慶北史學』 6, 慶北大學校 人文大學 史
　　　　　學科.

權寧國, 1999, 「고려시대 농업생산력 연구사 검토」, 『史學研究』 58・59합집,
　　　　　韓國史學會.

金甲童, 1988, 「高麗太祖代 郡・縣의 來屬關係 形成」, 『韓國學報』 52, 一志
　　　　　社.

金光洙, 1972, 「羅末麗初의 地方學校問題」, 『韓國史研究』 7.

金光洙, 1973, 「高麗 太祖의 三韓功臣」, 『史學志』 7.

김광언, 1988, 「신라시대의 농기구」, 『한국인류학 30년 민족과 문화』, 정음사.

金基德, 2002, 「『高麗史』五行志 水行條 譯註」, 『고려시대연구IV』, 한국정신
　　　　　문화연구원.

金琪燮, 1987, 「高麗前期 農民의 土地所有와 田柴科의 性格」, 『韓國史論』
　　　　　17.

金琪燮, 1992, 「新羅 統一期 田莊의 經營과 農業技術」, 『新羅文化祭學術發
　　　　　表大會論文集』 13.

金琪燮, 1993,「新羅統一期의 戶等制와 孔烟」,『釜大史學』17.

金琪燮, 2003,「신라촌락문서에 보이는 '村'의 立地와 개간」,『역사와 경계』 42.

金基興, 1987,「新羅村落文書에 대한 新考察」,『韓國史研究』64.

金基興, 1995,「미사리 삼국시기 밭유구의 농업」,『歷史學報』146.

金基興, 1996,「신라의 '水陸兼種'농업에 대한 고찰-'回換農法'과 관련하여 -」,『韓國史研究』94.

金杜珍, 1978,「高麗 光宗代의 專制王權과 豪族」,『韓國學報』15.

金世潤, 1982,「新羅下代의 渡唐留學生에 대하여」,『韓國史研究』37.

김아네스, 2002,「고려 성종대 유교 정치사상의 채택과 12州牧」,『震檀學報』 93.

金鎔坤, 1989,「高麗時期 儒教官人層의 思想動向-文宗~忠肅王期를 中心 으로-」,『國史館論叢』6.

金仁昊, 1995,「유교정치이념의 발전과 성리학」,『한국역사입문 ②』, 풀빛.

金日煥, 1992,「崔承老의 儒教政治思想 研究」,『儒教思想研究』4·5합집, 유교학회.

金日煥, 1998,「羅末麗初의 社會變動과 儒教理念의 展開」,『儒教思想研究』 10, 韓國儒教學會.

金在弘, 1995,「신라 중고기 低濕地의 개발과 촌락구조의 재편」,『한국고대사 논총』7.

金周成, 1990,「신라말·고려초의 지방지식인」,『湖南文化研究』19, 全南大 學校 湖南文化研究所.

金昌謙, 1992,「高麗 太祖代 對流移民政策의 性格」,『國史館論叢』35.

金昌謙, 2000,「高麗 建國期 流移民의 樣相」,『李樹健教授停年紀念 韓國中 世史論叢』.

金昌錫, 1991,「통일신라기 田莊에 관한 연구」,『韓國史論』25.

金澈雄, 2002,「고려 國家祭祀의 體制와 그 특징」,『韓國史研究』118.

金哲埈, 1981,「文人階層과 地方豪族」,『한국사』3 국사편찬위원회.

盧明鎬, 1999,「高麗時代의 多元的 天下觀과 海東天子」,『韓國史研究』105.

都賢喆, 1994,「고려시기 유교의 전개와 성격」,『한국사』6, 한길사.

馬宗樂, 1984,「韓國 中世의 儒學과 정치권력」,『한국중세사연구』창간호.

閔丙河, 1991,「高麗時代의 農業政策考」,『한국의 농경문화』3, 경기대학교 박물관.

280

朴京安, 1985, 「高麗後期의 陳田開墾과 賜田」, 『學林』 7, 연세대학교 사학연구회.

朴文烋, 1984, 「高麗時代 賑恤政策 Ⅰ」, 『湖西史學』 12, 湖西史學會.

朴文烋, 1985, 「高麗時代 賑恤政策 Ⅱ」, 『湖西史學』 13, 湖西史學會.

朴星來, 1978, 「高麗初의 曆과 年號」, 『韓國學報』 10, 一志社.

朴定子, 1970, 「李朝初期의 籍田考」, 『淑大史論』 5, 숙명여자대학교 사학회.

朴鍾進, 1984, 「高麗初 公田·私田의 性格에 대한 재검토」, 『韓國學報』 37, 一志社.

白南赫, 2003, 「高麗 成宗代의 改革과 儒敎政治思想」, 『동서사학』 9, 한국동서사학회.

辛鍾遠, 1984, 「三國史記 祭祀志 硏究」, 『史學硏究』 38.

安啓賢, 1956, 「八關會攷」, 『東國史學』 4.

安啓賢, 1975, 「佛敎行事의 盛行」, 『한국사』 6, 국사편찬위원회.

안병우, 1995, 「농업생산력의 발전과 상공업」, 『한국역사입문-중세편』, 풀빛.

安秉佑, 1997, 「高麗時期 民田의 經營」, 『韓國 古代·中世의 支配體制와 農民』, 金容燮教授停年紀念韓國史學論叢刊行委員會, 지식산업사.

吳瑛燮, 1993, 「崔承老 上書文의 思想的 基盤과 歷史的 意義」, 『泰東古典硏究』 10.

魏恩淑, 1985, 「나말여초 농업생산력발전과 그 주도세력」, 『釜大史學』 9.

魏恩淑, 1988, 「12세기 농업기술의 발전」, 『釜大史學』 12.

魏恩淑, 1990, 「高麗時代 農業技術과 生産力 硏究」, 『國史館論叢』 17.

魏恩淑, 1995, 「장적문서를 통해본 신라통일기 농가의 부업경영」, 『부대사학』 19.

魏恩淑, 2000, 「『元朝正本農桑輯要』의 농업관과 간행주체의 성격」, 『한국중세사연구』, 한국중세사학회.

尹南漢, 1975, 「儒學의 性格」, 『한국사』 6, 國史編纂委員會.

李景植, 1986, 「高麗前期의 山田과 平田」, 『李元淳教授華甲紀念史學論叢』.

이명식·최인표, 1999, 「나말려초 유교정치이념의 확립과정」, 『人文藝術論叢』 20, 대구대학교.

李文周, 1989, 「中國 古代의 天觀에 대한 연구」, 『東洋哲學硏究』 第10輯, 東洋哲學硏究會.

李文鉉, 1996, 「高麗 太祖의 農民政策-租稅制度와 流移民政策을 중심으로」, 『高麗太祖의 國家經營』, 서울대학교 출판부.

이병희, 1988,「고려시기 경제제도 연구의 동향과 국사교과서의 서술」,『歷史教育』44.

李碩圭, 1996,「朝鮮初期의 天人合一論과 災異論」,『震檀學報』81.

李碩圭, 1999,「高麗時代 民本思想의 性格－賑恤政策과 관련하여－」,『國史館論叢』87.

李昇漢, 1990,「高麗時代 農業史 硏究現況；休閑法 問題를 중심으로」,『전남사학』4.

李昇漢, 1994,「고려 전기 경지개간과 진전의 발생」,『國史館論叢』52.

李宇泰, 1992,「新羅의 水利技術」,『新羅文化祭學術發表大會論文集』13.

李宇泰, 1992,「新羅의 量田制」,『國史館論叢』37.

이 욱, 2002,「조선 전기 유교국가의 성립과 국가제사의 변화」,『韓國史硏究』118.

李仁在, 1996,「高麗 中・後期 農莊의 田民確保와 經營」,『國史館論叢』71.

李仁哲, 2001,「신라 村落帳籍 연구의 쟁점」,『韓國古代史硏究』21, 한국고대사연구회.

李正浩, 1993,「高麗前期 勸農策에 관한 一考察」,『史學硏究』46, 韓國史學會.

李正浩, 1997,「高麗時代 穀物의 種類와 生産」,『韓國史硏究』96.

李正浩, 2001,「이규보의 농촌현실관과 농업진흥론」,『史叢』53.

李宗峯, 1991,「高麗刻本『元朝正本農桑輯要』의 韓國史上에서의 위치」,『釜山史學』21.

李宗峯, 1992,「高麗後期 勸農政策과 土地開墾」,『釜大史學』15・16합집.

李宗峯, 1993,「고려시기 수전농업의 발달과 이앙법」,『韓國文化硏究』6.

李泰鎭, 1972,「高麗 宰府의 成立」,『歷史學報』56.

李泰鎭, 1997,「고려～조선중기 天災地變과 天觀의 변천」,『韓國思想史方法論』, 소화.

李平來, 1989,「高麗前期의 耕地利用에 관한 재검토」,『史學志』22, 檀國大學校史學會.

李平來, 1989,「高麗前期의 農耕地開墾과 그 意味」,『車文燮敎授華甲紀念史學論叢』.

李平來, 1991,「고려 후기 수리시설의 확충과 수전(水田)개발」,『역사와 현실』5,

李賢惠, 1992,「韓國古代의 犁耕에 대하여」,『國史館論叢』37.

李惠玉, 1985,「高麗時代의 守令制度研究」,『梨大史苑』21.

李喜寬, 1992,「統一新羅時代의 村主位田·畓과 村主勢力의 成長」,『國史館論叢』39.

李喜寬, 1998,「新羅 中代의 國學과 國學生-『三國史記』38 國學條 學生關係規定의 再檢討-」,『新羅文化祭學術發表會論文集-新羅의 人材養成과 選拔-』19.

李熙德, 1988,「高麗時代 儒敎의 역할」,『한국사론』18, 국사편찬위원회.

李熙德, 1994,「유학」,『한국사-고려 전기의 종교와 사상』16, 국사편찬위원회.

張日圭, 1992,「新羅末 慶州崔氏 儒學者와 그 活動」,『史學研究』45.

주웅영, 1986,「고려 전기 관료선발체계와 유학의 기능」,『大邱史學』31.

秦榮一, 1986,「高麗前期의 災異思想에 관한 一考」,『高麗史의 諸問題』, 삼영사.

秦榮一, 1989,「『高麗史』五行·天文志를 통해 본 儒家秩序概念의 分析」,『國史館論叢』6.

蔡熙淑, 1999,「高麗 光宗의 科擧制 실시와 崔承老」,『歷史學報』164.

추만호, 1994,「신라말 사상계의 동향」,『新羅末 高麗初의 政治·社會變動』, 韓國古代史研究會編, 신서원.

河正男, 2002,「朝鮮初期 祈雨祭의 性格 變化」,『靑藍史學』6, 韓國敎員大學校 靑藍史學會.

河炫綱, 1976,「高麗初期 崔承老의 政治思想研究」,『梨大史苑』12.

河炫綱, 1987,「高麗 太祖의 內外政策의 樹立背景과 그 性格」,『東方學志』54·55·56합집.

韓政洙, 2000,「高麗前期 儒敎的 重農理念과 月令」,『歷史敎育』74.

韓政洙, 2002,「高麗時代 籍田儀禮의 도입과 운영」,『歷史敎育』83.

韓政洙, 2002,「高麗時代『禮記』月令思想의 도입」,『史學研究』66.

韓政洙, 2003,「高麗前期 天變災異와 儒敎政治思想」,『韓國思想史學』21.

洪起子, 1998,「新羅 下代 讀書三品科」,『新羅文化祭學術發表會論文集』19.

洪淳權, 1987,「高麗時代의 柴地에 관한 고찰」,『震檀學報』64.

洪承基, 1990,「高麗時代의 農民과 國家」,『韓國史市民講座』6, 一潮閣.

關尾史郎, 1982,「北魏における勸農政策の動向」,『史學雜誌』91-11, 東京大文學部內 史學會.

濱田耕策, 2000, 「新羅の下代初期における王權の確立過程とその性格」, 『朝鮮學報』176·177, 朝鮮學會.

浜中昇, 1992, 「高麗初期村落の性格をめぐって」, 『朝鮮學報』144, 朝鮮學會.

浜中昇, 2000, 「高麗前期の土地利用方式について」, 『朝鮮學報』176·177, 朝鮮學會.

浜中昇, 2003, 「高麗における公·私と公田·私田」, 『朝鮮學報』186, 朝鮮學會.

三品彰英, 1973, 「高麗王位と收穫祭」, 『古代祭政と穀靈信仰』, 平凡社(일본 : 東京).

桑野榮治, 1996, 「高麗から李朝初期における圓丘壇祭祀の受容と變容－祈雨祭としての機能を中心に－」, 『朝鮮學報』161.

松井秀一, 1976, 「唐代における蚕桑の地域性について」, 『史學雜誌』85-9.

須長泰一, 1986, 「高麗後期の異常氣象に關する一試考」, 『朝鮮學報』110·120, 朝鮮學會.

新井宏, 1992, 「量田制における頃と結」, 『朝鮮學報』144, 朝鮮學會.

奥村周司, 1979, 「高麗における八關會的秩序と國際環境」, 『朝鮮史研究會論文集』16.

奥村周司, 1987, 「高麗の圓丘祀天禮について」, 『早稻田實業學校研究紀要』21(일본 : 東京).

原宗子, 1976, 「いわゆる‘代田法’の記載をめぐる諸解釋について」, 『史學雜誌』85-11.

二宮啓任, 1956, 「高麗の八關會について」, 『朝鮮學報』9.

鑄方貞亮, 1968, 「三國史記にあらわれた麥と麥作について」, 『朝鮮學報』48, 朝鮮學會.

坂江 涉, 1998, 「古代東アジアの王權と農耕儀禮」, 『王と公』, 柏書房(일본 : 東京).

ABSTRACT

The Confucian View of Prioritizing Agriculture above anything else(Physiocracy) and Agricultural Ceremonies arranged during the early half of the Goryeo Dynasty period

Han, Jung–Soo

The Confucian view of prioritizing Agricultural matters above anything else, and the agricultural ceremonies that were arranged upon such basis during the early half term of the Goryeo dynasty period, display the people's widely shared perception of a certain relationship among concepts such as the Heaven's order, the political power, the general population and agricultural production.

In order to boost agricultural productivity, to secure enough income to the national monetary system and also establish a ruling authority in the process, the Goryeo Dynasty strongly encouraged agricultural production to the general society from the very beginning. In fact the government even prioritized agricultural matters above anything else in devising governmental policies, and concentrated upon stabilizing the living conditions of the general peasantry population. The King himself expressed major interest in the entire process of agricultural activities, demonstrated his metaphysical ability to symbolically affect the climatic conditions and also named himself as the leader in religious agricultural ceremonies(農耕儀禮) arranged to pray for rich and at least average harvests(祈穀).

In this study, the philosophical and also social background which enabled the establishment of Confucian physiocratic ideologies during the transitional period between the Shilla and Goryeo dynasties is examined in the first chapter. In the second chapter, the establishment of such ideology itself will be examined, and in the third, the government's arrangements of certain religious agricultural ceremonies will be as well.

During the later periods of the Unified Shilla dynasty period, consecutive planting was already made possible in ordinary horizontal lands(平田), and agricultural productivity was definitely improved as a result. But the social status or atmosphere was in no condition to encourage this trend or even protect it, because of the collapse of the King's ruling authority, the exploitation of the public committed by powerful ruling parties, and also the growth of local influentials. In climatic terms, the time period between the 8th and 10th centuries was a rather cool and dry period, so there were frequent droughts and frost fallings. The agricultural activities should have been heavily affected by such weather problems, but the government and the Shilla dynasty had no ability to devise an agriculture−encouraging policy because of their condition at the time. Yet, at the same time, there were also certain notable efforts on the intellectuals' part as they were adopting Confucian political philosophies and also started to suggest concepts regarding the relationship between the King's role and the climatic crises, Confucian emphasis on agriculture and the stabilizing of political authorities. This was indeed the beginning of expressions of Confucian physiocracy.

Based upon such ideological initiatives taken by the intellectuals from the preceding era, the Goryeo government started to express interest in Confucian physiocracy and agriculture−encouraging policies in order to establish its own authority and also stabilize the general population. Such actions were also meant to bring unity to the local population and also garner support of the Hojok(豪族) local influentials. And the government's intentions were starting to be demonstrated through national agricultural ceremonies or similar occasions.

The underlying philosophy of the politics based upon the King's own morality (the Wangdo politics/王道政治) that were pursued during the early days of the Goryeo dynasty viewed the heaven's order(天命) and the King's own character−building efforts(修德・德政) as very interconnected, mutually− affecting concepts(天人感應論), and that kind of perception led to the belief that there would either be reward or punishment on the King and the population, whether the King himself shows sincerity or not to Heaven's demands and generosity regarding the welfare of the general public. Yet there was also another aspect to this kind of belief as the related perceptions in fact all came out of the government's efforts to provide itself with a holy image and also a stable ruling power. The government's agricultural policies were also operating upon this kind of belief, this kind of aim or necessity.

The Goryeo dynasty adopted such agricultural views through the Muil(無 逸) or Hongbeom(洪範) chapters from the classic text 『Seogyeong(書經)』 or 『Jeonggwan Jeongyo(貞觀政要)』. The politics and policies were supposed to be strictly based upon the interest of the peasants and the people, and the King and vassals had the obligation to serve that very purpose. The thought regarding such obligations grew to be a concept which encouraged the King's own efforts that would contribute to the country's evading climatic catastrophes.

In order to interpret the heaven's order correctly and evade other unnecessary climatic crises, the government issued agricultural calendars to the general population, which instructed desirable and necessary precautions or things involving agricultural production to be done according to an ideal timetable. Such Weol−ryeong(月令) Orders were created based upon age−old traditions, knowledge and experiences accumulated throughout a very long time.

As adopting this kind of perception, the Goryeo Kings came to understand the necessity of such character−building efforts and the importance of such timetable−based instructions(時令), while the vassals inside and outside of the government came to understand the mechanism and nature of such instructions which were going to be beneath the policy−making procedures of the government. The Goryeo government needed to absorb the local Hojok influentials into national control and also had to integrate them into the national management based upon such timetable−based 'Orders', which in turn also provided a more stable and solid environment for agriculture−encouraging policies or other official penal practices.

Such policies were implemented mainly by the central government and local officials, and were strongly based upon the understanding of agricultural timetables, hence the emphasis upon the Weol−Ryeong orders. The government was intent to provide agricultural utensils, cows and seeds to everyone involved in agricultural activities, therefore arranging basic environments for agricultural production, and also instruct them to timely plant and grow and harvest.

When the dynasty's ruling authority and structure were finally established, the government began to find the importance of national ceremonies, which could be labelled as 'Agricultural ceremonies' praying for good harvests. They were designed to acknowledge the King's ability to control the weather factor(only when he puts efforts into acquiescing to the power of the Heaven) and also bring the physiocratic ideology based upon agricultural activities to real life conditions as a top priority. The Goryeo government tried to confirm its holiness and absolute authority, and also complete the goal of a moral ruling conducted by the King by pulling several concepts such as agriculture, the population, the country and the King's ruling altogether with the holy souls(神祇) of Heaven(天), the Earthen ground(地) and the people(人). National ceremonies praying for harvest or the King's gesture of cultivation in the Jeokjeon(籍田) ground were all aimed for this purpose.

This kind of Confucian Physiocracy and the agricultural ceremonies that were arranged during the early days of the Goryeo dynasty, are virtually a testimony to the fact that the Goryeo government was well aware of the ever-changing situations and was also intending to bring a solution to the problems at hand.

Key Words : Ruling based upon King's Moral Doings(王道政治), Theory of the Supposed Mutual Affection/Interconnection between the Heaven and Humans(天人感應論), Climatic Crises and Catastrophes(天變災異), Confucian Physiocracy(儒敎的 重農理念 : Prioritizing Agricultural Issues above anything else), The Monthly Order(the Weol-Ryeong/月令), A Prayer for a Good Harvest(祈穀), Agricultural Ceremonies(農耕儀禮)

찾아보기

292

296